古典文獻研究輯刊

十四編

潘美月・杜潔祥 主編

第 4 冊

漢文帝詔令之研究

嚴 源 芳 著

葉夢得年譜

邱 世 芬 著

國家圖書館出版品預行編目資料

漢文帝詔令之研究　嚴源芳　著／葉夢得年譜　　邱世芬　著──
初版 ── 新北市：花木蘭文化出版社，2012〔民101〕
目 2+100 面 + 目 2+110 面；19×26 公分
（古典文獻研究輯刊 十四編；第 4 冊）
ISBN：978-986-254-837-0（精裝）
1. 漢文帝　2.（宋）葉夢得　3. 詔書　4. 年譜
011.08　　　　　　　　　　　　　　　　　　　101002972

ISBN-978-986-254-837-0

9 789862 548370

古典文獻研究輯刊
十四編　第四冊　　　　　　　　ISBN：978-986-254-837-0

漢文帝詔令之研究
葉夢得年譜

作　　　者　嚴源芳／邱世芬
主　　　編　潘美月　杜潔祥
總 編 輯　杜潔祥
企劃出版　北京大學文化資源研究中心
出　　　版　花木蘭文化出版社
發 行 所　花木蘭文化出版社
發 行 人　高小娟
聯絡地址　新北市永和區中正路五九五號七樓
　　　　　　電話：02-2923-1455／傳真：02-2923-1452
網　　　址　http://www.huamulan.tw 信箱 sut81518@gmail.com
印　　　刷　普羅文化出版廣告事業
初　　　版　2012 年 3 月
定　　　價　十四編 20 冊（精裝）新台幣 31,000 元

漢文帝詔令之研究

嚴源芳　著

作者簡介

嚴源芳，民國五十二年於臺北出生。祖籍湖南省平江縣。五專畢業後，工作之餘，轉讀文學。近年考入華梵大學東方人文思想研究所進修，鑽研儒學領域。由於從事文書暨檔案工作有年，在耳濡目染、潛移默化下，對應用文學產生興趣，輒以帝王詔書發端，一步步探索，竝窺其堂奧。

提　要

　　漢詔淵雅，而漢文帝之詔更銜華佩實，含英咀華，擇其詔令探討。本論文共分五章。第一章緒論，下分三節。第一節研究動機，說明選取漢文帝詔令作研究的原由。第二節研究方法，用《史記》、《漢書》、《四庫全書・兩漢詔令》、《全上古三代秦漢三國六朝文》等書所載漢文帝詔令，以文獻分析法、統計分析法、對比分析法、歸納法、類化分析法、詮釋法等交互運用，構築本論文之整體。第三節近人研究成果，以陳志源及徐泰琳兩位研究詔書之碩士論文為參考，繼踵跟進以思齊焉。第二章詔令之定義及其文體，分為三節。第一節定義與探源，帝王詔令自古有之，名稱各異。秦有天下後，制詔定調，沿襲至清以終。第二節文體與結構，詔令文體不屬純文學之領域，乃應用文的一種，其特性有四：即一貫性、法制性、規範性、代作性。第三節遣辭與用字，詔令多為代筆之作，用字遣辭皆屬一流，因而詔令斐然成章、擲地有聲。第三章漢文帝及其詔令內容述釋，分為三節。第一節漢文帝生平，漢文帝孝慈仁德，踐祚後，續行休養生息之政，在既有基礎上，勵精圖治，把漢初社稷帶向一片榮景，史家稱許他與其子景帝之世為「文景之治」。第二節漢文帝詔令之數量，漢文帝之詔令用《史記》、《漢書》、《四庫全書・兩漢詔令》及《全上古三代秦漢三國六朝文》四部書籍，經交錯比對，得三十四篇。第三節漢文帝詔令內容述釋，將所爬梳剔抉之三十四篇漢文帝詔令分為農業、法律、社會、祭祀、軍事、外交國防、人事、求言舉賢、品德等九類，並加論說與闡述。第四章漢文帝詔令之特色及影響，分為二節。第一節漢文帝詔令之特色，其詔文修辭乃質樸與文采兼具，自然形塑了帝王詔書的典範。第二節漢文帝詔令之影響，舉政情氛圍、敬老尊賢、注重農邊、下罪己詔、審度刑法、作君作師六方面以觀之。第五章結論，為本論文各章作出總結。漢文帝之詔令印證其孝悌仁厚之個人特質與治國平天下之卓著政績，殊屬交相輝映。

目

次

第一章 緒 論

第一節 研究動機

　　本人自專校工讀起，在師長的帶領下接觸文書事務。畢業後，陸續於高職與報社任職，亦始終與文書工作為伍，至今已廿餘年矣。我們自幼識字讀書，為的就是能學以致用。古今社會與人溝通，除了語言不外乎文字，化語言為文字，運用文字的魅力表情達意。《淮南子·本經》中記載：「昔者蒼頡作書，而天雨粟，鬼夜哭。」〔註1〕因此人類之所以能躍進、文明，文字記載成為典籍並傳承經驗，其功實不可沒。

　　由於工作性質的關係，長年處理機關及長官們的公、私文牘，可以說在文書作業、檔案技勤方面已告嫻熟，但在「發文創稿」上因才疏學淺之故，總有著不美滿的感覺。眾所周知，不論內、外行文終究是要面世，文字內容若有措辭欠當，貽笑大方還算事小，吃上官司就茲事體大了。

　　本人有幸考入研究所進修，在研習「昭明文選專題」的課程中讀到漢武帝的求賢詔書，其文辭優美，並將一代大帝重視人才，求賢若渴的心境充分表露無遺。因此靈光乍現，帝王詔書就如同今天總統向國民頒布之律令。遂引發了研究古代應用文書有關皇帝詔令的念頭。

　　在選擇研究主題時，讀《四庫全書總目·兩漢詔令提要》卷五十五評說歷代詔令時指出：「詔令之美，無過漢唐。」漢代詔令又以漢文帝劉恆所作首

〔註1〕劉安原著，許匡一譯注，《淮南子》，（台北：台灣古籍出版，2005年12月二版一刷），頁476。

屈一指。〔註2〕又姚鼐〈古文辭類纂序〉有言:「詔令類者,原於尚書之誓誥。⋯⋯漢至文景,意與辭俱美矣,後世無以逮之。」後閱及林紓《春覺齋論文》一書中提到「然以文體言之,漢詔最爲淵雅。⋯⋯西漢固不必世皆令辭,然掌制有人,故詞況極臻美備,而漢文之詔爲尤動人。⋯⋯東漢明帝所降詔書,不及文帝精懇。」大陸山東師大研究生張越群在〈淺論漢文帝詔令的藝術特色〉一文摘要述說:「漢文帝作爲我國歷史上的開明君主,不但政績斐然,而且以其詔令之美流芳文壇。『詔令』這一實用性文體在文帝筆下極具文學色彩和審美價值。文帝詔令以極高的藝術成就備受中國歷代文人矚目。」因此便以漢文帝所頒詔令爲撰作碩士論文範圍,進一步深入探討與研究。

第二節　研究方法

　　文獻分析法:本文先自嚴可均的《全上古三代秦漢三國六朝文》一書,將漢文帝詔令錄出,再將《史記‧孝文本紀》、《漢書‧文帝紀》與《四庫全書‧兩漢詔令》中有關漢文帝詔書全部勾勒出來,此四書同詔者一併呈列,如此開展,可以看出《漢書》收錄最爲完整,共有三十四篇。《史記》缺九篇。《四庫全書‧兩漢詔令》雖有二十九篇,但其〈詔議犯法者收坐〉和〈詔議法〉二篇於《全上古三代秦漢三國六朝文》一書中之〈議除連坐詔〉是合爲一篇的,若以二十八篇爲計,則缺六篇。《全上古三代秦漢三國六朝文》共三十三篇,「不作露臺」〔註3〕之言未予收錄。另考據了《中國全記錄》中所稱漢文帝詔書〔註4〕之「居延漢簡」一篇,實則爲「詔書目錄」,故不予採納。這些所錄出的詔文大致相同,不過有些用字、用詞稍有出入,但不影響全文旨意。因爲《漢書》收錄最爲完整,除〈增神祠制〉與〈除祕祝詔〉兩篇記載簡略,依《史記》訂補外,故爲文述釋以《漢書》爲主,分類鋪陳之。

　　1、統計分析法

　　經《史記》、《漢書》、《四庫全書‧兩漢詔令》、《全上古三代秦漢三國六朝

〔註2〕 張越群撰,〈淺論漢文帝詔令的藝術特色〉,《時代文學(雙月版)》第6期,(濟南市:時代文學雜誌社,2006年),頁50。

〔註3〕 司馬遷撰,《史記》,(台北:洪氏出版社,1959年7月),頁433;班固撰,《漢書》,(台北:鼎文書局印行,民國68年7月),頁134。

〔註4〕 張之傑總纂,《中國全記錄》,(台北:錦繡出版公司,民國79年7月初版),頁185。

文》四書勾勒、羅列、排比後，得出漢文帝詔令記載於《史記》中有二十五篇，於《漢書》中有三十四篇，於《四庫全書・兩漢詔令》中有二十九篇，於《全上古三代秦漢三國六朝文》中有三十三篇，去重補缺後，共計得三十四篇。

2、對比分析法

將《史記》、《漢書》、《四庫全書・兩漢詔令》、《全上古三代秦漢三國六朝文》四書所勾勒出的詔令全文一一比擬對照檢視並以《漢書》為基本而校勘之。

3、歸納法

《史記》、《漢書》、《四庫全書・兩漢詔令》、《全上古三代秦漢三國六朝文》此四書各自記載詔文，經比對分析後，如相同詔書者，以取相對完整之記載為原則。

4、類化分析法

將所歸納出的三十四篇詔書，將其同性質者歸類闡述。共分為九類，分別為農業方面、法律方面、社會方面、祭祀方面、軍事方面、外交國防方面、人事方面、求言舉賢方面、品德方面等。

5、詮釋法

史學家對漢文帝的研究早有定論，本研究非作狗尾續貂或翻案文章，而是專以漢文帝所頒布的詔書內容類化後，更能凸顯其個人特質與治國大道，再經分類述釋，益彰其聖。

第三節　近人研究成果

目前有兩本碩士論文以詔書為題旨之研究。一為輔仁大學中國文學研究所陳志源之〈西漢武昭宣三朝詔書研究〉，一為玄奘大學中國語文學研究所徐泰琳之〈陸宣公詔書研究〉。此兩本論文，前者希望治史者從詔書入手來對漢朝的相關問題加以研究探討，詔書不失為一個有力的基點。後者是對替唐德宗代筆詔書的陸贄其個人生平、德性和文章作了一番析論，中肯而細膩。茲簡述如下：

（一）陳志源之〈西漢武昭宣三朝詔書研究〉

此論文是希望以詔書的內容來開啟西漢史學的研究方向。作者認為一般

鮮有以詔書為觀察點來切入研究漢朝政治、經濟、社會、學術、民族關係等等的課題，並認為詔書包涵了相當豐富的政治研究資材。詔書是君王專用的政治性公文書，也是君王的行事記錄，其所反映出來的當時的政治環境、國家發展的趨勢、君王對吏治的關心、民生經濟的體恤、文學賢士的薦舉、天現祥瑞災變的因應以及與周圍民族的往來關係等等，都可在詔書中得到相當豐富的研究資料。

作者針對西漢國力最強盛時期的武帝、昭帝、宣帝三朝時的詔書，加以區分內容、歸類性質，首先可看到的是三朝因各自政治環境的不同，而有了不同比例、不同種類詔書的頒布；進一步透過三朝對國內外重要政策的處理，呈顯出三朝施政的特色及其施政大要。

此論文所有詔書取材自《漢書》中的武、昭、宣三朝帝王紀。作者統計有漢武帝五十三篇，漢昭帝十三篇，漢宣帝五十一篇，共計一一七篇，並將其分為三大類，一是天子本身，二是外交開邊，三是內政管理。「天子本身」下分更名避諱、罪己，「外交開邊」下分南越、大宛、閩越、東越、匈奴、樓蘭、烏桓、西南夷、車師，「內政管理」下分封周室之後、問鼎真假、釐訂制度，人事規範、宗室親親、薦舉賢能、封侯賜爵、體恤民生。

作者在研究這些詔書與政局關係的同時，發現到武帝與宣帝的詔書在某種角度上來說是較為相似的，而與昭帝頗有異同，武帝和宣帝詔書內容皆包涵一、二十種，這大約是昭帝以幼齡即位，享國日淺，詔書之數量不多，故涉及面亦不廣。而詔書內容頒布的多樣化，顯示了當時天子所欲施行政策的面向是非常多元的，是一種亟欲擴張出去的氣勢，而不是內斂式的執政方式，而這也正是政權強盛期的一個象徵，唯有在國勢往巔峰期進行時，國力才足以應付各方面發展的需求，若是初開國時期，天子只在安撫戰後民心為主，而末葉的衰亡時期，政策也無暇如此全面性的顧及，而以此觀點來對照漢朝的國勢階段，武、昭、宣三朝也確是漢朝的強盛時期。

（二）徐泰琳之〈陸宣公詔書研究〉

此論文是針對唐朝陸贄執掌制詔，為皇帝代筆，又曾任職宰相，其個人道德、理念深受儒家正統思想薰陶教化的影響，其才華卓越、學術文章為當代駢文巨擘。他引曾國藩在〈鳴源堂論文〉中所云：「沒一字不諧平仄，無一聯不調馬蹄，而義理之精，足以比隆濂洛；氣勢之盛，亦堪方駕韓蘇。」故其所代作之詔書散發出時間感與空間感，深刻動人，遠超過一般詔書。

　　本論文作者將陸贄代作之詔書與其奏議作比較，再將陸贄代作之詔書與《唐大詔令集》中其他詔書和文學史上的詔書一併作比較。他將陸贄詔書的特色、精神、內容旨趣與形式技巧，透過實際文句來比對其異同，並細細品嚐由漢到唐初的若干駢文詔書，來體會陸贄詔書在文學史脈絡上的繼承或突破，並試圖說明陸贄文學中所運用的形式與技巧，及其在思想、內容上的價值與特出之處。作了一番探索後，他認為陸贄奏議的特色與技巧之分析與歸納，同時亦可適用於其詔書，而陸贄之詔書，比之於《唐大詔令集》中的其他篇章，最大的特色即切於實際與感情真摯兩項，而這與陸贄之奏議並無二致。但此論文也指出，陸贄之奏議是體現其為臣之道，而詔書則是陸贄理想中的為君之道，兩者在出發點與訴求對象均有不同，也因此在內容語氣上，有些許微妙的差異。

　　在知人論世方面，作者對陸贄的生平背景，學問經歷，思想淵源，以及仕宦遭遇和當時的政治情勢也作了一番詳細地剖析。

　　作者還另外提出，若以《翰苑集》、《陸宣公奏議》和《全唐文》尚不足以全盤掌握研究陸贄的資料，真正能稱「全集」的是一九四一年儀宣閣刊行的董士恩匯注、匯評、增輯、校勘的二十六卷正式題名的《陸宣公全集》。它的正文二十二卷，即《四庫全書》著錄的《翰苑集》二十二卷。另增輯四卷，即《補遺》一卷，包括陸贄七篇賦、三首詩和兩句殘詩；《附錄》三卷，包括後人對陸贄及其遺著的研究，如年譜、傳記、序跋、論贊、詩文等。

　　作者說此論文是文學史的研究，因此也在其中寄託了一些文學的理念。自白話文運動推行之後，國人已罕讀古文，而對駢文的看法也承襲若干散文家的陋見，真正能夠領略其精髓的人已然少有，因此作者試圖藉著對陸贄的研究，介紹駢文的演變，使讀者重新領略中國文學的真精神與藝術之美。

第二章　詔令之定義及其文體

第一節　定義與探源

　　自古迄今舉凡領導者於統治執政時期皆有其政令之宣導，使其臣民知所遵行，故領導者的言論都會被史官記錄下來，以憑稽考借鑑。《唐大詔令集·前言》：「用皇帝口氣發佈的官文書叫做詔令，《尚書》誥誓就是現存最早的這類文件。」〔註1〕《宋大詔令集·前言》：「詔令是專制皇朝發佈的『王言』，也就是歷代最高統治者的文書文告。」〔註2〕

　　在商朝時期，以目前發現的甲骨文裡就有這些文書，大致可分為令、呼、冊、告等。

　　令是商朝君主對諸侯和王室官員所用。令，謂君所號之事也。即國君所命令要做的事。例：「令周從永止，八月」，〔註3〕「王令侯歸」，〔註4〕「發號施令，罔有不臧」，〔註5〕「其所令」，〔註6〕「令趾它羌方」。〔註7〕

〔註1〕楊家駱主編，《唐大詔令集》，（台北：鼎文書局印行，民國61年9月初版），頁1。

〔註2〕楊家駱主編，《宋大詔令集 上》，（台北：鼎文書局印行，民國61年9月初版），頁1。

〔註3〕林泰輔編錄，《龜甲獸骨文字》，（台北：藝文，民國59年初版）。

〔註4〕王襄編錄，《簠室殷契徵文》，（天津，1925年）。

〔註5〕《尚書·炯命篇》。

〔註6〕《禮記·大學》。

〔註7〕郭沫若主編，《甲骨文合集》，（北京：中華書局，1982年）。

呼是商朝君主對諸侯或文武大臣經常使用的命令文書。呼，詔也。例：「呼吳取夷」，〔註8〕「呼雀伐猶」，〔註9〕「呼婦好先收人於冊」，〔註10〕「呼征」，「呼伐」，「呼討」。〔註11〕

冊是商朝君主對諸侯進行封賜所用的命令文書。也用「冊封」、「冊命」。例：「冊周方伯盡，正，亡不受王有佑」。〔註12〕

告是商朝君主命令諸侯所用的文書。古告與誥通用。例：「告攸籍田」，「嗟爾萬方有眾，明聽予一人誥」。〔註13〕

周朝時期各式典章制度逐漸完備，有《尚書》可窺其梗概。周朝天子之詔令文書方面約有：

典，法也。例：「天敘有典」，〔註14〕「自作不典」，〔註15〕「大宰之職，掌建邦之六典」，〔註16〕「堯典」。〔註17〕

訓，郡君教民之詞也。例：「與帝其訓」，〔註18〕「高宗肜日」，「無逸」，「西伯戡黎」。

誥，以文言告曉之意，所謂「發下曰誥」。又「三王訓、誥、誓、命、歌、貢、征、範，類猶有八，獨言誥者，以別而言之，其類有八，文從要約，一誥兼焉」。「何者？以此八事皆有言以誥示，故總謂之誥」。例：「大誥」，「康誥」，「酒誥」，「召誥」，「洛誥」，「康王之誥」，「多士」，「君奭」，「多方」，「呂刑」。

誓，周朝在興師作戰，討伐敵人時，周天子用來誓師的文書。例：「甘誓」，「湯誓」，「牧誓」，「費誓」，「秦誓」。

命和令，周天子用來賜贈、犒賞、任命和告誡官員的文書。例：「先王之令」，「大曰命，小曰令，上出曰命，下命曰令」，「文侯之命」，「顧命」。

〔註8〕 姬佛陀輯，《戩壽堂所藏殷虛文字》，（上海：倉聖明智大學）。
〔註9〕 林泰輔編錄，《龜甲獸骨文字》，（台北：藝文，民國59年初版）。
〔註10〕 羅振玉編，《殷墟書契前編》，（民國元年上虞羅氏集古遺文排印本）。
〔註11〕 李學勤，齊文心，艾蘭編，《英國所藏甲骨集》，（北京：中華書局，1985年第一版）。
〔註12〕 郭沫若主編，《甲骨文合集》，（北京：中華書局，1982年）。
〔註13〕 《尚書・湯誥》。
〔註14〕 《尚書・皋陶謨》。
〔註15〕 《尚書・多方》。
〔註16〕 《周禮・天官》。
〔註17〕 《尚書・堯典》。
〔註18〕 《尚書・洪範》。

　　周天子式微，春秋、戰國諸侯爭霸稱雄，秦國嬴政，睥睨群倫，合縱連橫，一統天下，開新帝國，是謂秦朝。《史記・秦始皇本紀》：「寡人以眇眇之身，興兵誅暴亂，賴宗廟之靈，六王咸伏其辜，天下大定。今名號不更，無以稱成功，傳後世。其議帝號。」丞相綰、御史大夫劫、廷尉斯等皆曰：「昔者五帝地方千里，其外侯服夷服諸侯或朝或否，天子不能制。今陛下興義兵，誅殘賊，平定天下，海內爲郡縣，法令由一統，自上古以來未嘗有，五帝所不及。臣等謹與博士議曰：『古有天皇，有地皇，有泰皇，泰皇最貴。』臣等昧死上尊號，王爲『泰皇』。命爲『制』，令爲『詔』，天子自稱曰朕。」王曰：「去『泰』，著『皇』，采上古『帝』位號，號曰『皇帝』。」這就是秦始皇在稱帝時，一併將其通告臣民之公文書，改「命」爲「制」，更「令」爲「詔」，自稱爲「朕」，從此皇帝之「聖旨」於焉定調。

　　漢承秦制，逐步建立起了一套完備的皇帝制度。東漢蔡邕在《獨斷》中有這麼一段論述：「秦承周末，爲漢驅除，自以德兼三皇，功包五帝，故並以爲號。漢高祖受命，功德宜之，因而不改也。……漢天子正號曰皇帝，自稱曰朕，臣民稱之曰陛下。其言曰制詔，史官記事曰上。車馬衣服器械百物曰乘輿。所在曰行在，所居曰禁中，後曰省中。印曰璽。所至曰幸，所進曰御。其命令一曰策書，二曰制書，三曰詔書，四曰戒書。」這說明了漢朝將秦朝聖旨命令的「制」和「詔」更細分爲四項，各以「策書」、「制書」、「詔書」和「戒書」稱之。

　　劉勰《文心雕龍・詔策第十九》：「昔軒轅、唐、虞，同稱爲「命」。命之爲義，制性之本也。其在三代，事兼誥誓。『誓』以訓戒，『誥』以敷政，命喻自天，故授官錫胤。《易》之《姤》象：『后以施命誥四方』。誥命動民，若天下之有風矣。降及七國，並稱曰『令』。令者，使也。秦并天下，改命曰『制』。漢初定儀則，則命有四品：一曰策書，二曰制書，三曰詔書，四曰戒敕。敕戒州郡，詔誥百官，制施赦命，策封王侯。『策』者，簡也；『制』者，裁也；『詔』者，告也；『敕』者，正也。《詩》云『畏此簡書』，《易》稱『君子以制度數』，《禮》稱『明神之詔』，《書》稱『敕天之命』，並本經典，以立名目。遠詔近命，習秦制也。」

　　林紓在《春覺齋論文》說：「詔策一門，漢初定儀，命有四品：一曰策書，二曰制書，三曰詔書，四曰戒敕。敕戒州郡，詔誥百官，制施赦命，策封王侯。策者，簡也。制者，裁也。詔者，告也。敕者，正也。自漢迄今，沿用

勿改。」

　　漢以後，魏、晉、隋、唐、宋、元、明、清以來，都是「制」、「詔」並用。其中有一段小插曲，是武后改稱其名「曌」，避其諱名，改「詔」為「制」。至民國成立後，總統公文書重新釐定，已無「制」、「詔」之書體，現為「令」、「咨」、「函」等。

　　清姚鼐〈古文辭類纂・序〉：「詔令類者，原於《尚書》之誓誥。」

　　清王兆芳《文章釋》：「誓者，約束也，謹也，束軍眾，使謹也。《毛詩傳》曰：『師旅能誓。』《周官》士師「五戒」，一曰誓，用之于軍旅。又不涉軍旅而束謹，亦為誓也。主于約束身心，誠言示謹。源出〈禹誓〉，流有〈甘誓〉，〈湯誓〉，《周書》諸〈誓〉，晉惠〈韓誓〉，句踐〈誓眾〉，及鮑叔〈塞道誓〉，漢郅惲〈誓眾〉，符秦王猛〈渭原誓〉，又湯〈與諸侯誓〉。周公〈誓命〉，及趙鞅〈鐵誓〉。」「誥者，古通作『告』，告也，覺也。劉熙曰：『上敕下曰告。』使覺悟知己意也。《易》曰：『后以施命誥四方。』《周官》：大祝『作六辭以通上下、親疏、遠近』三曰誥；士師『五戒』，二曰誥，用之于會同。秦廢誥，宋以贈封，今制昭垂訓行曰『誥』，贈封五品以上曰『誥命』。主于告示羣下，據事敕教。源出〈商書・湯誥〉，〈仲虺之誥〉。流有《周書》諸〈誥〉，漢張衡作〈東巡誥〉，及晉夏侯湛〈昆弟誥〉，劉宋顏延之〈庭誥〉。」

　　中國第一歷史檔案館對帝王詔令中的「詔書」與「制書」也有簡短說明，〔註19〕特摘其要如次。「詔書是皇帝布告天下臣民的文書。在周代，君臣上下都可以用詔字，秦王嬴政統一六國，建立帝王專制的國家後，自以『德兼三皇，功高五帝』，號稱皇帝，自稱曰朕。並改命為制，令為詔，從此詔書便成為皇帝布告臣民的專用文書。」「制書就是皇帝說的話。所謂『天子之言曰制，書則載其言。』在周代，帝王的命令叫命。秦王嬴政統一六國後，改命為制，制即成為用以頒布皇帝重要的法制命令的專用文書。《秦會要》卷六：『制者，王者之言，必有法制也。』」

　　薛鳳昌在《文體論・詔令體》〔註20〕說：「此類皆屬於上告下的，今《尚書》所存，大半皆是。而詔令的名稱，至秦始見。以前則上下相親，並不嚴

〔註19〕中國第一歷史檔案館
　　　　詔書，網址：http://www.lsdag.com/showinfo.asp?info_id=162；
　　　　制書，網址 http://www.lsdag.com/showinfo.asp?info_id=161。
〔註20〕薛鳳昌《文體論》，（臺北：臺灣商務印書館，1998 年），頁 81。

定名稱。專制以秦爲始，於此可見。秦漢而後，體製益增，往往同一體製，而以事實不同，名稱即隨之而異，如『詔』有制詔、親詔、密詔、特詔、優詔、中詔、清詔、手詔、筆詔、哀詔、遺詔等名，『令』有憲令、法令、教令、戒令、功令、敕令、條令、告令、內令、軍令、手令、遺令等名。其他制、策、論、誥，皆有異名。一一數之，實不勝其繁。」

　　劉勰《文心雕龍·詔策第十九》：「皇帝御宇，其言也神。淵嘿黼扆，而響盈四表，其唯詔策乎！……皇王施令，寅嚴宗誥。我有絲言，兆民尹好。輝音峻舉，鴻風遠蹈。騰義飛辭，渙其大號。」帝言神聖，書爲詔策，天下聞悉。一言以蔽之，詔書即皇帝發布的命令，視同國法，普天之下，一體適用。違者問刑論處。

第二節　文體與結構

　　基本上詔令文體就是古代的應用文，用現代的術語說，它是「下行文的公文書」，也就是由上往下行發的公文書，類似當今的「文告」、「公告」和「通告」。帝王專制時代的詔書，也是俗稱的「聖旨」，它還具備法令的效力。

　　詔令雖然是文學的領域，但它屬於應用文的範疇，不是詩、詞、歌、賦、曲、小說之類的「純文學」的世界，無法隨作者心志游走、海闊天空、盡情抒發、消遙自在地創作揮灑，李商隱的詩作難解，就是最好的說明。詔令之下達，若有不解、誤解或莫衷一是的情況，豈不天下大亂？

　　應用文的特質是有特定的目的，有特定的對象，有特定的格式，有特定的用語。這些與純文學在爲文寫作上的條件，恰好相反。一篇好的應用文書，應把握簡、淺、明、確的原則，化繁爲簡，簡截了當，開門見山以述之。皇帝頒詔的目的明確，舉凡即位、冊封、祭祀、國政、法律、誓師、遺囑等等。發文者爲皇帝，受文者原則是天下臣民，例外者屬人事冊封及赦免等。在格式方面，早期只有主體正文，漢朝有些詔書起首出現「制詔御史」、「制詔丞相、太尉、御史大夫」，唐朝有「門下」、「黃門」、「鸞台」等。逐漸成形，直到清朝，詔首大約都是「奉天承運，皇帝詔曰」，接著正文，結尾一般用「布告天下，咸使聞知。欽此！」。至於特定用語，自秦始皇以「天子自稱曰朕」開始，至清朝結束，「朕」字爲皇帝所專用，還有「敕」、「欽」「御」等語。

　　詔令有以下特點：

一、一貫性

先秦時期無制詔之名，卻有其實。甲骨文有令、呼、冊、告，《尚書》有典、訓、誥、誓、命等等。秦朝一統天下，採中央集權的制度，以命為「制」，令為「詔」，頒行天下。漢承秦命，將制詔擴增為「策書」、「制書」、「詔書」和「戒書」。之後世代繁衍，分類更加精細，但萬變不離其宗，總不脫制、詔範圍。現在是民國時代，已無詔書，但總統文告、祝辭及褒揚令等等，看得出自古一脈相承的延續性。

二、法制性

周成王剪桐封弟，天子無戲言，姬虞遂封唐國諸侯。可見王言之「威信」。蔡邕在《獨斷》說：「制書，帝者制度之命也，其文曰制詔。……詔書者，詔誥也。」古代皇帝集行政、立法、司法、考試、監察五權於一身，王言出，法制成。故詔令頒行天下，違者以「抗旨」論，帝王專制時代誰都無法「背負」如此罪名。我國皇朝政府是個家天下的組織，蘇軾在〈潮州韓文公廟碑〉中讚韓愈「一言而為天下法」，其實若將此言拿來形容皇帝詔令，也是極為貼切的。

三、規範性

詔書是帝王所發布的公文書，內容與形式皆有其神聖、莊重與尊嚴的特質。故詔文主體結構的正文是核心的部分，後來在此穩定的基礎上增其佩帶，有起首語、結尾語。漢朝有些詔書已經有起首語的出現，如「制詔御史」、「制詔丞相、太尉、御史大夫」、「惟某年某月某日，皇帝曰」。魏晉南北朝有「應天順時，受茲明命」。唐朝有「門下」、「黃門」、「鸞台」等。宋朝以「門下」居多，元朝為蒙古族入主中原，以蒙古話為國語，故有「長生天氣力里，大福蔭護助里」之語，就是「上天眷命」的意思。明、清朝兩朝都用「奉天承運，皇帝詔曰」，結尾一般用「布告天下，咸使聞知。」、「布告中外，咸使聞知。」、「欽此」等。

四、代作性

詔令以帝王名義頒布，形式上像似皇帝御筆親撰，其實幾乎都為臣僚所執筆。宋朝王安石在仁宗嘉祐五年，曾派知制誥。這項專替皇帝草擬命令文告和應酬文字的差使，在別人認為也許無限光寵，而王安石自己卻認為是「可憐無補費精神」的事情。〔註21〕王安石為唐宋八大家之一，學問文章，首屈

〔註21〕許鳳鳴製作，〈北宋著名的政治改革家王安石〉，網址：http://dept.shsh.tnc.edu. tw/~chinese/teacherpoint/annie-1.doc

一指。這些代筆者來自四面八方，都是「學富五車」之士，每人各有擅場，因此同一位皇帝，其所出詔令，文采風格自然不會一致，形成集合多元智慧的「總集」結晶。

第三節　遣辭與用字

《四庫提要》說：「王言所敷，惟詔令耳。」詔令是古代的應用文。正因「王言之大」，影響深遠，怎樣把這種文告寫好，實爲歷代帝王和有關文人所注重。如「虞重納言」、「周貴喉舌」、「武帝使相如視草」、「光武加意於書辭」，就足以說明帝王重視詔令的程度。可是皇帝君臨天下，日理萬機，即使連文學造詣極高的魏文帝曹丕、梁武帝蕭衍、唐太宗李世民、清高宗愛新覺羅弘曆等，在正常情況下，他們是不需躬親爲文，「自擬自發」詔書的，都是由「飽學之士」的文人，能妙筆生花之大臣先起草擬定，再呈皇帝批示完成之後，才會頒布下達，咸使聞知，以示遵行。這也是我國官場公文擬、會、轉、陳，千古不移一貫的步驟。《唐大詔令集・前言》說：「它在形式上像是皇帝的親筆，而實際上絕大部分是臣僚執筆的。」這些「捉刀」的「刀筆吏」，若非上上之選，也是一時之選，諸如李斯、賈誼、司馬相如、曹操、徐邈、張九齡、李白、杜牧、元稹、白居易、陸贄、歐陽修、王安石、蘇軾、汪藻、洪适……等。這些大文豪爲天子制詔，探驪得珠，篇篇精彩，俱登大雅之堂，所謂文章華國，天朝首文之詔令自在其中矣！在唐朝有些詔令會有代筆人署名的情形，但絕大多數的制詔者是「英雄無名，皇帝有名」的。班固與其弟班超魚雁往返時，曾提及傅毅能爲蘭臺令史就是因爲能寫文章之故。其蘭臺令史即掌制詔文書之官。

衛覬以才學見稱，曾任尚書，代筆〈爲漢帝禪位魏王詔〉，詔文如下：

朕在位三十有二載，遭天下蕩覆，幸賴祖宗之靈，危而復存。然仰瞻天文，俯察民心，炎精之數既終，行運在乎曹氏。是以前王既樹神武之績，今王又光曜明德，以應其期，是曆數昭明，信可知矣。夫大道之行，天下爲公，選賢與能，故唐堯不私於厥子，而名播於無窮。朕羨而慕焉，今其追蹤堯典，禪位于魏王。〔註22〕

《文心雕龍・詔策》有言：「衛覬禪詔，符命炳燿，弗可加已。」此詔使漢獻

〔註22〕楊家駱主編《三國志1》，（鼎文書局印行，民國68年），頁62。

帝劉協「榮退」，曹丕「榮任」，顧全了彼此顏面，文辭美化的功效於此可見。我們都知道漢獻帝自始至終就是個「傀儡」皇帝，早先權大勢大的董卓廢了少帝，立年僅九歲的獻帝，並把持朝政。董死後，獻帝成為諸侯爭奪的對象，於是被迫流亡，最後為曹操所迎回，依舊是個沒有實權的皇帝。曹操「挾天子以令諸侯」的作為與董卓相比，可以說是有過之而無不及。曹操死後，子曹丕襲其爵、承其相，治權在握，但他並不因此而滿足，旋即逼獻帝讓出皇位，改國號為魏，君臨天下。詔中所言：「炎精之數既終，行運在乎曹氏」、「今其追蹤〈堯典〉，禪位于魏王」，就可看出當時曹丕的強大壓力，在此大勢已去下，漢獻帝迫於無奈交出了政權，終結了漢室。之後曹丕封漢獻帝為山陽公，以表對前代主政者之尊重及其後裔之禮遇。

我國帝制時代結束的最後一道清溥儀帝遜位詔書，為南通狀元張謇的手筆，〔註23〕其詔文如下：

> 朕欽奉隆裕皇太后懿旨：前因民軍起事，各省響應，九夏沸騰，生靈涂炭，特命袁世凱遣員與民軍代表討論大局，議開國會，公決政體。兩月以來，尚無確當辦法，南北睽隔，彼此相指，商輟于途，士露于野，徒以國體一日不決，故民生一日不安。今全國人民心理多傾向共和，南中各省既倡議于前；北方諸將亦主張于后，人心所向，天命可知，予亦何忍因一姓之尊榮，拂兆民之好惡。用是外觀大勢，內審輿情，特率皇帝將統治權公之全國，定為共和立憲國體。近慰海內厭亂望治之心，遠協古聖天下為公之義。袁世凱前經資政院選舉為總理大臣，當茲新舊代謝之際，宣布南北統一之方，即由袁世凱以全權組織共和政府，與民軍協商統一辦法。總期人民安堵，海宇乂安，仍合漢滿蒙回藏五族完全領土為一大中華民國，予與皇帝得以退處寬閒，優游歲月，長受國民之優禮，親見郅治之告成，豈不懿歟！欽此。〔註24〕

這是我國有皇帝職稱的最後一份詔書，它結束了自秦始皇帝以來家天下、君主世襲之制度，並走向合乎世界政治潮流的民主共和時代。宣統即位時年僅三歲，三年後，由於保路運動之影響，爆發了掀天揭地的武昌起義，清廷已無招架之力，於是乎各省紛紛宣佈獨立。孫中山先生所領導的國民革命軍獲

〔註23〕劉培林著《末代狀元張謇傳奇》，（北京：光明日報出版社，2007年4月1日）。
〔註24〕《宣統政記》卷70，（台灣：文海，1985年）

得最後勝利，創建了中華民國。清室政權根據袁世凱的安排，隆裕皇太后悲愴之餘，不得已在西元一九一二年二月十二日代宣統帝頒佈遜位詔書，宣布退位。詔文中之「予亦何忍因一姓之尊榮，拂兆民之好惡。用是外觀大勢，內審輿情，特率皇帝將統治權公之全國，定爲共和立憲國體。近慰海內厭亂望治之心，遠協古聖天下爲公之義。」好個「天下爲公」！一代大清自此熄燈。令人玩味的是，民國總統是需經選舉而成的，此詔末居然有「即由袁世凱以全權組織共和政府」的字句，據說這一筆是袁世凱的左右所增加，給人的感覺好似由遜清皇朝命令指定袁世凱爲國家新政府領導人的樣子。後來袁氏的所作所爲直接曝顯其非爲一國首領不可的強烈企圖心，同時也造成了民國初年的諸多國難。又此詔在與舊政權永別，其詔文最後要如何收場呢？有人說是倚仗了詔文末句之「豈不懿歟」，這四個字雖是虛語，與主體內容毫不相干，但這在氣勢與意識型態上極爲重要，若捨此四字，便無可收煞。如此一來，雖沒了裡子，但還有面子，也算文字功德一件。

　　大文豪們替皇帝代筆詔令，他們的學問文章總脫離不了時代潮流，以文學史觀來看，漢朝文風是「辭賦」盛行期間，故帝王詔令就展現了當時的風氣。後來魏晉文風轉變崇尚駢文，詔令當然就爲之一變。直到唐末提倡古文運動，文風又一次轉向，詔令又逐漸以散文模樣呈現。總之，文體不論如何改換，重心仍在詔旨，這也是頒詔目的之所在。

　　有關詔令的用字與修辭，其實就掌握在秉筆爲文者的手上。《左傳·襄公二十五年》有言：「言之無文，行而不遠。」所以文采之於詔令是不可忽視的一環。孔子曾對「國君命令」的寫作要反覆推敲修飾，務必謹愼其事方可發文，提出過看法。《論語·憲問篇》子曰：「爲命，裨諶草創之，世叔討論之，行人子羽修飾之，東里子產潤色之。」率爾操觚之作，絕對不能登大雅之堂。另外，《論語·雍也篇》子曰：「質勝文則野，文勝質則史；文質彬彬，然後君子。」孔子對於文章內容與文采也表示必須相輔相成，不可偏廢，方爲佳作。

　　曹丕在〈典論·論文〉說：「文章經國之大業，不朽之盛事，年壽有時而盡，榮樂止乎其身，二者必至之常期，未若文章之無窮。」千年以來確實如此。現在這些帝王皆已「蓋棺」，其所遺施政詔令不正在我們眼前所見嗎？

　　《文心雕龍·詔策》有言：「夫王言崇秘，大觀在上，所以百辟其刑，萬邦作孚。故授官選賢，則義炳重離之輝；優文封策，則氣含風雨之潤；敕戒恆誥，則筆吐星漢之華；治戎燮伐，則聲有洊雷之威；眚災肆赦，則文有春

露之滋；明罰敕法，則辭有秋霜之烈。此詔策之大略也。」劉勰明白地說出詔令的寫法與修辭之術。用白話說就是帝王的話是崇高而神聖的，這是因為帝王對全國情況有深透的觀察與瞭解，所以他的話能為各個諸侯效法，並使天下信服。因此，選拔賢才、授與官爵的命令，應如日月之光那樣明亮；褒獎或策封臣下的詔書，就要有和風雨露般的潤澤；關於敕正教戒方面的文誥，則要像燦爛群星吐出的光華；關於治理軍事或召集諸侯會同討伐的軍令，必須表現出滾滾雷霆的聲威；對於因過失而造成災害的人予以寬赦，赦書要有著像春天的露水般滋潤的感覺；對於明賞罰、正法紀的文誥，則如同秋天的嚴霜那樣剛烈。這些就是寫作詔策的基本要求。有了劉勰這個標準，審閱詔令文書之用字與修辭，則更能增加我們欣賞詔令的程度。《後漢書》卷七五記載尚書陳忠上疏薦周興說：「臣伏惟古者帝王有所號令，言必弘雅，辭必溫麗。垂于後世，列于典經。故仲尼嘉唐虞之文章，從周室之郁郁。」周興遂拜尚書郎。在我國家天下的朝代中，帝王是最有權勢的人物，他的詔令當然是由最傑出的一批文人所代筆，出手之制詔，字斟句酌，冠冕堂皇，泱泱大度，堪以垂範後世。

綜上所言，詔令在「用詞」方面的特點，一是引經據典以作為理論之依據。二是多用史實作為明證，使其更具說服力。因為一般文學作品在寫作用詞方面所要顯現的是個性的奔放，心情的自然流露。但詔令文書則強調理性思考及政治觀點的闡發，絕對無法不受約束，自由自在地任意為之。

至於詔令修辭方面，《史記·儒林列傳》有言：「詔書律令下者，明天人分際，通古今之義，文章爾雅，訓辭深厚，恩施甚美。」這說明了皇帝所下達的詔書和律令，闡明了上天和人間的關係，貫通了古今的治國義理，文章雅正，教誨之文辭涵義深邃豐富，此種恩德無量，深深地造福了天下百姓。

《文心雕龍·詔策》說：「皇王施令，寅嚴宗誥。我有絲言，兆民尹好。輝音峻舉，鴻風遠蹈。騰義飛辭，渙其大號。」一篇說理清楚、文辭優美的詔策，經由帝王發號施令，百姓是敬仰聖旨的。國君慎重地發布，民眾歡欣。光輝的詔策高舉，鴻大的教化遠播。充分發揚詔策的意義和文辭的作用，使帝王的號令更為盛大，是則不枉辭工之費矣！

第三章　漢文帝及其詔令內容述釋

第一節　漢文帝生平

　　漢文帝劉恆，生於西元前二○二年，卒於西元前一五七年，是漢高祖劉邦第四子，母薄姬。在位二十三年，享年四十五歲。葬於霸陵（今陝西省西安市東），謚孝文，廟號太宗。高祖有子八人，詳如下表：

	姓　名	封　　號	卒　　年	生　母	備　註
長子	劉肥	齊王（齊悼惠王）	西元前 189 年（惠帝六年）	曹氏	
次子	劉盈	太子，漢惠帝	西元前 188 年（惠帝七年）	呂后	
三子	劉如意	趙王（趙隱王）	西元前 194 年（惠帝元年）	戚夫人	被高后毒死。〔註1〕
四子	劉恆	代王，漢文帝	西元前 157 年（文帝後七年）	薄姬	
五子	劉恢	梁王，趙王（趙共王）	西元前 181 年（高后七年）		為高后所迫，自殺。〔註2〕
六子	劉友	淮陽王，趙王（趙幽王）	西元前 181 年（高后七年）		為高后所囚，餓亡。〔註3〕
七子	劉長	淮南王（淮南厲王）	西元前 174 年（文帝六年）	趙姬	

〔註 1〕司馬遷撰，《史記》，（台北：洪氏出版社，1959 年 7 月），頁 397。
〔註 2〕同上，頁 404。
〔註 3〕同上，頁 403。

| 八子 | 劉建 | 燕王（燕靈王） | 西元前 181 年（高后七年） | | 早逝。育有一子爲高后所殺。〔註4〕 |

高祖十一年正月（西元前一九六年）文帝六歲時，被封爲代王。《漢書·高帝紀》擇立代王詔曰：

> 代地居常山之北，與夷狄邊，趙乃從山南有之，遠，數有胡寇，難以爲國。頗取山南太原之地益屬代，代之雲中以西爲雲中郡，則代受邊寇益少矣。王、相國、通侯、吏二千石擇可立爲代王者。
>
> 燕王綰、相國何等三十三人皆曰：「子恆賢知溫良，請立以爲代王，都晉陽。」大赦天下。

高后八年（西元前一八○年）漢高后呂雉卒，周勃等平定諸呂叛亂，代王劉恆被迎立爲皇帝，時年二十三歲。即位後，延續漢初以來休養生息的政策。文帝儉約自持，謙遜克己，好「黃老之學」，在位期間穩定了漢室政權，對秦末漢初兵燹過後社會秩序的恢復以及經濟持續發展奠定了良好的基礎。文帝與其子景帝兩代的統治，史稱「文景之治」，不難看出這是我國皇朝專制對皇帝施政良善，百姓都能安居樂業所給予正面高度的評價。

文帝極其重視農業，興修水利，在位期間曾多次下詔勸課農桑，鼓勵農民生產，並減輕農民負擔，頒布減田賦詔令，西元前一七八年和一六八年兩次「除田租稅之半」，即租率從十五稅一減至三十稅一。西元前一六七年又下詔免收田賦達十二年之久。自後，三十稅一遂爲漢朝田稅定制。同時，減輕算賦（漢朝所行之丁口稅）和徭役，即每年每人一百二十錢減至四十錢，徭役則減爲每三年服役一次。接受晁錯建言，重農抑商，入粟拜爵。並按戶口比例設置三老、孝悌、力田等地方吏員，給予他們賞賜。此外，文帝施行「弛山澤之禁」，向百姓開放土地與山林資源，由民墾耕；並除盜鑄錢令，使貨幣自由流通。因此整個國家生氣蓬勃，工商業發達，社會繁榮，人民富足安定，如同處於「堯天舜日」之下。

秦朝之「收孥相坐律」規定罪犯之父、母、兄、弟、姐、妹、妻及子女都要連坐，重者處死，輕者沒入官府爲奴。文帝即位初，在高祖、呂后改革的基礎上，於西元前一七九年廢「收孥相坐法」。西元前一六七年，又將黥、劓、刖肢體「肉刑」分別改爲笞刑。又將終身服勞役刑罰重新制定，依其犯

〔註4〕司馬遷撰，《史記》，（台北：洪氏出版社，1959 年 7 月），頁 405。

罪情節輕重判為有期限之勞役，服勞役期滿，可免為庶人。在執法上，尊重官吏的斷獄，如對廷尉張釋之的判案，雖有不同意見，最後「察納雅言」，認為「廷尉當是也」，〔註5〕虛心接受了張釋之的決斷。也由於他懲惡亡秦之政，論議務在寬厚，禁網疏闊，是以刑罰大省，每年天下斷獄僅四百，刑法如同擱置，百姓安居樂業。

　　漢初高祖大封諸侯王，諸侯王國轄土過大，到文帝時情況更為嚴重，影響政局的安定。濟北王劉興居首起二心。他趁文帝至前線督戰之際，在後方叛亂。文帝聞訊後速返京師招降叛軍詔曰：「皆赦之，復官爵」，方弭叛逆。其後，淮南王劉長自以為與文帝最親，驕蹇，數不奉法，無視法制，亦叛。文帝徙之，卒於流放途中。針對諸侯王龐大的勢力，賈誼上〈治安策〉說明了天下情勢，並提出分封諸侯王諸子為侯，藉以分散削弱其王國勢力，避免坐大，危及中央，即他所謂「欲天下之治安，莫若眾建諸侯而少其力。力少則易使以義，國小則亡邪心」的辦法。文帝採納了賈誼的建議，於是將齊國一分為六，把淮南一分為三，這才使得諸侯王們的叛變之心知所收斂。

　　匈奴始終是漢朝最傷腦筋的外患問題。高祖就曾困於平城。西元前一九七年（高祖十年）時，代郡太守陳豨謀反，高祖費力平定之後，於第二年春，接受相國蕭何等三十三名朝臣說項，封時年六歲的四皇子劉恆為代王。此時的代郡除原地外，另納入太原郡及其周邊成立了一個代國，因地處邊塞與匈奴毗鄰，是北方門戶，高祖深謀遠慮，為了漢家皇朝長期安全之考量，希望代王恆在代國繁衍生息，世代作為漢朝的屏障以禦頑強之匈奴，這也造就了文帝在為代王十七年間飽受匈奴威侵的經驗，於是登基躬政時，對付如此強大的外患，除了延續高祖以來與漢室皇家和親的外交政策外，自己亦整軍經武，強化北方邊防力量，恃吾有以待之，以備時刻抗擊匈奴。所以文帝也經常御駕邊防，親自出巡，其讚細柳營，飭霸上、棘門就是明證。西元前一七七年（文帝三年）五月，匈奴右賢王進犯河南，文帝遣丞相灌嬰出將，率八萬輕騎把匈奴逐出塞外，打了個勝仗。但匈奴元氣未失，始終在邊境伺機而動，與漢朝糾纏不休。文帝固守邊境最大的原則就是「匈奴無入塞，漢無出塞」，用現在的話說就是「打有限的戰爭」，企求兩國和平相處。他亦採納晁錯「募民徙塞下」之策略，把一些奴婢、罪犯和平民遷到邊塞屯戍，平時加以組織訓練，戰時就能展現克敵的功效。此種「禦胡」的方式開發了邊境，

〔註5〕司馬遷撰，《史記·張釋之馮唐列傳》，（台北：洪氏出版社，1959年7月）。

也成爲漢朝屯田制度之嚆矢。

呂后去世，文帝之所以能被朝臣推舉爲最適合做爲漢朝皇帝的人選，並出線成爲一代大漢天子，除了當時年紀最長，爲人寬厚，生母薄氏娘家之人謹愼善良外，最重要的原因當屬「仁孝名聲天下聞」。他事母至孝的事蹟在《漢書·爰盎晁錯傳》中有載：「盎曰：陛下居代時，太后嘗病，三年，陛下不交睫解衣，湯藥非陛下口所嘗弗進。夫曾參以布衣猶難之，今陛下親以王者修之，過曾參遠矣。」又元郭居敬所著《二十四孝》一書中關於漢文帝之孝行曰：「親嘗湯藥，漢文帝劉恆，西漢文帝，名恆，高祖第四子，出封代王。生母薄太后。帝奉養無怠，母嘗病三年，帝目不交睫，衣不解帶，湯藥非親嘗弗進，仁孝聞於天下。系詩頌之。詩曰：仁孝聞天下，巍巍冠百王。母后三載病，湯藥必先嘗。」除了孝順母親外，他對宗室兄弟亦友恭善待之。淮南王劉長卒，即封其長子劉安襲爵。早露叛意，對漢廷不滿多年「稱疾不朝」的吳王劉濞，文帝賜其几杖，允許他不必上朝。

文帝貴爲天子，個人仍崇尙儉省。他在位二十三年，「宮室苑囿車騎服御無所增益」。他打算建造一座露台，經估造價需百金，相當於中人十家資產之數，他覺得所費不貲，遂作罷。又要求其寵妃愼夫人「衣不曳地，帷帳無文繡，以示敦樸」。他爲自己預修陵墓，亦一切從簡，以瓦器爲主，不用金銀銅錫爲飾。在遺詔中明白諭知治喪必須薄葬省繁，反對厚葬，這在我國社會至今看來都是極爲先進的思想與作爲。後來赤眉軍進入長安時，其他皇帝的陵墓都被挖掘，唯獨霸陵完存，良有以也。

漢文帝另有兩件爲人詬病之事。其一是周勃下獄。周勃是建立漢朝的元老，德高望重，具有強大號召力，呂后卒，他在誅諸呂後極力擁戴文帝繼位登基，功高震主，文帝對他總是敬畏三分。周勃罷相歸封邑絳縣一年後，有人上告說每當河東郡守和郡尉前往巡視之，見他平日都披帶戰甲以居，家人待客時手中亦握有兵器，似欲謀反之兆，文帝聞之，遂將周勃下入大牢。有幸的是，周勃與薄昭素有交情，他透過薄昭向文帝母薄太后說情，認爲自從解職後內心深懼爲人所殺害，因而家中有所防衛，以備不測，絕非意圖造反。薄太后信之。文帝朝，太后以冒絮提文帝，曰：「絳侯綰皇帝璽，將兵於北軍，不以此時反，今居一小縣，顧欲反邪！」文帝閱卷後，在查無實據下放了他，並官復原爵。周勃出獄後九年卒。素以心地善良的仁孝之君，未了防患於未然，竟如此對待了周勃。其二是寵信鄧通。鄧通原爲一名船夫，因與

文帝夢中相助之人形衣相同，故得寵，賞賜其錢數十萬，官至上大夫。文帝嘗病，生瘡化膿，鄧通吮癰之，病痊愈。文帝使能看相者觀鄧通相，相士說鄧通最後會「當貧餓死」，文帝有些疑慮，認爲能使鄧通富者是當今天子朕也，他怎麼可能遭受到貧餓而死的命運呢？隨即賜鄧通蜀郡嚴道銅山礦一座，並可自行鑄錢，因此富甲天下，當時就有「鄧氏錢布天下」的說法。如此富貴看在一般人眼裡當然不是個滋味！會出現這種問題，其責任當然就是文帝自己了。

　　整體觀之，漢文帝一生的種種作爲爲漢朝國祚奠定了德治教化、文治武功良好的基石，而他的嫡長子景帝亦步亦趨、克紹箕裘，使得兩代間史家讚譽爲「文景之治」，這就表示完全肯定了文帝，不僅在漢朝，而且於我國整條歷史長河中都是名列前茅的賢明君主。俗諺云：「瓜無滾圓，人無十全」，文帝有疵病，也算瑕不掩瑜，無損其仁孝德風的形象。

　　茲另編漢文帝年表附後：

附表　漢文帝年表

西元前	干支	年　　號			年齡	大　　事　　紀
202	己亥	高祖五年			0	出生。 項羽敗死，西楚亡。漢王劉邦即皇帝位。
201	庚子	高祖六年			1	高祖貶楚王韓信爲淮陰侯。 匈奴冒頓弒父（頭曼酋長），自號單于，建立匈奴汗國（東抵遼東半島，西達新疆），寇馬邑，韓王信叛降匈奴。
200	辛丑	高祖七年			2	高祖討韓王信，親征匈奴，兵敗被冒頓單于圍於平城（山西大同東），七日後突圍逃離，並遷都長安。 匈奴寇代郡。
199	壬寅	高祖八年			3	長樂宮西側興建未央宮。 周勃出兵鎮壓韓王信的叛亂，在平城下擊敗匈奴的進攻。
198	癸卯	高祖九年			4	劉敬出使匈奴和親。烏孫、月氏、樓蘭臣服於匈奴。
197	甲辰	高祖十年			5	代郡（治代縣，今河北省蔚縣東北）太守陳豨據郡反叛，高祖劉邦費力平息。

196	乙巳	高祖十一年	代王元年		6	春，相國蕭何等 33 名朝臣說項，封代王。都晉陽（後遷中都）。 高后殺韓信、彭越。 高祖遣陸賈至南海郡，立都尉趙佗爲南越王。 淮南王英布反。
195	丙午	高祖十二年	代王二年		7	高祖殺英布。 平燕王盧綰之亂，盧綰叛亡入匈奴。 燕人衛滿亡命入朝鮮。 四月，高祖崩於長樂宮。
194	丁未	惠帝元年	代王三年		8	衛滿率眾逐箕準，箕氏朝鮮亡，建都王險（平壤），稱蕃於漢。 高后毒殺高祖愛子趙王如意，囚禁其母戚夫人。 開始建築長安城。
193	戊申	惠帝二年	代王四年		9	大旱。 十月初七相國蕭何卒，壽六十。曹參爲相國，以清靜無爲治天下。
192	己酉	惠帝三年	代王五年		10	築長城，與匈奴和親。 惠帝立閩越王搖爲東海王（位於浙江閩中郡北）。 春，高后以宗女嫁匈奴冒頓單于。 徵集男女十四萬人築長安城。
191	庚戌	惠帝四年	代王六年		11	凡由郡國舉爲孝悌力田者，免除本人徭役。 廢秦時所定挾書者族之律。
190	辛亥	惠帝五年	代王七年		12	相國曹參卒。 夏，大旱。 續徵男女十四萬人築長安城。
189	壬子	惠帝六年	代王八年		13	以陳平、王陵爲左右相。 留侯張良卒，壽七十九。 舞陽侯樊噲卒。 以周勃爲太尉。
188	癸丑	惠帝七年	代王九年		14	惠帝崩，養子少帝恭即位，高后呂雉臨朝稱制。
187	甲寅	（高后）元年	代王十年		15	高后欲封諸呂爲王，王陵因反對而被罷官。 高后以陳平、審食其爲左右丞相。 廢秦時所定夷滅三族罪及妖言令。

186	乙卯	（高后）二年	代王十一年		16	恢復使用八銖錢（即秦半兩錢）。
185	丙辰	（高后）三年	代王十二年		17	夏，長江、漢水氾濫成災，淹四千餘戶。
184	丁巳	（高后）四年	代王十三年		18	高后廢少帝恭，幽殺之；立恆山王義爲帝，改名弘，不改元。 禁鐵器入嶺南。
183	戊午	（高后）五年	代王十四年		19	南越王趙佗稱帝（位於南海郡、桂林郡、象郡。建都番禺（廣州）），攻長沙，淮陽王擊之。 初令戍卒服役一年後輪換。
182	己未	（高后）六年	代王十五年		20	匈奴攻擾漢北部邊界。 行五分錢（莢錢）。
181	庚申	（高后）七年	代王十六年		21	秋，代王恆謝絕高后擬徙之爲趙王，高后遂封其姪呂祿爲趙王，趙國都邯鄲。 匈奴入侵狄道（今甘肅臨洮）。
180	辛酉	（高后）八年	代王十七年		22	七月辛巳，高后崩於長安未央宮。 九月太尉周勃、丞相陳平、朱虛侯章等誅呂產、呂祿及諸呂，大臣迎立代王恆，是爲漢文帝。
179	壬戌			元年	23	以周勃爲右丞相，陳平爲左丞相，灌嬰爲太尉，論功行賞。 除收孥相坐律令。 正月立子啓爲太子。立竇皇后。 詔賑貸鰥寡孤獨窮困之人。 八月右丞相周勃免，陳平獨相。 遣陸賈出使南越，趙佗降漢去帝號，稱臣奉貢。 召河南守吳公爲廷尉，賈誼爲博士、太中大夫。
178	癸亥			二年	24	丞相陳平卒。十一月周勃爲丞相。 詔舉賢良方正能直言敢諫者。 春正月，親耕籍田、勸農。 夏，除誹謗妖言令。 秋，賜民本年田租之半。 封宗室與諸子爲王。

177	甲子			三年	25	丞相周勃免，灌嬰爲丞相。 夏，匈奴入寇，帝如甘泉，遣丞相灌嬰擊退之。 帝如太原，濟北王興居反，遣大將軍柴武擊之，八月興居兵敗自殺。 張釋之爲廷尉。
176	乙丑			四年	26	丞相灌嬰卒，張蒼爲丞相。 賈誼爲長沙王太傅。 下絳侯周勃獄，尋釋之。
175	丙寅			五年	27	更造四銖錢，除盜鑄令。 徙代王武爲淮陽王。 賜幸臣上大夫鄧通蜀郡嚴道之銅山，使鑄錢。吳王劉濞有豫章郡之銅山，亦鑄錢。鄧、吳錢布天下。
174	丁卯			六年	28	淮南王長謀反，廢徙蜀道卒。 匈奴冒頓單于卒，子老上單于繼立，老上單于殺月氏君長。月氏被擊走至鹹海以南、阿富汗以北；烏孫亦西遷至巴爾喀什湖東南、伊犁河兩岸。匈奴復和親。
173	戊辰			七年	29	賈誼爲梁王太傅。 賈誼上疏言治安策。 禁列侯太夫人、夫人、王子及吏二千石，對民不得擅自徵稅逮捕。
172	己巳			八年	30	封淮南屬王之子四人爲侯。
171	庚午			九年	31	遣晁錯接受原秦博士伏生所傳受《尚書》二十九篇（後稱今文尚書）。
170	辛未			十年	32	將軍薄昭殺漢使者，迫令自殺。
169	壬申			十一年	33	梁王揖卒。徙淮陽王武爲梁王，從賈誼策也。 匈奴寇狄道，擊退之。從太子家令晁錯上言募民徙塞下，且耕且戰，以禦匈奴。
168	癸酉			十二年	34	賈誼卒。 河決酸棗，東潰金隄，東郡大興卒塞之。 從晁錯募民入粟之言於邊，得拜爵。 賜民本年田租之半。 置三老、孝悌、力田、常員。

167	甲戌				十三年	35	詔具親耕及后親桑禮儀。 夏，除祕祝。 感齊太倉令淳于意女緹縈上書願入身爲官婢，以贖父罪，除肉刑。 六月詔免田之租稅。
166	乙亥				十四年	36	匈奴攻陷朝那（甘肅平涼）、蕭關（甘肅固原），殺北地（寧夏吳忠）都尉侯騎，張相如、欒布擊走之。李廣以「良家子」從軍擊匈奴，封「中郎」（皇帝侍從）。 以馮唐之言赦魏尚，復爲雲中守。
165	丙子				十五年	37	夏四月，至雍，郊祀五帝，赦天下。 親策賢良能直言極諫者，以晁錯爲中大夫。 匈奴滅月氏（甘肅張掖），月氏殘眾西遷。
164	丁丑				十六年	38	分齊爲六國；以原淮南地封劉安等三人爲淮南、衡山、廬江王。 祠渭陽五帝廟，以新垣平爲上大夫。 信祥瑞，以新垣平言，詔更明年爲元年，汾陰立廟。
163	戊寅				後元年	39	方士趙人新垣平詐騙事跡敗露伏誅，屠其族。是後，文帝不親祠祀五帝，祠官領之而已。
162	己卯				後二年	40	匈奴連年攻擾，殺掠人畜，重訂與單于和親之約。 丞相蒼免，申屠嘉爲丞相。
161	庚辰				後三年	41	匈奴老上單于卒，子軍臣單于繼立。 大月氏受烏孫攻擊，西遷大夏。
160	辛巳				後四年	42	月氏占塞族之地，塞族開始遷徙。 免官奴婢爲庶人。
159	壬午				後五年	43	十一月，遣劉禮、徐厲、周亞夫等駐守長安城外，以防匈奴。
158	癸未				後六年	44	匈奴入寇上郡（陝西榆林）、雲中，詔周亞夫等屯兵防之。文帝親勞軍，獎掖治軍嚴整的周亞夫，升其爲中尉。 夏四月，大旱、蝗災嚴重，發倉庾以振民。 民得賣爵。

| 157 | 甲申 | | | 後
七
年 | 45 | 六月崩於未央宮，遺詔短喪，葬霸陵，太子劉啓嗣位，是爲漢景帝。
長沙王著卒，無子國除。 |

第二節　漢文帝詔令之數量

茲以嚴可均《全上古三代秦漢三國六朝文》爲藍本，再參考《史記》、《漢書》、《四庫全書・兩漢詔令》內容增訂得漢文帝詔令凡三十四篇。其統計如下：

書　名	篇數	說　明
史記	25 篇	
漢書	34 篇	其中 25 篇與史記同
四庫全書・兩漢詔令	29 篇	29 篇皆與《漢書》同。其〈詔議犯法者收坐〉和〈詔議法〉二篇於《全上古三代秦漢三國六朝文》一書合爲〈議除連坐詔〉一篇，可以 28 篇爲計。
全上古三代秦漢三國六朝文	33 篇	33 篇與漢書同
去重補缺綜合統計	34 篇	

另表列詔令篇名詳目如次：

附表　漢文帝詔書一覽表

序	全上古三代秦漢三國六朝文	四庫全書・兩漢詔令・文帝	史　記（孝文本紀）	漢　書（文帝紀）
一	徙淮南王長制（六年）		P3079	P2142
二	增神祠制（十三年）		P1381	P1212（十四年）
三	即位赦詔（呂后八年）	即位赦天下詔	P417	P108
四	封賜周勃等詔（元年十月）	封功臣詔（元年十月）	P418	P110
五	答有司請建太子詔（元年正月）	有司請建太子詔（正月）	P419	P111
六	振貸詔（元年三月）	振貸詔（三月）		P113
七	養老詔（元年三月）	養老詔		P113
八	脩代來功詔（元年六月）	封宋昌詔（六月）	P420（元年三月）	P114
九	益封高帝從臣詔		P421	P114-115（六月）

十	令列侯之國詔（二年十月）	列侯之國詔（二年十月）	P422	P115
十一	日食求言詔（二年十一月）	日食詔（十一月）	P422	P116
十二	開籍田詔（二年正月）	開籍田詔（正月）	P423	P117
十三	王辟彊等詔（二年三月）		P423	P117
十四	除誹謗訞言法詔（二年五月）	除誹謗法詔（五月）	P423-424	P118
十五	議除連坐詔（二年）	詔議犯法者收坐，詔議法	P418-419	P1104-1105
十六	勸農詔（二年九月）	勸農詔（九月）		P118
十七	卻獻千里馬詔	不受獻詔		P2832
十八	遣灌嬰擊匈奴詔（三年五月）	擊匈奴詔（三年五月）	P425	P3756
十九	復遣周勃率列侯之國詔（三年十一月）	遣列侯之國詔（三年十月）	P424-425	P119
二十	赦濟北吏民詔（三年七月）		P426	P120
廿一	勸農詔（十二年三月）	勸農詔（十二年正月）		P124
廿二	置三老孝悌力田常員詔（十二年三月）	置三老孝悌力田常員詔（二月）		P124
廿三	耕桑詔（十三年二月）	親耕親桑具禮儀詔（十三年二月）		P125
廿四	除祕祝詔（十三年四月）	除祕祝詔	P427；P1380	P125
廿五	除肉刑詔（十三年五月）	除肉刑詔	P427	P125
廿六	勸農詔（十三年六月）	勸農詔（六月）	P428	P125
廿七	增祀無祈詔（十四年春）	增祀無祈詔（十四年春）	P429	P126
廿八	議郊祀詔（十五年夏）	議郊祀詔（十五年春）	P430；P1381	P127
廿九	策賢良文學詔（十五年九月）	策賢良文學士		P127
三十	求言詔（後元年三月）	議可以佐百姓者詔（後元年三月）		P128
卅一	與匈奴和親詔（後二年六月）	和親詔（後二年六月）	P431	P129
卅二	與匈奴和親布告天下詔	和親詔（後二年）	P2903-2904	P3764
卅三	遺詔（後七年六月）	遺詔	P433-434	P131-132
卅四		不作露臺詔 P433	P134

前表係根據《史記》、《漢書》、《四庫全書‧兩漢詔令》、《全上古三代秦漢三國六朝文》四部書，有關漢文帝之詔令羅列排比而成。《史記》所用版本為民國四十八年七月，洪氏出版社印行。《漢書》所用版本為民國六十八年七月，鼎文書局印行。《四庫全書‧兩漢詔令》所用版本為民國七十二年至七十五年，台灣商務印書館出版之《景印文淵閣四庫全書‧史部184‧詔令奏議類‧兩漢詔令》。《全上古三代秦漢三國六朝文》所用版本為民國六十四年八月初版，宏業書局印行。以下為此四部書及所得三十四篇漢文帝詔令內容，以《漢書》為底本作出校勘比對。

漢文帝詔書各篇

一、徙淮南王長制

篇名／詔文／書名	徙　淮　南　王　長　制
史記	朕不忍致（1）法於王，其與列侯（2）二千石議。 朕不忍致法於王（3），其赦長死罪，廢勿王。 計（4）食長給肉日五斤，酒二斗。令故美人才人得幸者十人從居。他可（5）。
漢書	朕不忍置法於王，其與列侯吏二千石議。 其赦長死罪，廢勿王。 食長，給肉日五斤，酒二斗。令故美人材人得幸者十人從居。
四庫全書‧兩漢詔令	
全上古三代秦漢三國六朝文	朕不忍致（6）法于（7）王。其與列侯吏二千石議。 朕不忍致法于王（8）。其赦長死罪。廢勿王。 計（9）食長。給肉日五斤。酒二斗。令故美人才人得幸者十人從居。他可（10）。

　　註：《四庫全書‧兩漢詔令》之詔文皆無句讀。後簡稱《四庫漢詔》。《全上古三代秦漢三國六朝文》之詔文斷句該書一律採句號。後簡稱《全漢文》。校勘記，以《漢書》為底本作校，校勘《史記》、《四庫漢詔》及《全漢文》之異同，後亦如此。本篇如下：

校勘如下：

《史記》：（1）《漢書》為「置」。（2）《漢書》增「吏」。（3）《漢書》無「朕不忍致法於王」。（4）《漢書》無「計」。（5）《漢書》無「他可」。

《四庫漢詔》：未收錄此篇。

《全漢文》：（6）《漢書》為「置」。（7）《漢書》為「於」。（8）《漢書》無「朕不忍致法于王」。（9）《漢書》無「計」。（10）《漢書》無「他可」。

二、增神祠制

書名＼詔文＼篇名	增　神　祠　制
史記	朕即位十三年于今，賴宗廟之靈，社稷之福，方內乂安，民人靡疾。閒者比年登，朕之不德，何以饗此？皆上帝諸神之賜也。蓋聞古者饗其德必報其功，欲有增諸神祠。有司議（1）增雍五畤路車各一乘，駕被具；西畤畦畤禺（2）車各一乘，禺（3）馬四匹，駕被具；其河、湫、漢水加玉（4）各二；及諸祠，各增（5）廣壇場，珪（6）幣俎豆以差加之。而祝釐者歸福於朕，百姓不與焉。自今祝致敬，毋有所祈（7）。
漢書	增雍五畤路車各一乘，駕被具；西畤、畦畤寓車各一乘，寓馬四匹，駕被具；河、湫、漢水，玉加各二；及諸祀皆廣壇場，圭幣俎豆以差加之。
四庫全書・兩漢詔令	
全上古三代秦漢三國六朝文	朕即位十三年于今。賴宗廟之靈。社稷之福。方內乂安。民人靡疾。閒者比歲登。朕之不德。何以饗此。皆上帝諸神之賜也。蓋聞古者饗其德。必報其功。欲有增諸神祠。有司議（8）增雍五畤路車各一乘。駕被具。西畤畦畤禺（9）車各一乘。禺（10）馬四匹。駕被具。其河湫漢水加玉（11）各二。及諸祠。各增（12）廣壇場。珪（13）幣俎豆。以差加之。而祝釐者歸福於朕。百姓不與焉。自今祝致敬。毋有所祈（14）。

註：《史記》與《全漢文》記載本詔文大致相同，《漢書》較略。

校勘如下：

《史記》：（1）《漢書》無「朕即位十三年于今，賴宗廟之靈，社稷之福，方內乂安，民人靡疾。閒者比年登，朕之不德，何以饗此？皆上帝

諸神之賜也。蓋聞古者饗其德必報其功，欲有增諸神祠。有司議」。（2）《漢書》爲「寓」。（3）《漢書》爲「寓」。（4）《漢書》爲「玉加」。（5）「祠各增」《漢書》爲「祀皆」。（6）《漢書》爲「圭」。（7）《漢書》無「而祝釐者歸福於朕，百姓不與焉。自今祝致敬，毋有所祈」。

《四庫漢詔》：未收錄此篇。

《全漢文》：（8）《漢書》無「朕即位十三年于今，賴宗廟之靈，社稷之福，方內乂安，民人靡疾。閒者比年登，朕之不德，何以饗此？皆上帝諸神之賜也。蓋聞古者饗其德必報其功，欲有增諸神祠。有司議」。（9）《漢書》爲「寓」。（10）《漢書》爲「寓」。（11）《漢書》爲「玉加」。（12）「祠各增」《漢書》爲「祀皆」。（13）《漢書》爲「圭」。（14）《漢書》無「而祝釐者歸福於朕，百姓不與焉。自今祝致敬，毋有所祈」。

三、即位赦詔

書名 \ 詔文 \ 篇名	即　　位　　赦　　詔
史記	閒（1）者諸呂用事擅權，謀爲大逆，欲以危劉氏宗廟，賴將相列侯宗室大臣誅之，皆伏其辜。朕初即位，其赦天下，賜民爵一級，女子百戶牛酒，酺五日。
漢書	制詔丞相、太尉、御史大夫：間者諸呂用事擅權，謀爲大逆，欲危劉氏宗廟，賴將相列侯宗室大臣誅之，皆伏其辜。朕初即位，其赦天下，賜民爵一級，女子百戶牛酒，酺五日。
四庫全書·兩漢詔令（即位赦天下詔）	制詔丞相太尉御史大夫間者諸呂用事擅權謀爲大逆欲危劉氏宗廟賴將相列侯宗室大臣誅之皆伏其辜朕初即位其赦天下賜民爵一級女子百戶牛酒酺五日
全上古三代秦漢三國六朝文	制詔丞相、太尉、御史大夫。閒（2）者諸呂用事擅權。謀爲大逆。欲危劉氏宗廟。賴將軍列侯宗室大臣誅之。皆伏其辜。朕初即位。其赦天下。賜民爵一級。女子百戶牛酒。酺五日。

註：本詔篇名於《四庫漢詔》爲〈即位赦天下詔〉，《全漢文》爲〈即位赦詔〉。

校勘如下：

《史記》：（1）「閒」字前，《漢書》有「制詔丞相、太尉、御史大夫」；「閒」
　　　　　《漢書》爲「間」。

《四庫漢詔》：本詔文與《漢書》同。

《全漢文》：（2）《漢書》爲「間」。

四、封賜周勃等詔

篇名 詔文 書名	封　賜　周　勃　等　詔
史記	（1）呂產自置爲相國，呂祿爲上將軍，擅矯遣灌將軍嬰（2）將兵擊齊，欲代劉氏，嬰留滎陽弗擊（3），與諸侯合謀以誅呂氏。呂產欲爲不善，丞相陳平與太尉周勃謀奪呂產等軍。朱虛侯劉章首先捕呂產等。太尉（4）身率襄平侯通持節承詔入北軍。典客劉揭身奪趙王呂祿印。益封太尉勃萬戶（5），賜金五千斤。丞相陳平、灌將軍（6）嬰邑各三千戶，金二千斤。朱虛侯劉章、襄平侯通、東牟侯劉興居（7）邑各二千戶，金千斤。封典客揭爲陽信侯，賜金千斤。
漢書	前呂產自置爲相國，呂祿爲上將軍，擅遣將軍灌嬰將兵擊齊，欲代劉氏。嬰留滎陽，與諸侯合謀以誅呂氏。呂產欲爲不善，丞相平與太尉勃等謀奪產等軍。朱虛侯章首先捕斬產。太尉勃身率襄平侯通持節承詔入北軍。典客揭奪呂祿印。其益封太尉勃邑萬戶，賜金五千斤。丞相平、將軍嬰邑各三千戶，金二千斤。朱虛侯章、襄平侯通邑各二千戶，金千斤。封典客揭爲陽信侯，賜金千斤。
四庫全書・兩漢詔令（封功臣詔）	前呂產自置爲相國呂祿爲上將軍擅遣將軍灌嬰將兵擊齊欲代劉氏嬰留滎陽與諸侯合謀以誅呂氏呂產欲爲不善丞相平與太尉勃等謀奪產等軍朱虛侯章首先捕斬產太尉勃身率襄平侯通持節承詔入北軍典客揭奪呂祿印其益封太尉勃萬戶賜金五十（8）斤云云（9）
全上古三代秦漢三國六朝文	呂產自置爲相國。呂祿爲上將軍。擅矯遣灌將軍嬰將兵擊齊。欲代劉氏。嬰畱滎陽弗擊。與諸侯合謀以誅呂氏。呂產欲爲不善。丞相陳平與太尉周勃謀。奪呂產等軍。朱虛侯劉章首先捕呂產等。太尉身率襄平侯通持節承詔入北軍。典客劉揭身奪趙王呂祿印。益封太尉勃萬戶。賜金五千斤。丞相陳平、灌將軍嬰邑各三千戶。金二千斤。朱虛侯劉章、襄平侯通、東牟侯劉興居邑各二千戶。金千斤。封典客揭爲陽信侯。賜金千斤。

註：本詔篇名於《四庫漢詔》爲〈封功臣詔〉，《全漢文》爲〈封賜周勃等詔〉。

校勘如下：

《史記》：（1）《漢書》增「前」。（2）「擅矯遣灌將軍嬰」，《漢書》為「擅遣將軍灌嬰」。（3）《漢書》無「弗擊」。（4）「丞相陳平與太尉周勃謀奪呂產等軍。朱虛侯劉章首先捕呂產等。太尉」，《漢書》為「丞相平與太尉勃等謀奪產等軍。朱虛侯章首先捕斬產。太尉勃」。（5）「典客劉揭身奪趙王呂祿印。益封太尉勃萬戶」，《漢書》為「典客揭奪呂祿印。其益封太尉勃邑萬戶」。（6）「丞相陳平、灌將軍」，《漢書》為「丞相平、將軍」。（7）「朱虛侯劉章、襄平侯通、東牟侯劉興居」，《漢書》為「朱虛侯章、襄平侯通」。

《四庫漢詔》：（8）《漢書》為「千」。（9）「云云」，《漢書》為「丞相平、將軍嬰邑各三千戶，金二千斤。朱虛侯章、襄平侯通邑各二千戶，金千斤。封典客揭為陽信侯，賜金千斤」。

《全漢文》：本詔文與《史記》同，故其異於《漢書》處亦同。

五、答有司請建太子詔

書名 詔文 篇名	答　有　司　請　建　太　子　詔
史記	朕既不德，上帝神明未歆享（1），天下人民未有嗛（2）志。今縱不能博求天下賢聖有德之人而禪（3）天下焉，而曰豫建太子，是重吾不德也。謂天下何？其安之。 楚王，季父也，春秋高，閱天下之義理多矣，明於國家之大體（4）。吳王於朕，兄也，惠仁以好德（5）。淮南王，弟也，（6）秉德以陪朕。豈為不豫哉！諸侯王宗室昆弟有功臣，多賢及有德義者，若舉有德以陪朕之不能終，是社稷之靈，天下之福也。今不選舉焉，而曰必子，人其以朕為忘賢有德者而專於子，非所以憂天下也。朕甚不取也（7）。
漢書	朕既不德，上帝神明未歆饗也。天下人民未有愜志。今縱不能博求天下賢聖有德之人而嬗天下焉，而曰豫建太子，是重吾不德也。謂天下何？其安之。 楚王，季父也，春秋高，閱天下之義理多矣，明於國家之體，吳王於朕，兄也；淮南王，弟也：皆秉德以陪朕，豈為不豫哉！諸侯王宗室昆弟有功臣，多賢及有德義者，若舉有德以陪朕之不能終，是社稷之靈，天下之福也。今不選舉焉，而曰必子，人其以朕為忘賢有德者而專於子，非所以憂天下也。朕甚不取。

四庫全書·兩漢詔令（有司請建太子詔）	朕既不德上帝神明未歆饗也天下人民未有惬志今縱不能博求天下賢聖有德之人而嬗天下焉而曰豫建太子是重吾不德也謂天下何其安之又 楚王季父也春秋高閱天下之義理多矣明於國家之體吳王於朕兄也淮南王弟也皆秉德以陪朕豈爲不豫哉諸侯王宗室昆弟有功臣多賢及有德義者若舉有德以陪朕之不能終是社稷之靈天下之福也今不選舉焉而曰必子人其以朕爲忘賢有德者而專于（8）子非所以憂天下也朕甚不取
全上古三代秦漢三國六朝文	朕既不德。上帝神明。未歆饗也。天下人民。未有惬志。今縱不能博求天下賢聖有德之人而嬗天下焉。而曰豫建太子。是重吾不德也。謂天下何。其安之。 楚王。季父也。春秋高。閱天下之義理多矣。明於國家之大體（9）。吳王於朕。兄也。惠仁以好德（10）。淮南王。弟也。（11）秉德以陪朕。豈爲不豫哉。諸侯王宗室昆弟。有功臣多賢及有德義者。若舉有德以陪朕之不能終。是社稷之靈。天下之福也。今不選舉焉。而曰必子。人其以朕爲忘賢有德者而專于（12）子。非所以憂天下也。朕甚不取也（13）。

註：本詔篇名於《四庫漢詔》爲〈有司請建太子詔〉，《全漢文》爲〈答有司請建太子詔〉。

校勘如下：

《史記》：（1）「享」，《漢書》爲「饗也」。（2）《漢書》爲「惬」。（3）《漢書》爲「嬗」。（4）「大體」，《漢書》爲「體」。（5）《漢書》無「惠仁以好德」。（6）《漢書》增「皆」。（7）《漢書》無「也」。

《四庫漢詔》：（8）《漢書》爲「於」。

《全漢文》：（9）「大體」，《漢書》爲「體」。（10）《漢書》無「惠仁以好德」。（11）《漢書》增「皆」。（12）《漢書》爲「於」。（13）《漢書》無「也」。

六、振貸詔

書名 ＼ 詔文 ＼ 篇名	振　貸　詔
史記	
漢書	方春和時，草木羣生之物皆有以自樂，而吾百姓鰥寡孤獨窮困之人或阽於死亡，而莫之省憂。爲民父母將何如？其議所以振貸之。

四庫全書‧兩漢詔令	方春和時草木羣生之物皆有以自樂而吾百姓鰥寡孤獨窮困之人或阽於死亡而莫之省憂爲民父母將何如其議所以振貸之
全上古三代秦漢三國六朝文	方春和時。草木羣生之物。皆有以自樂。而吾百姓鰥寡孤獨窮困之人。或阽于死亡。而莫之省憂。爲民父母將何如。其議所以振貸之。

校勘如下：

《史記》：未收錄此篇。

《四庫漢詔》：本詔文與《漢書》同。

《全漢文》：本詔文與《漢書》同。

七、養老詔

篇名　詔文　書名	養　老　詔
史記	
漢書	老者非帛不煖，非肉不飽。今歲首，不時使人存問長老，又無布帛酒肉之賜，將何以佐天下子孫孝養其親？今聞吏稟當受鬻者，或以陳粟，豈稱養老之意哉！具爲令。
四庫全書‧兩漢詔令	老者非帛不煖非肉不飽今歲首不時使人存問長老又無布帛酒肉之賜將何以佐天下子孫孝養其親今聞吏稟當受鬻者或以陳粟豈稱養老之意哉具爲令
全上古三代秦漢三國六朝文	老者非帛不暖。非肉不飽。今歲首。不時使人存問長老。又無布帛酒肉之賜。將何以佐天下子孫孝養其親。今聞吏稟當受鬻者或以陳粟。豈稱養老之意哉。具爲令。

校勘如下：

《史記》：未收錄此篇。

《四庫漢詔》：本詔文與《漢書》同。

《全漢文》：本詔文與《漢書》同。

八、脩代來功詔

書名　詔文　篇名	脩　代　來　功　詔
史記	方大臣之（1）誅諸呂迎朕，朕狐疑，皆止朕，唯中尉宋昌勸朕，朕以得保奉（2）宗廟。已尊昌爲衛將軍，其封昌爲壯武侯。諸從朕六人，官皆至九卿。
漢書	方大臣誅諸呂迎朕，朕狐疑，皆止朕，唯中尉宋昌勸朕，朕以得保宗廟。已尊昌爲衛將軍，其封昌爲壯武侯。諸從朕六人，官皆至九卿。
四庫全書·兩漢詔令（封宋昌詔）	方大臣誅諸呂迎朕朕狐疑皆止朕唯中尉宋昌勸朕朕已（3）得保宗廟已尊昌爲衛將軍其封昌爲壯武侯諸從朕六人（4）皆至九卿
全上古三代秦漢三國六朝文	方大臣誅諸呂迎朕。朕狐疑。皆止朕。唯中尉宋昌勸朕。朕已（5）得保宗廟。已尊昌爲衛將軍。其封昌爲壯武侯。諸從朕六人官皆至九卿。

註：本詔篇名於《四庫漢詔》爲〈封宋昌詔〉，《全漢文》爲〈脩代來功詔〉。

校勘如下：

《史記》：（1）《漢書》無「之」。（2）《漢書》無「奉」。

《四庫漢詔》：（3）《漢書》爲「以」。（4）《漢書》增「官」。

《全漢文》：（5）《漢書》爲「以」。

九、益封高帝從臣詔

書名　詔文　篇名	益　封　高　帝　從　臣　詔
史記	列侯從高帝入蜀、漢中（1）者六十八人皆益封（2）各三百戶，故（3）吏二千石以上從高帝潁川守尊等十人食邑六百戶，淮陽守申徒（4）嘉等十人五百戶，衛尉定（5）等十人四百戶。封淮南王舅父（6）趙兼爲周陽侯，齊王舅父（7）駟鈞爲清（8）郭侯。封（9）故常山丞相蔡兼爲樊侯。
漢書	列侯從高帝入蜀漢者六十八人益邑各三百戶。吏二千石以上從高帝潁川守尊等十人食邑六百戶，淮陽守申屠嘉等十人五百戶，衛尉足等十人四百戶。封淮南王舅趙兼爲周陽侯，齊王舅駟鈞爲靖郭侯，故常山丞相蔡兼爲樊侯。

四庫全書・兩漢詔令	
全上古三代秦漢三國六朝文	列侯從高帝入蜀漢者六十八人益戶（10）各三百戶。吏二千石已（11）上從高帝潁川守尊等十人食邑六百戶。淮陽守申屠嘉等十人五百戶。衛尉足等十人四百戶。封淮南王舅趙兼爲周陽侯。齊王舅駟鈞爲靖郭侯。（12）

校勘如下：

《史記》：（1）《漢書》無「中」。（2）「皆益封」，《漢書》爲「益邑」。（3）《漢書》無「故」。（4）《漢書》爲「屠」。（5）《漢書》爲「足」。（6）《漢書》無「父」。（7）《漢書》無「父」。（8）《漢書》爲「靖」。（9）《漢書》無「封」。

《四庫漢詔》：未收錄此篇。

《全漢文》：（10）《漢書》爲「邑」。（11）《漢書》爲「以」。（12）《漢書》增「故常山丞相蔡兼爲樊侯」。

十、令列侯之國詔

書名＼詔文＼篇名	令 列 侯 之 國 詔
史記	朕聞古者諸侯建國千餘，各守其地，以時入貢，民不勞苦，上下驩欣，靡有遺德。今列侯多居長安，邑遠，吏卒給輸費苦，而列侯亦無由（1）教馴（2）其民。其令列侯之國，爲吏及詔所止者，遣太子。
漢書	朕聞古者諸侯建國千餘，各守其地，以時入貢，民不勞苦，上下驩欣，靡有違德。今列侯多居長安，邑遠，吏卒給輸費苦，而列侯亦無緣教訓其民。其令列侯之國，爲吏及詔所止者，遣太子。
四庫全書・兩漢詔令（列侯之國詔）	朕聞古者諸侯建國千餘各守其地以時入貢民不勞苦上下歡（3）欣靡有違德今列侯多居長安邑遠吏卒給輸費苦而列侯亦無緣教訓其民其令列侯之國爲吏及詔所止者遣太子
全上古三代秦漢三國六朝文	朕聞古者諸侯。建國千餘。各守其地。以時入貢。民不勞苦。上下驩欣。靡有違德。今列侯多居長安。邑遠。吏卒給輸費苦。而列侯亦無緣教訓其民。其令列侯之國。爲吏及詔所止者。遣太子。

註：本詔篇名於《四庫漢詔》爲〈列侯之國詔〉，《全漢文》爲〈令列侯之國詔〉。

校勘如下：

《史記》：（1）《漢書》爲「緣」。（2）《漢書》爲「訓」。

《四庫漢詔》：（3）《漢書》爲「驪」。

《全漢文》：本詔文與《漢書》同。

十一、日食求言詔

篇名 詔文 書名	日　食　求　言　詔
史記	朕聞之，天生蒸（1）民，爲之置君以養治之。人主不德，布政不均，則天示之菑（2），以誡（3）不治。乃十一月晦，日有食之，適見于天，菑（4）孰大焉！朕獲保宗廟，以微眇之身託于兆（5）民君王之上，天下治亂，在朕（6）一人，唯二三執政猶吾股肱也。朕下不能理（7）育羣生，上以累三光之明，其不德大矣。令至，其悉思朕之過失，及知見思（8）之所不及，匄以告朕（9）。及舉賢良方正能直言極諫者，以匡朕之不逮。因各飭其任職（10），務省繇費以便民。朕既不能遠德，故憪然念外人之有非，是以設備未息。今縱不能罷邊屯戍，而（11）又飭兵厚衛，其罷衛將軍軍。太僕見馬遺財足，餘皆以給傳置。
漢書	朕聞之，天生民，爲之置君以養治之。人主不德，布政不均，則天示之災以戒不治。乃十一月晦，日有食之，適見于天，災孰大焉！朕獲保宗廟，以微眇之身託于士民君王之上，天下治亂，在予一人，唯二三執政猶吾股肱也。朕下不能治育羣生，上以累三光之明，其不德大矣。令至，其悉思朕之過失，及知見之所不及，匄以啓告朕。及舉賢良方正能直言極諫者，以匡朕之不逮。因各敕以職任，務省繇費以便民。朕既不能遠德，故憪然念外人之有非，是以設備未息。今縱不能罷邊屯戍，又飭兵厚衛，其罷衛將軍軍。太僕見馬遺財足，餘皆以給傳置。
四庫全書·兩漢詔令（日食詔）	朕聞之天生民爲之置君以養治之人主不德布政不均則天示之災以戒不治乃十一月晦日有食之適見于天災孰大焉朕獲保宗廟以微眇之身託（12）士民君王之上天下治亂在予一人唯二三執政猶吾股肱也朕下不能治育羣生上以累三光之明其不德大矣令至其悉心（13）思朕之過失及知見之所不及匄以啓告朕及舉賢良方正能直言極諫者以匡朕之不逮因各敕以職任務省繇費以便民朕既不能遠德故憪然念外人之有非是以設備未息今縱不能罷邊屯戍又飭兵厚衛其罷衛將軍軍大（14）僕見馬遺財足餘皆以給傳置

全上古三代秦漢三國六朝文	朕聞之。天生民。爲之置君以養治之。人主不德。布政不均。則天示之災。以戒不治。乃十一月晦。日有食之。適見于天。災孰大焉。朕獲保宗廟。以微眇之身。託于士民君王之上。天下治亂。在予一人。唯二三執政。猶吾股肱也。朕下不能治育羣生。上以累三光之明。其不德大矣。令至。其悉（15）朕之過失。及知見之所不及。匄以啓告朕。及舉賢良方正能直言極諫者。以匡朕之不逮。因各敕以職任。務省繇費以便民。朕既不能遠德。故憪然念外人之有非。是以設備未息。今縱不能罷邊屯戍。又飭兵厚衛。其罷衛將軍軍。太僕見馬遺財足。餘皆以給傳置。

註：本詔篇名於《四庫漢詔》爲〈日食詔〉，《全漢文》爲〈日食求言詔〉。

校勘如下：

《史記》：（1）《漢書》無「蒸」。（2）「以菑」，《漢書》爲「災」。（3）《漢書》爲「戒」。（4）《漢書》爲「災」。（5）《漢書》爲「士」。（6）《漢書》爲「予」。（7）《漢書》爲「治」。（8）《漢書》無「思」。（9）「匄以告朕」，《漢書》爲「匄以啓告朕」。（10）「飭其任職」，《漢書》爲「敕以職任」。（11）《漢書》無「而」。

《四庫漢詔》：（12）《漢書》增「于」。（13）《漢書》無「心」。（14）《漢書》爲「太」。

《全漢文》：（15）《漢書》增「思」。

十二、開籍田詔

書名 \ 詔文 \ 篇名	開　籍　田　詔
史記	（1）農，天下之本（2），其開籍田，朕親率耕，以給宗廟粢盛。（3）
漢書	夫農，天下之本也，其開籍田，朕親率耕，以給宗廟粢盛。民讁作縣官及貸種食未入、入未備者，皆赦之。
四庫全書·兩漢詔令	夫農天下之本也其開籍田朕親率耕以給宗廟粢盛民讁作縣官及貸種食未入入未備者皆赦之
全上古三代秦漢三國六朝文	夫農。天下之本也。其開籍田。朕親率耕。以給宗廟粢盛。民讁作縣官及貸種食未入入未備者。皆赦之。

校勘如下：

《史記》：（1）《漢書》增「夫」。（2）《漢書》增「也」。（3）《漢書》增「民讁作縣官及貸種食未入、入未備者，皆赦之」。

《四庫漢詔》：本詔文與《漢書》同。

《全漢文》：本詔文與《漢書》同。

十三、王辟彊等詔

篇名 詔文 書名	王　辟　彊　等　詔
史記	（1）趙幽王幽死，朕甚憐之，已立其長（2）子遂爲趙王。遂弟辟彊及齊悼惠王子朱虛侯章、東牟侯興居有功，可王。
漢書	前趙幽王幽死，朕甚憐之，已立其太子遂爲趙王。遂弟辟彊及齊悼惠王子朱虛侯章、東牟侯興居有功，可王。
四庫全書・兩漢詔令	
全上古三代秦漢三國六朝文	前趙幽王幽死。朕甚憐之。已立其太子遂爲趙王。遂弟辟彊及齊悼惠王子朱虛侯章東牟侯興居有功可王。

校勘如下：

《史記》：（1）《漢書》增「前」。（2）《漢書》爲「太」。

《四庫漢詔》：未收錄此篇。

《全漢文》：本詔文與《漢書》同。

十四、除誹謗訞言法詔

篇名 詔文 書名	除　誹　謗　訞　言　法　詔
史記	古之治天下，朝有進善之旌，誹謗之木，所以通治道而來諫者（1）。今法有誹謗訞言之罪，是使眾臣不敢盡情，而上無由聞過失也。將何以來遠方之賢良？其除之。民或祝詛上以相約結（2）而後相謾，吏以爲大逆，其有他言，而（3）吏又以爲誹謗。此細民之愚無知抵死，朕甚不取。自今以來，有犯此者勿聽治。

漢書	古之治天下，朝有進善之旌，誹謗之木，所以通治道而來諫者也。今法有誹謗訞言之罪，是使眾臣不敢盡情，而上無由聞過失也。將何以來遠方之賢良？其除之。民或祝詛上，以相約而後相謾，吏以爲大逆，其有他言，吏又以爲誹謗。此細民之愚，無知抵死，朕甚不取。自今以來，有犯此者勿聽治。
四庫全書・兩漢詔令（除誹謗法詔）	古之治天下朝有進善之旌誹謗之木所以通治道而來諫者也今法有誹謗訞言之罪是使眾臣不敢盡情而上無由聞過失也將何以來遠方之賢良其除之民或祝詛上以相約而後相謾吏以爲大逆其有他言吏又以爲誹謗此細民之愚無知抵死朕甚不取自今以來有犯此者勿聽治
全上古三代秦漢三國六朝文	古之治天下。朝有進善之旌。誹謗之木。所以通治道而來諫者也。今法有誹謗訞言之罪。是使眾臣不敢盡情。而上無由聞過失也。將何以來遠方之賢良。其除之。民或祝詛上以相約。而後相謾。吏以爲大逆。其有他言。吏又以爲誹謗。此細民之愚。無知抵死。朕甚不取。自今以來。有犯此者。勿聽治。

註：本詔篇名於《四庫漢詔》爲〈除誹謗法詔〉，《全漢文》爲〈除誹謗訞言法詔〉。

校勘如下：

《史記》：（1）《漢書》增「也」。（2）《漢書》無「結」。（3）《漢書》無「而」。

《四庫漢詔》：本詔文與《漢書》同。

《全漢文》：本詔文與《漢書》同。

十五、議除連坐詔

書名＼詔文＼篇名	議　除　連　坐　詔
史記	法者，治之正也（1），所以禁暴而率（2）善人也。今犯法（3）已論，而使毋（4）罪之父母妻子同產坐之，及爲收帑（5），朕甚不（6）取。其議之（7）。 朕聞（8）法正則民慤，罪當則民從。且夫牧民而導（9）之（10）善者，吏也。其（11）既不能導（12），又以不正之法罪之，是（13）反害於民爲暴者也。何以禁之（14）？朕未見其便，其孰計之。
漢書	法者，治之正，所以禁暴而衛善人也。今犯法者已論，而使無罪之父母妻子同產坐之及收，朕甚弗取。其議。 朕聞之，法正則民慤，罪當則民從。且夫牧民而道之以善者，吏也；既不能道，又以不正之法罪之，是法反害於民，爲暴者也。朕未見其便，宜孰計之。

四庫全書・兩漢詔令（詔議犯法者收坐、詔議法）	詔議犯法者收坐： 詔丞相太尉御史（15）法者治之正所以禁暴而衛善人（16）今犯法者已論而使無罪之父母妻子同產坐之及收帑甚弗取其議 詔議法： 朕聞之法正則民慤罪當則民從且夫牧民而道之以善者吏也既不能道又以不正之法罪之是法反害於民為暴者也朕未見其便宜孰計之
全上古三代秦漢三國六朝文	詔丞相太尉御史（17）。法者治之正。所以禁暴而衛善人也。今犯法者已論。而使無罪之父母妻子同產坐之。及收。朕甚弗取。其議。朕聞之。法正則民慤。罪當則民從。且夫牧民而道之以善者。吏也。既不能道。又以不正之法罪之。是法反害于（18）民為暴者也。朕未見其便。宜孰計之。

註：《全漢文》中之本〈議除連坐詔〉在《四庫漢詔》分別為〈詔議犯法者收坐〉與〈詔議法〉兩詔。

校勘如下：

《史記》：（1）《漢書》無「也」。（2）《漢書》為「衛」。（3）《漢書》增「者」。（4）《漢書》為「無」。（5）「及為收帑」，《漢書》為「及收」。（6）《漢書》為「弗」。（7）《漢書》無「之」。（8）《漢書》增「之」。（9）《漢書》為「道」。（10）《漢書》增「以」。（11）《漢書》無「其」。（12）《漢書》為「道」。（13）《漢書》增「法」。（14）《漢書》無「何以禁之」。

《四庫漢詔》：（15）《漢書》無「詔丞相太尉御史」。（16）《漢書》增「也」。

《全漢文》：（17）《漢書》無「詔丞相太尉御史」。（18）《漢書》為「於」。

十六、勸農詔（二年九月）

篇名 詔文 書名	勸　農　詔
史記	
漢書	農，天下之大本也，民所恃以生也，而民或不務本而事末，故生不遂。朕憂其然，故今茲親率羣臣農以勸之。其賜天下民今年田租之半。
四庫全書・兩漢詔令	農天下之大本也民所恃以生也而民或不務本而事末故生不遂朕憂其然故今茲親率羣臣農以勸之其賜天下民今年田租之半

全上古三代秦漢三國六朝文	農。天下之大本也。民所恃以生也。而民或不務本而事末。故生不遂。朕憂其然。故今茲親率羣臣。農以勸之。其賜天下民今年田租之半。

校勘如下：

《史記》：未收錄此篇。

《四庫漢詔》：本詔文與《漢書》同。

《全漢文》：本詔文與《漢書》同。

十七、卻獻千里馬詔

書名 ＼ 詔文 ＼ 篇名	卻 獻 千 里 馬 詔
史記	
漢書	鸞旗在前，屬車在後，吉行日五十里，師行三十里，朕乘千里之馬，獨先安之？ 朕不受獻也，其令四方毋求來獻。
四庫全書・兩漢詔令（不受獻詔）	鸞旗在前屬車在後吉行日五十里師行三十里朕乘千里之馬獨先安之朕不受獻也其令四方毋求來獻
全上古三代秦漢三國六朝文	鸞旗在前。屬車在後。吉行日五十里。師行三十里。朕乘千里之馬。獨先安之。朕不受獻也。其令四方毋求來獻。 朕不受獻也。其令四方毋求來獻（1）。

註：本詔篇名於《四庫漢詔》為〈不受獻詔〉，《全漢文》為〈卻獻千里馬詔〉。

校勘如下：

《史記》：未收錄此篇。

《四庫漢詔》：本詔文與《漢書》同。

《全漢文》：（1）「朕不受獻也。其令四方毋求來獻」此句重覆，《漢書》無此重覆句。

十八、遣灌嬰擊匈奴詔

篇名 詔文 書名	遣 灌 嬰 擊 匈 奴 詔
史記	漢與匈奴約爲昆弟，毋使（1）害邊境，所以輸遺匈奴甚厚。今右賢王離其國，將眾居河南降（2）地，非常故，往來近（3）塞，捕殺吏卒，驅（4）保塞蠻夷，令不得居其故，陵轢邊吏，入盜，甚敖（5）無道，非約也。其發邊吏（6）騎八萬五千（7）詣高奴，遣丞相潁陰侯（8）灌嬰擊匈奴（9）。
漢書	漢與匈奴約爲昆弟，無侵害邊境，所以輸遺匈奴甚厚。今右賢王離其國，將眾居河南地，非常故。往來入塞，捕殺吏卒，毆侵上郡保塞蠻夷，令不得居其故。陵轢邊吏，入盜，甚驚無道，非約也。其發邊吏車騎八萬詣高奴，遣丞相灌嬰將擊右賢王。
四庫全書・兩漢詔令（擊匈奴詔）	漢與匈奴約爲昆弟無侵害邊境所以輸遺匈奴甚厚今右賢王離其國將眾居河南地非常故往來入塞捕殺吏卒毆侵上郡保塞蠻夷令不得居其故陵轢邊吏入盜甚驚無道非約也其發邊吏車騎八萬詣高奴遣丞相灌嬰將擊右賢王
全上古三代秦漢三國六朝文	漢與匈奴約爲昆弟。無侵害邊境。所以論（10）遺匈奴甚厚。今右賢王離其國將眾居河南地。非常故。往來入塞。捕殺吏卒。毆侵上郡。保塞蠻夷。令不得居其故。陵轢邊吏入盜。甚驚無道。非約也。其發邊吏車騎八萬詣高奴。遣丞相灌嬰將擊右賢王。

註：本詔篇名於《四庫漢詔》爲〈擊匈奴詔〉，《全漢文》爲〈遣灌嬰擊匈奴詔〉。

校勘如下：

　《史記》：（1）「毋使」，《漢書》爲「無侵」。（2）《漢書》無「降」。（3）《漢書》爲「入」。（4）「驅」，《漢書》爲「毆侵上郡」。（5）《漢書》爲「驚」。（6）《漢書》增「車」。（7）《漢書》無「五千」。（8）《漢書》無「潁陰侯」。（9）「擊匈奴」，《漢書》爲「將擊右賢王」。

　《四庫漢詔》：本詔文與《漢書》同。

　《全漢文》：（10）《漢書》爲「輸」。

十九、復遣周勃率列侯之國詔

篇名 詔文 書名	復 遣 周 勃 率 列 侯 之 國 詔
史記	前日詔遣列侯之國，或（1）辭未行。丞相朕之所重，其爲朕率列侯之國。
漢書	前日詔遣列侯之國，辭未行。丞相朕之所重，其爲朕率列侯之國。
四庫全書·兩漢詔令（遣列侯之國詔）	前日（2）遣列侯之國辭未行丞相朕之所重其爲朕率列侯之國
全上古三代秦漢三國六朝文	前日朕（3）遣列侯之國。辭未行。丞相朕之所重。其爲朕率列侯之國。

註：本詔篇名於《四庫漢詔》爲〈遣列侯之國詔〉，《全漢文》爲〈復遣周勃率列侯之國詔〉。

校勘如下：

《史記》：（1）《漢書》無「或」。

《四庫漢詔》：（2）《漢書》增「詔」。

《全漢文》：（3）《漢書》爲「詔」。

二十、赦濟北吏民詔

篇名 詔文 書名	赦 濟 北 吏 民 詔
史記	濟北王背德反上，詿誤吏民，爲大逆。濟北吏民兵未至先自定，及以軍地（1）邑降者，皆赦之，復官爵。與王興居去來（2），亦赦之。
漢書	濟北王背德反上，詿誤吏民，爲大逆。濟北吏民兵未至先自定及以軍城邑降者，皆赦之，復官爵。與王興居去來者，亦赦之。
四庫全書·兩漢詔令	
全上古三代秦漢三國六朝文	濟北王背德反上。詿誤吏民。爲大逆。濟北吏（3）兵未至先自定。及以軍城邑降者。皆赦之。復官爵與王興居去來者。亦赦之。

校勘如下：

《史記》：（1）《漢書》爲「城」。（2）《漢書》增「者」。

《四庫漢詔》：未收錄此篇。

《全漢文》：（3）《漢書》增「民」。

廿一、勸農詔（十二年三月）

詔文 書名 ＼ 篇名	勸　　農　　詔
史記	
漢書	道民之路，在於務本。朕親率天下農，十年于今，而野不加辟，歲一不登，民有飢色，是從事焉尚寡，而吏未加務也。吾詔書數下，歲勸民種樹，而功未興，是吏奉吾詔不勤，而勸民不明也。且吾農民甚苦，而吏莫之省，將何以勸焉？其賜農民今年租稅之半。
四庫全書・兩漢詔令（十二年正月）	道民之路在於務本朕親率天下農十年于今而野不加辟歲一不登民有飢色是從事焉尚寡而吏未加務也吾詔書數下歲勸民種樹而功未興是吏奉吾詔不勤而勸民不明也且吾農民甚苦而吏莫之省將何以勸焉其賜農民今年租稅之半
全上古三代秦漢三國六朝文	道民之路。在于〔1〕務本。朕親率天下農。十年于今。而野不加辟。歲一不登。民有飢色。是從事焉尚寡。而吏未加務也。吾詔書數下。歲勸民種樹。而功未興。是吏奉吾詔不勤而勸民不明也。且吾農民甚苦。而吏莫之省。將何以勸焉。其賜農民今年租稅之半。

註：本詔篇名於《四庫漢詔》爲〈勸農詔（十二年正月）〉，《全漢文》爲〈勸
　　農詔（十二年三月）〉。

校勘如下：

《史記》：未收錄此篇。

《四庫漢詔》：本詔文與《漢書》同。

《全漢文》：（1）《漢書》爲「於」。

廿二、置三老孝悌力田常員詔

書名 \ 詔文 \ 篇名	置 三 老 孝 悌 力 田 常 員 詔
史記	
漢書	孝悌，天下之大順也。力田，為生之本也。三老，眾民之師也。廉吏，民之表也。朕甚嘉此二三大夫之行。今萬家之縣，云無應令，豈實人情？是吏舉賢之道未備也。其遣謁者勞賜三老、孝者帛人五匹，悌者、力田二匹，廉吏二百石以上率百石者三匹。及問民所不便安，而以戶口率置三老孝悌力田常員，令各率其意以道民焉。
四庫全書・兩漢詔令	孝悌天下之大順也力田為生之本也三老眾民之師也廉吏民之表也朕甚嘉此二三大夫之行今萬家之縣云無應令豈實人情是吏舉賢之道未備也其遣謁者勞賜三老孝者帛人五匹悌者力田二匹廉吏二百石以上率百石者三匹及問民所不便安而以戶口率置三老孝悌力田常員（1）各率其意以道民焉
全上古三代秦漢三國六朝文	孝悌。天下之大順也。力田。為生之本也。三老。眾民之師也。廉吏。民之表也。朕甚嘉此二三大夫之行。今萬家之縣。云無應令。豈實人情。是吏舉賢之道未備也。其遣謁者勞賜三老。孝者帛人五匹。悌者力田二匹。廉吏二百石以上率百石者三匹。及問民所不便安。而以戶口率置三老孝悌力田常員。令各率其意。以道民焉。

校勘如下：

《史記》：未收錄此篇。

《四庫漢詔》：（1）《漢書》增「令」。

《全漢文》：本詔文與《漢書》同。

廿三、耕桑詔

書名 \ 詔文 \ 篇名	耕桑詔
史記	
漢書	朕親率天下農耕以供粢盛，皇后親桑以奉祭服，其具禮儀。

四庫全書・兩漢詔令（親耕親桑具禮儀詔）	朕親率天下農耕以供粢盛皇后親桑以奉祭服其具禮儀
全上古三代秦漢三國六朝文	朕親率天下農耕。以供粢盛。皇后親桑。以奉祭服。其具禮儀。

註：本詔篇名於《四庫漢詔》爲〈親耕親桑具禮儀詔〉，《全漢文》爲〈耕桑詔〉。

校勘如下：

《史記》：未收錄此篇。

《四庫漢詔》：本詔文與《漢書》同。

《全漢文》：本詔文與《漢書》同。

廿四、除祕祝詔

篇名 詔文 書名	除　祕　祝　詔
史記	（P427 孝文本紀第十） 蓋聞天道禍自怨起而福繇德興。百官之非，宜由朕躬。今（1）祕祝之官移過于（2）下，以彰吾之不德（3），朕甚不（4）取。其除之。 （P1380 封禪書第六） 今（5）祕祝（6）移過於（7）下，朕甚不（8）取。自今（9）除之。
漢書	祕祝之官移過於下，朕甚弗取，其除之。
四庫全書・兩漢詔令	祕祝之官移過於下朕甚弗取其除之
全上古三代秦漢三國六朝文	蓋聞天道。禍自怨起。而福繇德興。百官之非。宜由朕躬。今（10）祕祝之官移過于（11）下。以彰吾之不德（12）。朕甚不（13）取。其除之。

註：本詔於《史記》之〈孝文本紀〉及〈封禪書〉皆有記載，〈孝文本紀〉較爲翔實，《漢書》簡略。

校勘如下：

《史記・孝文本紀》：（1）《漢書》無「蓋聞天道禍自怨起而福繇德興。百官之非，宜由朕躬。今」。（2）《漢書》爲「於」。（3）《漢書》無「以彰吾之不德」。（4）《漢書》爲「弗」。

《史記・封禪書》：（5）《漢書》無「今」。（6）《漢書》增「之官」。（7）《漢

書》爲「於」。（8）《漢書》爲「弗」。（9）「自今」，《漢
書》爲「其」。

《四庫漢詔》：本詔文與《漢書》同。

《全漢文》：（10）《漢書》無「蓋聞天道。禍自怨起。而福繇德興。百官之
非。宜由朕躬。今」。（11）《漢書》爲「於」。（12）《漢書》無「以
彰吾之不德」。（13）《漢書》爲「弗」。

廿五、除肉刑詔

篇名 詔文 書名	除　肉　刑　詔
史記	（1）蓋聞有虞氏之時，畫衣冠異章服以爲僇（2），而民不（3）犯。何則？至治也（4）。今法有肉刑三，而姦不止，其咎安在？非乃朕德（5）薄而教不明歟（6）？吾甚自愧。故夫馴（7）道不純而愚民陷焉。詩曰：「愷悌（8）君子，民之父母。」今人有過，教未施而刑（9）加焉，或欲改行爲善而道毋由也（10）。朕甚憐之。夫刑至斷支體，刻肌膚，終身不息，何其楚痛（11）而不德也，豈稱爲民父母之意哉！其除肉刑（12）。
漢書	制詔御史：蓋聞有虞氏之時，畫衣冠異章服以爲戮，而民弗犯，何治之至也！今法有肉刑三，而姦不止，其咎安在？非乃朕德之薄，而教不明與！吾甚自愧。故夫訓道不純而愚民陷焉。詩曰：「愷弟君子，民之父母。」今人有過，教未施而刑已加焉，或欲改行爲善，而道亡繇至，朕甚憐之。夫刑至斷支體，刻肌膚，終身不息，何其刑之痛而不德也！豈稱爲民父母之意哉？其除肉刑，有以易之，及令罪人各以輕重，不亡逃，有年而免。具爲令。
四庫全書·兩漢詔令	制詔御史蓋聞有虞氏之時畫衣冠異章服以爲戮而民弗犯何治之至也今法有肉刑三而姦不止其咎安在非乃朕德之薄而教不明歟（13）吾甚自愧故夫訓道不純而愚民陷焉詩曰愷弟君子民之父母今人有過教未施而刑已加焉或欲改行爲善而道亡繇至朕甚憐之夫刑至斷支體刻肌膚終身不息何其刑之痛而不德也豈稱爲民父母之意哉其除肉刑有以易之及令罪人各以輕重不亡逃有年而免具爲令
全上古三代秦漢三國六朝文	制詔御史。蓋聞有虞氏之時。畫衣冠異章服以爲戮。而民弗犯。何治之至也。今法有肉刑三。而姦不止。其咎安在。非乃朕德之薄而教不明與。吾甚自愧。故夫訓道不純。而惠（14）民陷焉。詩曰。弟（15）弟君子。民之父母。今人有過。教未施而刑已加焉。或欲改行爲善。而道亡繇至。朕甚憐之。夫刑至斷支體。刻肌膚。終身不息。何其刑之楚（16）而不德也。豈稱爲民父母之意哉。其除肉刑。有以易之。及今（17）罪人各以輕重不亡逃。有年而免。具爲令。

校勘如下：

《史記》：（1）《漢書》增「制詔御史」。（2）《漢書》爲「戮」。（3）《漢書》爲「弗」。（4）「何則？至治也」，《漢書》爲「何治之至也」。（5）《漢書》增「之」。（6）《漢書》爲「與」。（7）《漢書》爲「訓」。（8）《漢書》爲「弟」。（9）《漢書》增「已」。（10）「道毋由也」，《漢書》爲「道亡繇至」。（11）「楚痛」，《漢書》爲「刑之痛」。（12）《漢書》增「有以易之，及令罪人各以輕重，不亡逃，有年而免。具爲令」。

《四庫漢詔》：（13）《漢書》爲「與」。

《全漢文》：（14）《漢書》爲「愚」。（15）《漢書》爲「愷」。（16）《漢書》爲「痛」。（17）《漢書》爲「令」。

廿六、勸農詔（十三年六月）

篇名／詔文／書名	勸　農　詔
史記	農，天下之本，務莫大焉。今勤（1）身從事而有租稅之賦，是爲（2）本末者毋以異（3），其於勸農之道未備。其除田之租稅（4）。
漢書	農，天下之本，務莫大焉。今廑身從事，而有租稅之賦，是謂本末者無以異也，其於勸農之道未備。其除田之租稅。賜天下孤寡布帛絮各有數。
四庫全書・兩漢詔令	農天下之本務莫大焉今廑身從事而有租稅之賦是謂本末者無以異也其於勸農之道未備其除田之租稅賜天下孤寡布帛絮各有數
全上古三代秦漢三國六朝文	農天下之本。務莫大焉。今廑身從事。而有租稅之賦。是謂本末者無以異也。其于（5）勸農之道未備。其除田之租稅。賜天下孤寡布帛絮各有數。

校勘如下：

《史記》：（1）《漢書》爲「廑」。（2）《漢書》爲「謂」。（3）「毋以異」，《漢書》爲「無以異也」。（4）《漢書》增「賜天下孤寡布帛絮各有數」。

《四庫漢詔》：本詔文與《漢書》同。

《全漢文》：（5）《漢書》爲「於」。

廿七、增祀無祈詔

篇名 詔文 書名	增　祀　無　祈　詔
史記	朕獲執犧牲珪幣以事上帝宗廟，十四年于今，歷日縣（1）長，以不敏不明而久撫臨天下，朕甚自愧（2）。其廣增諸祀墠（3）場珪幣。昔先王遠施不求其報，望祀不祈其福，右賢左戚，先民後己，至明之極也。今吾聞祠官祝釐，皆歸福（4）朕躬，不爲百姓，朕甚愧（5）之。夫以朕（6）不德，而躬享（7）獨美其福，百姓不與焉，是重吾不德（8）。其令祠官致敬，毋（9）有所祈。
漢書	朕獲執犧牲珪幣以事上帝宗廟，十四年于今。歷日彌長。以不敏不明而久撫臨天下，朕甚自媿。其廣增諸祀壇場珪幣。昔先王遠施不求其報，望祀不祈其福，右賢左戚，先民後己，至明之極也。今吾聞祠官祝釐，皆歸福於朕躬，不爲百姓，朕甚媿之。夫以朕之不德，而專鄉獨美其福，百姓不與焉，是重吾不德也。其令祠官致敬，無有所祈。
四庫全書·兩漢詔令	朕獲執犧牲珪幣以事上帝宗廟十四年于今歷日彌長以不敏不明而久撫臨天下朕甚自愧（10）其廣增諸祀壇場珪幣昔先王遠施不求其報望祀不祈其福右賢左戚先民後己至明之極今吾聞祠官祝釐皆歸福於朕躬不爲百姓朕甚媿之夫以朕之不德而專鄉獨美其福百姓不與焉是重吾不德也其令祠官致敬無有所祈
全上古三代秦漢三國六朝文	朕獲執犧牲珪幣。以祀（11）上帝宗廟。十四年于今。歷日彌長。以不敏不明。而久撫臨天下。朕甚自媿。其廣增諸祀壇場珪幣。昔先王遠施不求其報。望祀不祈其福。右賢左戚。先民後己。至明之極也。今吾聞祠官祀（12）釐。皆歸福于（13）朕躬。不爲百姓。朕甚媿之。夫以朕之不德。而專鄉獨美其福。百姓不與焉。是重吾不德也。其令祠官致敬。無有所祈。

校勘如下：

《史記》：（1）《漢書》爲「彌」。（2）《漢書》爲「媿」。（3）《漢書》爲「壇」。（4）《漢書》增「於」。（5）《漢書》爲「媿」。（6）《漢書》增「之」。（7）「躬享」，《漢書》爲「專鄉」。（8）《漢書》增「也」。（9）《漢書》爲「無」。

《四庫漢詔》：（10）《漢書》爲「媿」。

《全漢文》：（11）《漢書》爲「事」。（12）《漢書》爲「祝」。（13）《漢書》爲「於」。

廿八、議郊祀詔

書名＼詔文＼篇名	議　郊　祀　詔
史記	（P430 孝文本紀第十） 有異物之神見于（1）成紀，無（2）害於民，歲以有年。朕親（3）郊祀上帝諸神。禮官議，毋諱以勞朕（4）。 （P1381 封禪書第六） （5）異物之神于（6）成紀，無（7）害於民，歲以有年。朕祈（8）郊（9）上帝諸神，禮官議，無（10）諱以勞朕（11）。
漢書	有異物之神見於成紀，毋害於民，歲以有年。朕幾郊祀上帝諸神，禮官議，毋諱以朕勞。
四庫全書・兩漢詔令	有異物之神見於成紀毋害於民歲以有年朕幾郊祀上帝諸神禮官議毋諱以朕勞
全上古三代秦漢三國六朝文	有異物之神見于（12）成紀。毋害于民。歲以有年。朕幾郊祀上帝諸神。禮官議。毋諱以朕勞。

註：本詔於《史記》之〈孝文本紀〉及〈封禪書〉皆有記載，詔文仍有數字不同。

校勘如下：

《史記・孝文本紀》：（1）《漢書》爲「於」。（2）《漢書》爲「毋」。（3）《漢書》爲「幾」。（4）「勞朕」《漢書》爲「朕勞」。

《史記・封禪書》：（5）《漢書》增「有」。（6）《漢書》爲「於」。（7）《漢書》爲「毋」。（8）《漢書》爲「幾」。（9）《漢書》增「祀」。（10）《漢書》爲「毋」。（11）「勞朕」《漢書》爲「朕勞」。

《四庫漢詔》：本詔文與《漢書》同。

《全漢文》：（12）《漢書》爲「於」。

廿九、策賢良文學詔

書名＼詔文＼篇名	策　賢　良　文　學　詔
史記	

漢書	惟十有五年九月壬子，皇帝曰：昔者大禹勤求賢士，施及方外，四極之內，舟車所至，人迹所及，靡不聞命，以輔其不逮；近者獻其明，遠者通厥聰，比善戮力，以翼天子。是以大禹能亡失德，夏以長楙。高皇帝親除大害，去亂從，並建豪英，以爲官師，爲諫爭，輔天子之闕，而翼戴漢宗也。賴天之靈，宗廟之福。方內以安，澤及四夷。今朕獲執天子之正，以承宗廟之祀，朕既不德，又不敏，明弗能燭，而智不能治，此大夫之所著聞也。故詔有司、諸侯王、三公、九卿及主郡吏，各帥其志，以選賢良明於國家之大體，通於人事之終始，及能直言極諫者，各有人數，將以匡朕之不逮。二三大夫之行當此三道，朕甚嘉之，故登大夫于朝，親諭朕志。大夫其上三道之要，及永惟朕之不德，吏之不平，政之不宣，民之不寧，四者之闕，悉陳其志，毋有所隱。上以薦先帝之宗廟，下以興愚民之休利，著之于篇，朕親覽焉，觀大夫所以佐朕，至與不至。書之，周之密之，重之閉之。興自朕躬，大夫其正論，毋枉執事。烏虖，戒之！二三大夫其帥志毋怠！
四庫全書·兩漢詔令(策賢良文學士)	（1）皇帝曰昔者大禹勤求賢士施及方外四極之內舟車所至人迹所及靡不聞命以輔其不逮近者獻其明遠者通厥聰比善戮力以翼天子是以大禹能亡失德夏以長楙高皇帝親除大害去亂從並建豪英以爲官師爲諫爭輔天子之闕而翼戴漢宗也賴天之靈宗廟之福方內以安澤及四夷今朕獲執天下（2）之正以承宗廟之祀朕既不德又不敏明弗能燭而智不能治此大夫之所著聞也故詔有司諸侯王三公九卿及主郡吏各帥其志以選賢良明於國家之大體通於人事之終始及能直言極諫者各有人數將以匡朕之不逮二三大夫之行當此三道朕甚嘉之故登大夫於（3）朝親諭朕志大夫其上三道之要及永惟朕之不德吏之不平政之不宣民之不寧四者之闕悉陳其志毋有所隱上以薦先帝之宗廟下以興萬（4）民之休利著之于篇朕親覽焉觀大夫所以佐朕至與不至書之周之密之重之閉之興自朕躬大夫其正論毋枉執事烏虖戒之二三大夫其帥志毋怠
全上古三代秦漢三國六朝文	惟十有五年九月壬子。皇帝曰。昔者大禹勤求賢士。施及方外。四極之內。舟車所至。人迹所及。靡不聞命。以輔其不逮。近者獻其明。遠者通厥聰。比善戮力。以翼天子。是以大禹能亡失德。夏以長楙。高皇帝親除大害。去亂從。並建豪英。以爲官師。爲諫爭。輔天子之闕。而翼戴漢宗也。賴天之靈。宗廟之福。方內以安。澤及四夷。今朕獲執天下（5）之正。以承宗廟之祀。朕既不德。又不敏。明弗能燭。而智不能治。此大夫之所著聞也。故詔有司諸侯王三公九卿及主郡吏。各帥其志。以選賢良。明於國家之大體。通於人事之終始。及能直言極諫者。各有人數以匡朕之不逮。二三大夫之行。當此三道朕甚嘉之。故登大夫于朝。親諭朕志。大夫其上三道之要。及永惟朕之不德。吏之不平。政之不宣。民之不盜（6）。四者之闕。悉陳其志。毋有所隱。上以薦先帝之宗廟。下以興愚民之休利。著之于篇。朕親覽焉。觀大夫所以佐朕。至與不至。書之。周之密之。重之閉之。興自朕躬。大夫其正論。毋枉執事。烏虖戒之。二三大夫其帥志毋怠。

註：本詔篇名於《四庫漢詔》爲〈策賢良文學士〉，《全漢文》爲〈策賢良文學詔〉。

校勘如下：

《史記》：未收錄此篇。

《四庫漢詔》：（1）《漢書》增「惟十有五年九月壬子」。（2）《漢書》爲「子」。（3）《漢書》爲「于」。（4）《漢書》爲「愚」。

《全漢文》：（5）《漢書》爲「子」。（6）《漢書》爲「寧」。

三十、求言詔

篇名 詔文 書名	求 言 詔
史記	
漢書	間者數年比不登，又有水旱疾疫之災，朕甚憂之。愚而不明，未達其咎。意者朕之政有所失而行有過與？乃天道有不順，地利或不得，人事多失和，鬼神廢不享與？何以致此？將百官之奉養或費，無用之事或多與？何其民食之寡乏也！夫度田非益寡，而計民未加益，以口量地，其於古猶有餘，而食之甚不足者，其咎安在？無乃百姓之從事於末以害農者蕃，爲酒醪以靡穀者多，六畜之食焉者眾與？細大之義，吾未能得其中。其與丞相列侯吏二千石博士議之，有可以佐百姓者，率意遠思，無有所隱。
四庫全書‧兩漢詔令（議可以佐百姓者詔）	間者數年比不登又有水旱疾疫之災朕甚憂之愚而不明未達其咎意者朕之政有所失而行有過與乃天道有不順地利或不得人事多失和鬼神廢不享與何以致此將百官之奉養或費無用之事或多與何其民食之寡乏也夫度田非益寡而計民未加益以口量地其於古猶有餘而食之甚不足者其咎安在無乃百姓（1）從事於末以害農者蕃爲酒醪以靡穀者多六畜之食焉者眾與細大之義吾未能得其中其與丞相列侯吏二千石博士議之有可以佐百姓者率意遠思無有所隱
全上古三代秦漢三國六朝文	間者數年比不登。又有水旱疾疫之災。朕甚憂之。愚而不明。未達其咎。意者朕之政有所失而行有過與。乃天道有不順。地利或不得人事多失和。鬼神廢不享與。何以致此。將百官之奉養或費。無用之事或多與。何其民食之寡乏也。夫度田非益寡。而計民未加益。以口量地。其於古猶有餘。而食之甚不足者。其咎安在。無乃百姓之從事於末以害農者蕃。爲酒醪以靡穀者多。六畜之食焉者眾與。細大之義。吾未能得其中。其與丞相列侯吏二千石博士議之。有可以佐百姓者。率意遠思。無有所隱。

註：本詔篇名於《四庫漢詔》為〈議可以佐百姓者詔〉，《全漢文》為〈求言詔〉。

校勘如下：

《史記》：未收錄此篇。

《四庫漢詔》：（1）《漢書》增「之」。

《全漢文》：本詔文與《漢書》同。

卅一、與匈奴和親詔

篇名　詔文　書名	與　　匈　　奴　　和　　親　　詔
史記	朕既不明，不能遠德，是以（1）使方外之國或不寧息。夫四荒之外不安其生，封畿（2）之內勤勞不處，二者之咎，皆自於朕之德薄而不能遠達（3）也。閒（4）者累年，匈奴並暴邊境，多殺吏民，邊臣兵吏又不能諭吾（5）內志，以重吾不德也（6）。夫久結難連兵，中外之國將何以自寧。今朕夙興夜寐，勤勞天下，憂苦萬民，為之怛惕（7）不安，未嘗一日忘於心，故遣使者冠蓋相望，結軼（8）於道，以諭朕意（9）於單于。今單于反古之道，計社稷之安，便萬民之利，親（10）與朕俱弃（11）細過，偕之大道，結兄弟之義，以全天下元元之民。和親已（12）定，始于今年。
漢書	朕既不明，不能遠德，使方外之國或不寧息。夫四荒之外不安其生，封圻之內勤勞不處，二者之咎，皆自於朕之德薄而不能達遠也。間者累年，匈奴並暴邊境，多殺吏民，邊臣兵吏又不能諭其內志，以重吾不德。夫久結難連兵，中外之國將何以自寧？今朕夙興夜寐，勤勞天下，憂苦萬民，為之惻怛不安，未嘗一日忘於心，故遣使者冠蓋相望，結徹於道，以諭朕志於單于。今單于反古之道，計社稷之安，便萬民之利，新與朕俱棄細過，偕之大道，結兄弟之義，以全天下元元之民。和親以定，始于今年。
四庫全書·兩漢詔令（和親詔後二年六月）	朕既不明不能遠德使方外之國或不寧息夫四荒之外不安其生封圻之內勤勞不處二者之咎皆自於朕之德薄而不能達遠也間者累年匈奴並暴邊境多殺吏民邊臣兵吏又不能諭其內志以重吾不德夫久結難連兵中外之國將何以自寧今朕夙興夜寐勤勞天下憂苦萬民為之惻怛不安未嘗一日忘於心故遣使者冠蓋相望結徹於道以諭朕志於單于今單于反古之道計社稷之安便萬民之利新與朕俱棄細過偕之大道結兄弟之義以全天下元元之民和親以定始于今年

全上古三代秦漢三國六朝文	朕既不明。不能遠德。使方外之國。或不寧（13）息。夫四荒之外。不安其生。封圻之內。勤勞不處。二者之咎。皆自於朕之德薄。而不能達遠也。間者累年。匈奴竝（14）暴邊境。多殺吏民。邊臣兵吏。又不能論其內志。以重吾不德。夫久結難。連兵中外之國。將何以自寧（15）。今朕夙興夜寐。勤勞天下。憂苦萬民。為之惻怛不安。未嘗一日忘于（16）心。故遣使者。冠蓋相望。結轍（17）于（18）道。以諭朕志於單于。今單于反古之道。計社稷之安。便萬民之利。新與朕俱棄細過。偕之大道。結兄弟之義。以全天下元元之民。和親以定。始於（19）今年。

註：本詔篇名於《四庫漢詔》為〈和親詔〉（後二年六月），《全漢文》為〈與
　　匈奴和親詔〉。

校勘如下：

《史記》：（1）《漢書》無「是以」。（2）《漢書》為「圻」。（3）「遠達」，《漢
　　書》為「達遠」。（4）《漢書》為「間」。（5）《漢書》為「其」。（6）
　　《漢書》無「也」。（7）「怛惕」，《漢書》為「惻怛」。（8）《漢書》
　　為「徹」。（9）《漢書》為「志」。（10）《漢書》為「新」。（11）《漢
　　書》為「棄」。（12）《漢書》為「以」。

《四庫漢詔》：本詔文與《漢書》同。

《全漢文》：（13）《漢書》為「寧」。（14）《漢書》為「並」。（15）《漢書》
　　為「寧」。（16）《漢書》為「於」。（17）《漢書》為「徹」。（18）
　　《漢書》為「於」。（19）《漢書》為「于」。

卅二、與匈奴和親布告天下詔

篇名　詔文　書名	與　匈　奴　和　親　布　告　天　下　詔
史記	制詔御史曰（1）：匈奴大單于遺朕書，言（2）和親已定，亡人不足以益眾廣地，匈奴無入塞，漢無出塞，犯今約者殺之，可以久親，後無咎，俱便。朕已許之（3）。其布告天下，使明知之。
漢書	制詔御史：匈奴大單于遺朕書，和親已定，亡人不足以益眾廣地，匈奴無入塞，漢無出塞，犯今約者殺之，可以久親，後無咎，俱便。朕已許。其布告天下，使明知之。

四庫全書・兩漢詔令（和親詔 後二年）	制詔御史匈奴大單于遺朕書和親已定亡人不足以益眾廣地匈奴無入塞漢無出塞犯今約者殺之可以久親後無咎俱便朕已許其布告天下使明知之
全上古三代秦漢三國六朝文	制詔御史。匈奴大單于遺朕書。和親已定。亡人不足以益眾廣地。匈奴無入塞。漢無出塞。犯今約者殺之。可以久親。後無咎。俱便。朕已許。其布告天下。使明知之。

註：本詔篇名於《四庫漢詔》爲〈和親詔〉（後二年），《全漢文》爲〈與匈奴和親布告天下詔〉。

校勘如下：

《史記》：（1）《漢書》無「曰」。（2）《漢書》無「言」。（3）《漢書》無「之」。

《四庫漢詔》：本詔文與《漢書》同。

《全漢文》：本詔文與《漢書》同。

卅三、遺　詔

篇名 詔文 書名	遺　　詔
史記	朕聞（1）蓋天下萬物之萌生，靡不有死。死者天地之理，物之自然者（2），奚可甚哀。當今之時，世咸嘉生而惡死（3），厚葬以破業，重服以傷生，吾甚不取。且朕既不德，無以佐百姓；今崩，又使重服久臨，以離（4）寒暑之數，哀人之（5）父子，傷長幼（6）之志，損其飲食，絕鬼神之祭祀，以重吾不德也（7），謂天下何！朕獲保宗廟，以眇眇之身託于天下君王之上，二十有餘年矣。賴天地之靈，社稷之福，方內安寧，靡有兵革。朕既不敏，常畏過行，以羞先帝之遺德；維（8）年之久長，懼于不終。今乃幸以天年，得復供養于高廟，朕之不明與嘉之，其奚哀悲（9）之有！其令天下吏民，令到出臨三日，皆釋服。毋（10）禁取婦嫁女祠祀飲酒食肉者（11）。自當給喪事服臨者，皆無踐。絰帶無過三寸，毋（12）布車及兵器，毋（13）發民男女（14）哭臨宮殿（15）。宮（16）殿中當臨者，皆以旦夕各十五舉聲（17），禮畢罷。非旦夕臨時，禁毋（18）得擅哭（19）。已（20）下，服大紅十五日，小紅十四日，纖七日，釋服。佗（21）不在令中者，皆以此令比率（22）從事。布告天下，使明知朕意。霸陵山川因其故，毋（23）有所改。歸夫人以下至少使。
漢書	朕聞之，蓋天下萬物之萌生，靡不有死。死者天地之理，物之自然，奚可甚哀！當今之世，咸嘉生而惡死，厚葬以破業，重服以傷生，吾甚不取。且朕既不德，無以佐百姓；今崩，又使重服久臨，以罹寒暑之數，哀人父子，傷長老之志，損其飲食，絕鬼神之祭祀，以重吾不德，謂天

	下何！朕獲保宗廟，以眇眇之身託于天下君王之上，二十有餘年矣。賴天之靈，社稷之福，方內安寧，靡有兵革。朕既不敏，常畏過行，以羞先帝之遺德；惟年之久長，懼于不終。今乃幸以天年得復供養于高廟，朕之不明與嘉之，其奚哀念之有！其令天下吏民，令到出臨三日，皆釋服。無禁取婦嫁女祠祀飲酒食肉。自當給喪事服臨者，皆無踐。絰帶無過三寸。無布車及兵器。無發民哭臨宮殿中。殿中當臨者，皆以旦夕各十五舉音，禮畢罷。非旦夕臨時，禁無得擅哭臨。以下，服大紅十五日，小紅十四日，纖七日，釋服。它不在令中者，皆以此令比類從事。布告天下，使明知朕意。霸陵山川因其故，無有所改。歸夫人以下至少使。
四庫全書·兩漢詔令	朕聞之蓋天下萬物之萌生靡不有死死者天地之理物之自然奚可甚哀當今之世咸嘉生而惡死厚葬以破業重服以傷生吾甚不取且朕既不德無以佐百姓今崩又使重服久臨以罹寒暑之數哀人父子傷長老之志損其飲食絕鬼神之祭祀以重吾不德謂天下何朕獲保宗廟以眇眇之身託于天下君王之上二十有餘年矣賴天之靈社稷之福方內安寧靡有兵革朕既不敏常畏過行以羞先帝之遺德惟年之久長懼于不終今乃幸以天年得復供養于高廟朕之不明與嘉之其奚哀念之有其令天下吏民令到出臨三日皆釋服無禁取婦嫁女云云(24)它不在令中者皆以此令比類從事布告天下使明知朕意霸陵山川因其故無有所改歸夫人以下至少使
全上古三代秦漢三國六朝文	朕聞之。蓋天下萬物之萌生。靡不有死。死者。天地之理。物之自然。奚可甚哀。當今之時。世咸嘉生而惡死(25)。厚葬以破業。重服以傷生。吾甚不取。且朕既不德。無以佐百姓。今崩。又使重服久臨。以罹寒暑之數。哀人父子。傷長老之志。損人(26)飲食。絕鬼神之祭祀。以重吾不德。謂天下何。朕獲保宗廟。以眇眇之身。託于天下君王之上。二十有餘年矣。賴天之靈。社稷之福。方內安寍(27)。靡有兵革。朕既不敏。常畏過行。以羞先帝之遺德。惟年之久長。懼于不終。今乃幸以天年。得復供養于高廟。朕之不明與。嘉之。其奚哀念之有。其令天下吏民。令到。出臨三日。皆釋服。無禁取婦嫁女祠祀飲酒食肉。自當給喪事服。臨者皆無踐。絰帶無過三寸。無布車及兵器。無發民哭臨宮殿中。殿中當臨者。皆以旦夕各十五舉音。禮畢罷。非旦夕臨時。禁無得擅哭臨。以下。服大紅十五日。小紅十四日。纖七日釋服。它不在令中者。皆以此令比類從事。布告天下。使明知朕意。霸陵山川因其故。無有所改。歸夫人以下至少使。

校勘如下：

《史記》：（1）《漢書》增「之」。（2）《漢書》無「者」。（3）「當今之時，世咸嘉生而惡死」，《漢書》為「當今之世，咸嘉生而惡死」。（4）《漢書》為「罹」。（5）《漢書》無「之」。（6）《漢書》為「老」。（7）《漢書》無「也」。（8）《漢書》為「惟」。（9）《漢書》為「念」。（10）《漢書》為「無」。（11）《漢書》無「者」。（12）《漢書》為「無」。（13）《漢書》為「無」。（14）《漢書》無「男

女」。（15）《漢書》增「中」。（16）《漢書》無「宮」。（17）《漢書》爲「音」。（18）《漢書》爲「無」。（19）《漢書》增「臨」。（20）《漢書》爲「以」。（21）《漢書》爲「它」。（22）《漢書》爲「類」。（23）《漢書》爲「無」。

《四庫漢詔》：（24）「云云」，《漢書》爲「祠祀飲酒食肉。自當給喪事服臨者，皆無踐。絰帶無過三寸。無布車及兵器。無發民哭臨宮殿中。殿中當臨者，皆以旦夕各十五舉音，禮畢罷。非旦夕臨時，禁無得擅哭臨。以下，服大紅十五日，小紅十四日，纖七日，釋服」。

《全漢文》：（25）「當今之時。世咸嘉生而惡死」，《漢書》爲「當今之世，咸嘉生而惡死」。（26）《漢書》爲「其」。（27）《漢書》爲「寧」。

卅四、不作露臺詔

書名＼詔文＼篇名	不　作　露　臺　詔
史記	百金中民（1）十家之產（2）。吾奉先帝宮室，常恐羞之，何以臺爲！
漢書	百金，中人十家之產也。吾奉先帝宮室，常恐羞之，何以臺爲！
四庫全書・兩漢詔令	
全上古三代秦漢三國六朝文	

校勘如下：

《史記》：（1）《漢書》爲「人」。（2）《漢書》增「也」。

《四庫漢詔》：未收錄此篇。

《全漢文》：未收錄此篇。

必須一提的是，在蒐羅漢文帝詔令的同時，曾於《中國全記錄》〔註6〕一書中得竹簡圖示爲漢文帝之詔書一篇，其釋文爲「縣置三老二　興【月公】

〔註 6〕 張之傑總纂，《中國全記錄》，（台北：錦繡出版公司，民國 79 年 7 月初版），頁 185。

十二　置孝弟力田廿二　徵吏二千平以符卅二　郡興謁列侯兵冊冊二　年八十及孕需頌擊五十二」。後經考證，此篇是近代出土「居延漢簡」中的一部分，實爲「詔書目錄」，並非詔文，亦毫無認定爲「漢文帝詔書」之論述。大陸學者陳夢家與汪桂海對此簡曾作過一番探討如下：

> 陳夢家認爲這是漢武帝之前的施行詔書目錄，屬於《甲令》或《令甲》。(《漢簡綴述》陳夢家，中華書局 1980 年)

> 此詔書目錄應是居延地區官府吏員從大量詔書令中挑選編定的一組詔書令，目的不外二端：一是日常行政事務處理時，作爲法令舊例之參考依據；二是供小吏學習律令與文書製作等吏事時的參考教材。因此這是一個詔書令選本。其中每件詔書後的編號應是按選本中詔書令的先後次序而重新給予的，不可能與史書中出現的「令甲第 X」之類有對應關係。(〈國家圖書館所藏漢簡考釋〉汪桂海)

對於「居延漢簡」的時間，不在漢文帝時期，中央研究院院士勞榦曾有研究指出：

> 《居延漢簡》和《敦煌漢簡》的時代大致相關，只是《敦煌漢簡》前後的時代更長，早到漢武帝太始時期，而晚到東漢。《居延漢簡》雖然涉及漢武時期，但比《敦煌漢簡》最早的簡稍晚一些，而東漢的簡也比較少，大部分是從昭帝到王莽那一段。時代當然不及《敦煌漢簡》拖的那樣長，不過材料集中在一段時期之中，也有他的好處。〔註7〕

> 《居延漢簡》的時代始自太初，迄於建武，有一部分尚晚到永元。按《漢書》武帝紀太初三年「強弩都尉路博德築居延」，又李廣利傳「太初元年以廣利爲貳師將軍……期至貳師城取善馬。……士財有數千皆饑罷……引而還，往來二歲。……天子聞之大怒，……益發戍卒十八萬。酒泉，張掖北置居延，休屠，以衛酒泉。」《漢書·地理志》注引闞馬四十三州志云：「武帝使伏波將軍路博德築遮虜障於居延城。」所以居延城是太初時才建築的。居延的烽燧，或同時，或稍後，大要總不出武帝時。〔註8〕

〔註7〕勞榦編著，《居延漢簡·圖版之部(一)·居延漢簡圖版之部·序》，(台北：中央研究院歷史語言研究所，民國 46 年 3 月)，頁 4。

〔註8〕勞榦編著，《居延漢簡·考釋之部·居延漢簡考釋序目》，(台北：中央研究院歷史語言研究所，民國 49 年 4 月初版)，頁 14。

「居延漢簡」共有三篇詔書如下：

　　詔書一：□□大夫廣明下丞相，承書從事下當用者，如詔書，書
　　到言。□□□郡太守諸侯相，承書從事下當用者，如詔書，書到
　　明白布□□到令諸□□縣从其□□如詔書律令，書到言。丞相吏
　　□□下領武校居延屬國鄣農都尉，縣官承書□。65.18，卷一，第
　　四葉。

　　此簡當在昭帝元平元年至宣帝本始二年。〔註9〕

　　詔書二：二月丁卯，丞相相下車騎將軍，將軍，中二千石，二千石，
　　郡太守，諸侯相，承書從事下當用者，如詔書。少史慶，令史宜王，
　　始長。10.30 此簡之時爲神爵元年。〔註10〕

　　詔書三：八月辛丑，大司徒宮下小府，安漢公大傅大司馬大師車騎。
　　（35）53.1，卷一，第五葉。

　　此元始元年至三年詔也。〔註11〕

以上這三篇詔書皆非漢文帝之詔令。綜合了專家學者的考據，《中國全記錄》
所列竹簡圖示漢文帝之詔書實爲誤謬，殆無疑義。

第三節　漢文帝詔令內容述釋

　　在前一節中已將漢文帝詔令全部臚列，本節將其內容區分爲九類予以述釋：

附表　漢文帝詔書分類一覽表

序	分類	詔　書　篇　目		篇數
一	農業	（十二）開籍田詔	（廿三）耕桑詔	5
		（十六）勸農詔（二年九月）	（廿六）勸農詔（十三年六月）	
		（廿一）勸農詔（十二年三月）		
二	法律	（三）即位赦詔	（二十）赦濟北吏民詔	5
		（十四）除誹謗訞言法詔	（廿五）除肉刑詔	
		（十五）議除連坐詔		

〔註9〕勞榦編著，《居延漢簡考釋之部・居延漢簡考證・乙　公文形式與一般制度》，
　　　　（台北：中央研究院歷史語言研究所，民國49年4月初版），頁7。
〔註10〕同上。
〔註11〕同上。

三	社會	（六）振貸詔	（七）養老詔	2
四	祭祀	（二）增神祠制	（二七）增祀無祈詔	4
		（廿四）除祕祝詔	（二八）議郊祀詔	
五	軍事	（十八）遣灌嬰擊匈奴詔		1
六	外交國防	（卅一）與匈奴和親詔	（卅二）與匈奴和親布告天下詔	2
七	人事	（一）徙淮南王長制	（十）令列侯之國詔	9
		（四）封賜周勃等詔	（十三）王辟彊等詔	
		（五）答有司請建太子詔	（十九）復遣周勃率列侯之國詔	
		（八）脩代來功詔	（廿二）置三老孝悌力田常員詔	
		（九）益封高帝從臣詔		
八	求言舉賢	（十一）日食求言詔	（三十）求言詔	3
		（廿九）策賢良文學詔		
九	品德	（十七）卻獻千里馬詔	（卅三）遺詔	3
		（卅四）不作露臺詔		
共　　計				34

一、農業方面

〈勸農詔〉（二年九月）（篇序十六，頁41）

　　農，天下之大本也，民所恃以生也，而民或不務本而事末，故生不遂。朕憂其然，故今茲親率羣臣農以勸之。其賜天下民今年田租之半。

〈勸農詔〉（十二年三月）（篇序廿一，頁45）

　　道民之路，在於務本。朕親率天下農，十年于今，而野不加辟，歲一不登，民有飢色，是從事焉尚寡，而吏未加務也。吾詔書數下，歲勸民種樹，而功未興，是吏奉吾詔不勤，而勸民不明也。且吾農民甚苦，而吏莫之省，將何以勸焉？其賜農民今年租稅之半。

〈勸農詔〉（十三年六月）（篇序廿六，頁49）

　　農，天下之本，務莫大焉。今廑身從事，而有租稅之賦，是謂本末者無以異也，其於勸農之道未備。其除田之租稅。賜天下孤寡布帛絮各有數。

〈開藉田詔〉（篇序十二，頁38）

夫農，天下之本也，其開藉田，朕親率耕，以給宗廟粢盛。民讁作
縣官及貸種食未入、入未備者，皆赦之。

〈耕桑詔〉（篇序廿三，頁46）

朕親率天下農耕以供粢盛，皇后親桑以奉祭服，其具禮儀。

我國自古以農立國，民以食為天，農林耕墾為正大光明之事。《管子‧牧民篇》
有言：「倉廩實，則知禮節，衣食足，則知榮辱。」孔子聖哲，道德文章過人，
尚被譏「四體不勤，五穀不分，孰為夫子？」。諸葛亮未出茅廬前即布衣躬耕
於南陽。陶潛不為五斗米折腰，歸園田居以去。武人致仕解甲歸田而終。這
都在在說明了務農為天下間第一等事，農民為第一等人。我國科舉考試，考
生若為耕讀傳家者，原則上就是家世清白的象徵。農之於我國有著至高無上
的地位。漢文帝踐祚以來，續行與民休息，輕徭薄賦政策以厚植國力。農業
生產是百業之首，在文帝的整飭下，把整個漢朝社會帶向了繁榮昌盛的時期。
在三十四篇詔書中，農業施政就佔有五篇，可見文帝是相當重視稼穡，而以
此作為富國利民之基石。

西元前一七八年（文帝二年）正月，文帝見農民勤苦，農收不彰，不足
以飽食，又有租稅繇役之壓力，於是開放天子籍田，御駕親耕，以祀宗廟粢
盛。對於所貸五穀種籽與口糧未繳與未繳足者，一筆勾銷。同年九月下勸農
詔，指出農為天下之大本，民所賴以為生，特親率群臣勸農，並減田賦一半。
經過了十年，勸農亦多，但文帝發現荒地未墾，歲收欠佳，民有饑荒，認定
是官吏奉詔不勤，民苦不察所致，故文帝十二年三月下詔再減田賦之半。隔
年二月，文帝再度田耕供粢，皇后植桑養蠶，以供祭服，並賡續檢討農政，
發現是租稅問題，既然勸農之道未備，於是田賦一概蠲免之。就這樣文帝三
令五申「農為天下之大本也」，並在毫不鬆懈持續地關注下，農業有了起色，
逐漸茁壯，以致興旺。他還採納晁錯「貴五穀而賤金玉」的主張，制定「入
粟拜爵」，或贖罪之法，以及「徙民實邊」、「屯田禦敵」的政策。農業是中國
的象徵，文帝倡農不遺餘力，國家因此步上了康莊大道。

二、法律方面

〈即位赦詔〉（篇序三，頁30）

制詔丞相、太尉、御史大夫：間者諸呂用事擅權，謀為大逆，欲危
劉氏宗廟，賴將相列侯宗室大臣誅之，皆伏其辜。朕初即位，其赦

天下，賜民爵一級，女子百戶牛酒，酺五日。

〈除誹謗訞言法詔〉（篇序十四，頁39）

　古之治天下，朝有進善之旌，誹謗之木，所以通治道而來諫者也。
今法有誹謗訞言之罪，是使眾臣不敢盡情，而上無由聞過失也。將
何以來遠方之賢良？其除之。民或祝詛上，以相約而後相謾，吏以
爲大逆，其有他言，吏又以爲誹謗。此細民之愚，無知抵死，朕甚
不取。自今以來，有犯此者勿聽治。

〈議除連坐詔〉（篇序十五，頁40）

　法者，治之正，所以禁暴而衛善人也。今犯法者已論，而使無罪之
父母妻子同產坐之及收，朕甚弗取。其議。

　朕聞之，法正則民愨，罪當則民從。且夫牧民而道之以善者，吏也；
既不能道，又以不正之法罪之，是法反害於民，爲暴者也。朕未見
其便，宜孰計之。

〈赦濟北吏民詔〉（篇序二十，頁44）

　濟北王背德反上，詿誤吏民，爲大逆。濟北吏民兵未至先自定及以
軍城邑降者，皆赦之，復官爵。與王興居去來者，亦赦之。

〈除肉刑詔〉（篇序廿五，頁48）

　制詔御史：蓋聞有虞氏之時，畫衣冠異章服以爲僇，而民弗犯，何
治之至也！今法有肉刑三，而姦不止，其咎安在？非乃朕德之薄，
而教不明與！吾甚自愧。故夫訓道不純而愚民陷焉。詩曰：「愷弟君
子，民之父母。」今人有過，教未施而刑已加焉，或欲改行爲善，
而道亡繇至，朕甚憐之。夫刑至斷支體，刻肌膚，終身不息，何其
刑之痛而不德也！豈稱爲民父母之意哉？其除肉刑，有以易之，及
令罪人各以輕重，不亡逃，有年而免。具爲令。

漢文帝詔書在法律方面共有五篇。此〈即位赦詔〉爲新君布政之始，亦有前
例可循。《東周列國志》曾記載晉文公即位赦：「重耳入絳城即位，是爲文公。
按重耳四十三歲奔翟，五十五歲適齊，六十一歲適秦，及復國爲君，年已六
十二歲矣。……見文公即位數日，並不曾爵一有功，戮一有罪，舉動不測。……
今重耳即位，勃鞮必然懼誅。……重耳即位，晉國方定。……文公追恨呂郤
二人，欲盡誅其黨。趙衰諫曰：『惠懷以嚴刻失人心，君宜更之以寬。』文公
從其言，乃頒行大赦。呂郤之黨甚眾，雖見赦文，猶不自安，訛言日起，文

公心以爲憂。」〔註12〕另外晉悼公之即位赦有二書記載，一爲《左傳・成公十八年》：「二月，乙酉朔，晉侯悼公即位于朝，始命百官，施舍己責，逮鰥寡，振廢滯，匡乏困，救災患，禁淫慝，薄賦斂，宥罪戾……。」〔註13〕一爲《國語・晉語》：「辛巳，朝于武宮。定百事，立百官，育門子，選賢良，興舊族，出滯賞，畢故刑，赦囚繫，宥閒罪，薦積德，逮鰥寡，振廢淹，養老幼，恤孤疾，年過七十，公親見之，稱曰王父，敢不承。」〔註14〕秦二世嬴胡亥即位亦有赦，《史記・六國年表》列有：「西元前二〇九年（壬辰），秦二世元年，十月戊寅，大赦罪人。」〔註15〕因爲秦始皇於七月駕崩，九月葬驪山，十月是新的一年，二世皇帝頒佈大赦，以示開展新猷。漢文帝之皇父漢高祖劉邦即位時，亦有赦，《史記・高祖本紀》：「五年，高祖與諸侯兵共擊楚軍，與項羽決勝垓下。……正月，諸侯及將相相與共請尊漢王爲皇帝。……甲午，乃即皇帝位氾水之陽。……天下大定。高祖都雒陽，諸侯皆臣屬。……五月，兵皆罷歸家。……高祖欲長都雒陽，齊人劉敬說，乃留侯勸上入都關中，高祖是日駕，入都關中。六月，大赦天下。」〔註16〕一般而言，天子遞嬗是「一人有慶，兆民賴之，其寧惟永」，值得普天同慶的大事，通常都會實施大赦或減刑，這對犯有罪刑者如同法外施恩，真心悔過遷善者提前告別囹圄。文帝初踐祚，自無例外，依例大赦天下，並賜民爵一級，女子百戶牛酒，酺五日。

漢因秦制，蕭何根據《秦律》制訂《漢九章律》，保留了「誹謗訞言罪」的條款。論此罪之空間廣泛，懲罰亦極殘酷，稍有不慎就會喪命。文帝雖貴爲君主，但是很有「言論自由」的思想。他於是下詔說明古代治天下，朝廷設立了進善旗和誹謗木，藉以尋求好的治國方法，並得到能忠言進諫的人士，現在法律中規定了誹謗訞言罪，使得群臣不敢說真話，那麼君主無從得悉自己的過失，將如何招徠遠方的賢良之士，故廢此法。百姓遭受災難不平往往於祝禱時，謾

〔註12〕馮夢龍，蔡元放原著，《東周列國志・第三十六回，第三十七回》，（台北：河洛圖書出版，民國67年2月臺初版），頁308，309，315。

〔註13〕左丘明撰，李學勤主編，《春秋左傳正義・文公～成公》，（台北：台灣古籍出版，2001年10月初版一刷），頁920-921。

〔註14〕左丘明原著，《國語（下）・卷十三・晉語七》，（台北：台灣書房出版，2009年8月初版一刷），頁605-606。

〔註15〕司馬遷撰，《史記1・六國年表》，（台北：鼎文書局，民國68年），頁758。

〔註16〕司馬遷撰，《史記・卷八・高祖本紀》，（台北：洪氏出版社，1959年7月），頁378-381。

天罵地，怨聲載道，官吏就將此類祝詛以大逆或誹謗論罪處之。這些小民因愚昧無知而觸犯死罪，文帝十分同情，從今以後，不要再治這種罪了。

連坐法是漢朝沿襲秦朝之法律，對重刑犯而言，除其本人受刑外，必須也株連其親族。文帝深不以為然也，俗云：「各人生死各人了，各人罪業各人擔。」他於是下詔說明法律是用來禁止暴行，維護好人用的。犯法的人既然已經判罪服刑，對於其無罪的父母、妻子以連坐相繩，或收之為官府奴婢，是極不贊成的。他認為法律公正，人民就會誠實，判刑恰當，人民就會順服。管理、引導人民行正道不犯法的是官吏之責，要是不能引導人民，又用不公平的法律去治罪，這是惡法，禍害人民，造成殘暴行徑，看不出它的方便之處。因此下詔廢除有關收孥連坐的一切法律條文。如此一來，使有罪的按法律治罪，不強收捕為官府奴婢，無罪者不會受到牽連與羅織。

〈赦濟北吏民詔〉，基本上是行使國家元首特有的權利，與〈即位赦詔〉同。國家領袖在特別事件所作的特別處理，也可說是寬大為懷之法外開恩矣！濟北王劉興居趁文帝征匈奴時舉兵謀反。文帝遂命柴武為大將軍，率十萬大軍討伐之。文帝用了心理戰，在七月先下詔對濟北吏民說，濟北王大逆不道造反了，你們都受到蒙蔽並非存心追隨。在中央軍隊未至前，先誅叛軍或率軍獻城歸降者，一律赦免其罪，並恢復原官職及爵位。另外與劉興居同叛，但迷途知返者也都通通赦免罪刑。結果在八月劉興居兵敗自戕以終。這是文帝不願濫行殺戮，以德感召人心，使漢帝國之內戰虛耗減到最低。

〈除肉刑詔〉是有名的緹縈救父的故事，緹縈的父親淳于意生了五個女兒，沒有兒子，緹縈最小。後來淳于意犯了罪，依法必須受到肉刑的處罰，在押解過程中，淳于意罵道：「生了五個孩子，卻沒有一個是男孩，在此危急時刻，實在沒有一點用處。」緹縈聞言後，十分悲傷。因此上書文帝，願「入身為官婢，以贖父罪，使其自新」。文帝閱畢，深受緹縈的一番孝心而感動，於是下詔廢除殘酷的肉刑。他說虞舜治國對罪犯之衣冠服飾與眾不同，人民就會感到羞恥而改過。如今有了三種令人苦楚的肉刑，但人民卻犯罪不斷，無法起嚇阻作用，這實在是自己的「德薄」，而教化不明所致。況且肉刑中截肢刻膚之痛，造成終身傷殘，實在有違仁德，因此決定廢除「肉刑」，改以他刑代之。其他輕重罪，不亡逃者，有年而免，使人民有自新的機會。如此看來，漢文帝不啻為一位具有仁德的好皇帝。漢朝路溫舒在批評刑罰時指出，「秦有十失，其一尚存，治獄之吏是也」。而漢朝的善政典範就是漢文帝，他說：

「文帝永思至德，以承天心，崇仁義，省刑罰，通關梁，一遠近，敬賢如大賓，愛民如赤子，內恕情之所安，而施之於海內，是以囹圄空虛，天下太平。」（《漢書‧路溫舒傳》）

三、社會方面

〈振貸詔〉（篇序六，頁 33）

　方春和時，草木羣生之物皆有以自樂，而吾百姓鰥寡孤獨窮困之人或阽於死亡，而莫之省憂。為民父母將何如？其議所以振貸之

〈養老詔〉（篇序七，頁 34）

　老者非帛不煖，非肉不飽。今歲首，不時使人存問長老，又無布帛酒肉之賜，將何以佐天下子孫孝養其親？今聞吏稟當受鬻者，或以陳粟，豈稱養老之意哉！具為令。

封建暨帝王專制時代沒有社會福利制度，弱勢團體都是自求多福以度日。文帝生性仁孝，對「仁者愛人」、「推己及人」、「老吾老以及人之老，幼吾幼以及人之幼」，特別心有戚戚焉。以皇帝之尊，敬老尊賢，其所帶動「以孝治天下」的能量大矣！遂成為我國帝制皇朝所標榜之象徵。

　　文帝元年三月，為了與民休息，安定社會，連下兩詔，一為〈振貸詔〉，一為〈養老詔〉。〈振貸詔〉是為體恤社會弱勢團體而下的。詔文意謂：「風和日麗的春天將至，草木欣欣向榮，都能自得其樂。那我漢朝的百姓屬於鰥夫、寡婦、孤兒、單身無婚、貧窮困苦者，有的將面臨大限，他們若連草木自樂都不如，我這為民父母的皇帝，卻不體察他們的憂慮，那要我做什麼？研究出個辦法，以賑濟他們。」

　　〈養老詔〉就純是針對「敬老」而頒布的。詔文意謂：「老年人若無布帛可穿，不保暖；無肉可吃，不飽食。如今是一年的開始，若不派人員前往慰問老人家，也不帶些布帛、酒、肉給他們，我不以身作則，將如何幫助天下的兒孫晚輩們去奉養他們的父母。現在聽說官吏發放食米，用舊有存糧，這豈是孝養年邁雙親的真心誠意呢？將訂出法令來推展。」根據史載，後來官府就遵照了文帝此詔訂出施行辦法，由縣、道衙門去照章執行。年八十以上，每人每月賜米一石，肉二十斤，酒五斗；年九十以上，每人另加帛二匹，絮三斤。所賜物品，由縣令過目。賜給九十歲以上老者之物品，由縣丞或縣尉致送，不滿九十歲者，由嗇夫、令史送達。郡太守派都吏巡視各縣，對於施

行不力者，督促責罰。至於犯罪及待審者，此令無效。文帝敬老的用心，由此可見一斑。

四、祭祀方面

〈增神祠制〉（篇序二，頁29）

　　朕即位十三年于今，賴宗廟之靈，社稷之福，方內乂安，民人靡疾。閒者比年登，朕之不德，何以饗此？皆上帝諸神之賜也。蓋聞古者饗其德必報其功，欲有增諸神祠。有司議增雍五畤路車各一乘，駕被具；西畤畦畤㝢車各一乘，㝢馬四匹，駕被具；其河、湫、漢水加玉各二；及諸祠，各增廣壇場，珪幣俎豆以差加之。而祝釐者歸福於朕，百姓不與焉。自今祝致敬，毋有所祈。（《史記》）

　　增雍五畤路車各一乘，駕被具；西畤、畦畤㝢車各一乘，㝢馬四匹，駕被具；河、湫、漢水，玉加各二；及諸祀皆廣壇場，圭幣俎豆以差加之。（《漢書》）

〈除祕祝詔〉（篇序廿四，頁47）

　　蓋聞天道禍自怨起而福繇德興。百官之非，宜由朕躬。今祕祝之官移過于下，以彰吾之不德，朕甚不取。其除之。（《史記》）

　　祕祝之官移過於下，朕甚弗取，其除之。（《漢書》）

〈增祀無祈詔〉（篇序廿七，頁50）

　　朕獲執犧牲珪幣以事上帝宗廟，十四年于今。歷日彌長。以不敏不明而久撫臨天下，朕甚自愧。其廣增諸祀壇場珪幣。昔先王遠施不求其報，望祀不祈其福，右賢左戚，先民後己，至明之極也。今吾聞祠官祝釐，皆歸福於朕躬，不爲百姓，朕甚愧之。夫以朕之不德，而專鄉獨美其福，百姓不與焉，是重吾不德也。其令祠官致敬，無有所祈。

〈議郊祀詔〉（篇序廿八，頁51）

　　有異物之神見於成紀，毋害於民，歲以有年。朕幾郊祀上帝諸神，禮官議，毋諱以朕勞。

祭祀是我國傳統文化的一部分。古時人們咸認爲君權神授，領袖即是天子，歷代皇帝都有祭天的禮儀，其主要訴求不外乎祈請上蒼，賜予風調雨順，國泰民

安之福。直到宋朝還有上泰山行封禪大典之盛舉。明、清兩代皇帝則在京師之天壇祭天。就算今日處民國之時代，雖已無祭天之舉，但是清明節總統依禮制在台灣遙祭黃陵以及對國家忠烈於春、秋祭國殤皆行祭祀，俱表緬懷追遠之至意。總統平日親民時，亦赴廟宇上香，祈求各方神祇護國佑民，誠心爲禱。

商朝十分崇尚鬼神信仰，祭祀禮儀繁複，規矩忒多，從其甲骨文卜辭來看，即可一窺堂奧。周朝續繼大統，歷春秋、戰國、秦以至漢，後出轉精，又有陰陽家談論陰陽五行之學，更將天文與祭祀勾牽，消災解厄倡行。《論語·堯曰》：「所重：民、食、喪、祭。」《論語·爲政》：「子曰：生，事之以禮；死，葬之以禮，祭之以禮。」這些都顯示自天子以至於庶人崇敬祭祀，以安頓心靈。

漢文帝對祭祀的注重更是不在話下，史載呂后去世，他身爲代王擬赴京接掌大寶前，曾找了位占卜人士預知吉凶，結果得到龜甲裂紋卦兆「大橫」，占得「大橫庚庚，余爲天王，夏啓以光」的吉兆，益增其爲九五之尊的信心。終究以戰戰兢兢、臨深履薄之心境登極。茲就其爲帝執政期間四份詔書以觀之。

西元前一六七年，漢文帝於〈增神祠制〉說自己已經在位十三年了，依賴宗廟的神靈和國家的福氣，境內安定，無疫情。這些日子以來，連年豐收，我以寡德之人如何能享有這般？這些都是上天神明們的恩賜。聽說古代享受了上天神明恩德者就必須答謝祂的功勞，所以想增加對諸神祭祀的禮數。主管機關議定雍州五畤增加路車各一乘，連同駕車及車上各種裝備。西畤、畦畤增加木偶車各一乘，木偶馬四匹，連同駕車及車上各種裝備。河、湫、漢水的祭祀增加玉各二枚，並且所有祠廟都要增加祭祀場地。珪幣俎豆按照階級增加。上獻祝福者將這些功績歸福於我，百姓們卻得不到。從今以後獻祝官向神明致敬，不得爲我再向神明有所祈求。由此可見文帝感恩圖報，知足常樂的一面。

古人信奉天地神祇，遭逢災難與浩劫，就認定是天降懲罰。負責祭祀的官吏在祝禱時會說天子聖明無過，一切錯在臣民。這種祝禱通常都是秘密進行的，故稱之爲秘祝。文帝十三年夏天頒〈除祕祝詔〉，大意：「我聽說天道是禍由怨恨所導致，福由行善而得來，百官的過失是我引導有誤，應由我一人完全概括承受。如今秘祝官將過錯都推給屬下大臣，這更顯示我是無德之人，我非常不贊同，所以廢除這樣的作法，不得再有祝祕的情事發生。」商湯曾經在大旱祈雨的時候說：「朕躬有罪，無以萬方；萬方有罪，罪在朕躬。」周武王也說過：「百姓有過，在予一人」。文帝有此思想，這是領袖氣質，充分展現了負責任有擔當的一面。

漢文帝十四年〈增祀無祈詔〉與前述文帝十三年之〈增神祠制〉相較，文字大多相異，僅部分小同，但整篇之感覺有如〈增神祠制〉的翻版。經過梳理，〈增神祠制〉分別出現在《史記·封禪書》和《漢書·郊祀志》內，非〈孝文本紀〉和〈文帝紀〉中，本〈增祀無祈詔〉則出現在〈孝文本紀〉和〈文帝紀〉。推測〈增神祠制〉可能於當初檔案史料排比擇取時有「誤繕」之嫌。文帝頒此〈增祀無祈詔〉，大意說：「我有幸得以執掌祭祀的牲品來祭奉上天和祖宗廟享，至今做了十四年的皇帝，與始皇、先帝、惠帝掌政時間相比算是久長的。我不聰敏明智，但久治天下，深感慚愧。應當廣泛增設祭壇和玉帛。從前先王遠施恩惠不求回報，遙祭山川卻不為自己祈福，尊賢抑親，先民後己，聖明之至。如今我聽說掌管祭祀的祠官祈禱時，只會為我一人，不會為天下百姓祝福，我為此感到慚愧萬分。我以寡德之人，卻獨自享受神靈的降福，而百姓卻被排除在外，這會加重我的無德。現在命令祠官祭祀要向神明獻上敬意，勿為我個人再向神明有所祈求。」

文帝十五年夏，有黃龍出現在成紀縣，文帝特召來魯國的公孫臣，任命他為博士，讓他說明當今應為土德的道理。於是下詔說明有奇物神龍出現在成紀縣（今甘肅省東南部），沒有傷害到百姓，今年又是個豐年。我要親自到郊外祭祀上天和諸神祇。禮官們議出個結果吧！不要擔心我會勞累而有所隱諱。因為黃龍的出現，使得文帝龍心大悅，其實地方官吏未曾親見，只是根據傳聞奏報，文帝居然信以為真，於是將公孫臣視作異人，認為他有預知未來的能力，此詔即因之而頒。怪力亂神之事，是信者恆信，不信者恆不信。五帝之一顓頊的出生，是其母女樞某夜見空中出現「瑤光之星貫月如虹」的景象，遂心有所感而身懷六甲。《詩經·商頌·玄鳥》：「天命玄鳥，降而生商」，商即契，契為玄鳥所生，是殷商的始祖，最後建立了強大的商朝。這些「異象」發生後，引人遐想，實不足為奇。

五、軍事方面

〈遣灌嬰擊匈奴詔〉（篇序十八，頁43）

> 漢與匈奴約為昆弟，無侵害邊境，所以輸遺匈奴甚厚。今右賢王離其國，將眾居河南地，非常故。往來入塞，捕殺吏卒，毆侵上郡保塞蠻夷，令不得居其故。陵轢邊吏，入盜，甚驁無道，非約也。其發邊吏車騎八萬詣高奴，遣丞相灌嬰將擊右賢王。

史家對漢文帝在軍事上的著墨不多，皆持「守成」看法。的確，從其三十四篇詔書中僅得此一篇，似乎與眾家相應。但本人卻有另番解讀。文帝出身代王，代國是大漢天朝北方的屏障。漢朝最強大的外患就是匈奴，文帝治代十七年，匈奴對邊境的侵擾早已司空見慣，如何持干戈以衛社稷，對付此等頑強的敵人，我想文帝胸中自有丘壑。他多次御駕前線，細柳營、霸上、棘門之巡就是明證。軍事上的將士用命、運籌帷幄皆因其個性仁德使然。可是大家都以「匈奴無入塞，漢無出塞」，定調他打有限戰爭的原則。其實真要窮追猛打、斬草除根是需要充足的後援，以當時國家社會的情況整體而言，漢朝是否游刃有餘？本人認為如果真的可以一舉殲滅匈奴，文帝應該不會手軟，絕不會是以如此的有限戰爭就收手，因為他太瞭解匈奴元氣恢復後捲土重來的天性。我們看後來他的孫子漢武帝劉徹將以前諸帝留給他豐厚的資產，遂開展其北伐匈奴的壯舉，又通西域，拓新疆，但百姓苦不堪言，最後武帝自己都說出「朕自即位以來，所為狂悖，使天下愁苦，不可追悔。自今事有傷害百姓、靡費天下者，悉罷之。」所以，文帝不是重文輕武的，他深知自己實力之所在，平日整軍經武，恃吾有以待之。他採納晁錯「徙民實邊」、「屯田戍邊」的政策。種種措施都可以看出他在國防武備上的用心是顯而易見的，亦不亞於文治之努力。《漢書‧文帝紀》：「上親勞軍，勒兵，申教令，賜吏卒。自欲征匈奴，群臣諫，不聽。皇太后固要上，乃止。」《漢書‧匈奴傳》：「匈奴數背約束，邊境屢被其害。是以文帝中年，赫然發憤，遂躬戎服，親御鞍馬，從六郡良家才力之士，馳射上林，講習戰陣，聚天下精兵，軍於廣武，顧問馮唐。」這都印證了文帝在軍事上是有強力作為的。因此「以戰止戰」，予來犯者迎頭痛擊，對文帝而言，這是可以做到的，只是他絕不輕啓釁端罷了。

本詔是在西元前一七七年（文帝三年）五月，匈奴右賢王侵入北地郡，在河南一帶進行虜掠。文帝決定還以顏色，派灌丞相出塞討伐之。詔書直言我漢朝與你匈奴結為異姓兄弟的目的就是希望互不侵犯邊境，同時我們還送了豐厚的物產。今天你們卻讓右賢王率眾進駐我河南之地，令塞民無家可歸，又行掠奪之實，態度傲慢，不講道理，破壞了兩國先前的約定，我現在派灌嬰領車騎八萬來此，兵戎相見，攻打右賢王。文帝將討伐的理由說得義正辭嚴，情辭懇切，最後擊退匈奴，敗走邊塞。

另外值得一提的是，西元前一八一年（高后七年）時，隆慮侯代南越，趙佗挾其勢大，又兼併桂林、象郡，因而自立為南越武帝，制與中國同。漢

文帝即位初年，不願動干戈，他先修復趙佗祖先的墳墓，派人慰問了趙佗在真定家鄉的親人，並召其昆弟，給予尊貴地位和厚貺賞賜，然後再遣使者陸賈前往南越曉以大義，並修書一紙說：「朕，高皇帝側室子也，奉北藩於代，道路遼遠，壅蔽樸愚，未嘗致書。高皇帝棄群臣，孝惠皇帝即世，高后自臨事，不幸有疾，日進不衰。諸呂為變，賴功臣之力，誅之已畢，朕以王侯吏不釋之故，不得不立。乃者聞王遺將軍隆慮侯書，求親昆弟，諸罷長沙兩將軍。朕以王書罷將軍博陽侯，親昆弟在真定者，已遣使存問，修治先人冢。前日聞王發兵於邊，為寇災不止，當時長沙王苦之，南郡尤甚。雖王之國，庸獨利乎？必多殺士卒，傷良將吏，寡人之妻，孤人之子，獨人父母，得一亡十，朕不忍為也。朕欲定地犬牙相入者，以問吏，吏曰：高皇帝所以介長沙王也，朕不能擅變焉。今得王之地，不足以為大，得王之財，不足以為富，嶺以南王自治之。雖然，王之號為帝，兩帝並立，無一乘之使以通其道，是爭也；爭而不讓，王者不為也。願與王分棄前惡，終今以來，通使如故，故使賈馳諭，告王朕意。」情詞委婉，同時也帶上大禮，贈上褚五十衣，中褚三十衣，下褚二十衣。終於以其真誠待人之心，感動了趙佗，使期自去帝號、撤帝制，並回獻白璧一雙，翠鳥千，犀角十，紫貝五百，桂蠹一器，生翠四十雙，孔雀二雙，而頓首謝罪，長為藩臣。這是漢文帝新皇上任後，繳出最漂亮的一張成績單，其不費一兵一卒，降服了趙佗，使之歸順。《孫子兵法·謀攻篇》曰：「不戰而屈人之兵，善之善者也。故上兵伐謀，其次伐交，其次伐兵，其下攻城；攻城之法，為不得已。」文帝生性仁厚慈孝，深得兵法之義，並身體力行之，遂免去一場勞師動眾、腥風血雨，兩軍廝殺相殘的兵燹災難。及今思之，文帝以外交手腕和平地化解了南越問題。漢有此君，百姓之福也。至於匈奴，本人猜測，當初除了和親之外，很可能曾以此手法試之，也許沒有成功。但文帝自始至終都沒有放棄「遠人不服，則修文德以來之」的信念。總而言之，本人相信漢文帝所服膺的是以政治方法來解決軍事衝突，一切以和平為最高指導原則為之。

六、外交國防方面

〈與匈奴和親詔〉（篇序卅一，頁 54）

朕既不明，不能遠德，使方外之國或不寧息。夫四荒之外不安其生，封圻之內勤勞不處，二者之咎，皆自於朕之德薄而不能達遠也。間

者累年，匈奴並暴邊境，多殺吏民，邊臣兵吏又不能諭其內志，以
重吾不德。夫久結難連兵，中外之國將何以自寧？今朕夙興夜寐，
勤勞天下，憂苦萬民，為之惻怛不安，未嘗一日忘於心，故遣使者
冠蓋相望，結徹於道，以諭朕志於單于。今單于反古之道，計社稷
之安，便萬民之利，親與朕俱棄細過，偕之大道，結兄弟之義，以
全天下元元之民。和親以定，始于今年。

〈與匈奴和親布告天下詔〉（篇序卅二，頁55）

制詔御史：匈奴大單于遺朕書，和親已定，亡人不足以益眾廣地，
匈奴無入塞，漢無出塞，犯今約者殺之，可以久親，後無咎，俱便。
朕已許。其布告天下，使明知之。

漢朝自開國以來，匈奴是最強大的外患。以當時漢朝的軍事力量是無法澈底
剿滅的。匈奴壯盛時，其兵力與漢帝國相較乃伯仲之間耳。因此為了兩國百
姓安寧，和親政策的出現是漢朝除了軍事對峙以外，不得已所採行的措施。「和
親」就是透過合好親善，通婚、賜貢、通關市的方法，緩和雙方敵對關係，
以達成避戰求和的目的。自高祖、惠帝、呂后、文帝、景帝，甚至武帝早期，
都保持以和親為主，攻擊為輔的作法，忍辱負重以為國是。雖然文帝在武備
上毫不鬆懈，多次數回合的交戰，互有勝負，畢竟他亦有「和平未到絕望時
期，絕不放棄和平」的想法，《史記‧律書》記載陳武將軍等唱言用兵，文帝
自忖時機未到，於是曰「兵凶器，雖克所願，動亦耗病，謂百姓遠方何？又
先帝知勞民不可煩，故不以為意。朕豈自謂能？今匈奴內侵，軍吏無功，邊
民父子荷兵日久，朕常為動心傷痛，無日忘之。今未能銷距，願且堅邊設候，
結和通使，休寧北陲，為功多矣。且無議軍。」所以文帝依舊行以柔克剛與
匈奴和親之道，減緩雙方緊張關係。

西元前一六二年（文帝後二年）六月下詔與匈奴和親，明白揭櫫匈奴邊
境為亂，兩國不安，加重我的不德。多年以來兵連禍結，百姓難安，我願意
大家車行無阻。今日匈奴單于也一反往昔與我為敵的態度，彼此捐棄細過，
以天下蒼生為念，結兄弟之盟，並定在今年開始和親，雙方友好之。

另篇「與匈奴和親布告天下詔」是在和親詔後，正式諭知全國百姓的詔
告。詔文說匈奴大單于已經同意了我國和親政策，雙方相約以塞邊為界，今
後「匈奴無入塞，漢無出塞」，違犯者死罪。和親本是一樁美事，但此詔卻帶
有嚴肅的感覺。

　　倘若真能化干戈爲玉帛，文帝沿用高祖以來的休兵政策，與匈奴和親也未嘗不失爲一着好棋。問題出在匈奴自高祖和親以來，總是反反覆覆，故態復萌時，就不念「通家之好」，甚至變本加厲，寇邊頻仍，「小入則小利，大入則大利」、「攻城屠邑，毆略畜產」、「殺吏卒，大寇盜」。由此可知，和親策略僅於短時間內有些效果，絕非達成長治久安的穩定狀態。說穿了，與匈奴和親只不過是一時的權宜之計罷了，若有能力，文帝何嘗心甘情願把宗室之女送往「塞外和蕃」，幾番思量下，勞民不可煩，忖度現今力量不足起烽火，才是無可奈何最大的原因吧！

七、人事方面

〈封賜周勃等詔〉（篇序四，頁31）

　　前呂產自置爲相國，呂祿爲上將軍，擅遣將軍灌嬰將兵擊齊，欲代劉氏。嬰留滎陽，與諸侯合謀以誅呂氏。呂產欲爲不善，丞相平與太尉勃等謀奪產等軍。朱虛侯章首先捕斬產。太尉勃身率襄平侯通持節承詔入北軍。典客揭奪呂祿印。其益封太尉勃邑萬戶，賜金五千斤。丞相平、將軍嬰邑各三千戶，金二千斤。朱虛侯章、襄平侯通邑各二千戶，金千斤。封典客揭爲陽信侯，賜金千斤。

〈答有司請建太子詔〉（篇序五，頁32）

　　朕既不德，上帝神明未歆饗也。天下人民未有愜志。今縱不能博求天下賢聖有德之人而禪天下焉，而曰豫建太子，是重吾不德也。謂天下何？其安之。

　　楚王，季父也，春秋高，閱天下之義理多矣，明於國家之體，吳王於朕，兄也；淮南王，弟也：皆秉德以陪朕，豈爲不豫哉！諸侯王宗室昆弟有功臣，多賢及有德義者，若舉有德以陪朕之不能終，是社稷之靈，天下之福也。今不選舉焉，而曰必子，人其以朕爲忘賢有德者而專於子，非所以憂天下也。朕甚不取。

〈脩代來功詔〉（篇序八，頁35）

　　方大臣誅諸呂迎朕，朕狐疑，皆止朕，唯中尉宋昌勸朕，朕以得保宗廟。已尊昌爲衛將軍，其封昌爲壯武侯。諸從朕六人，官皆至九卿。

〈益封高帝從臣詔〉（篇序九，頁35）

　　列侯從高帝入蜀漢者六十八人益邑各三百戶。吏二千石以上從高帝

> 潁川守尊等十人食邑六百戶，淮陽守申屠嘉等十人五百戶，衛尉足
> 等十人四百戶。封淮南王舅趙兼爲周陽侯，齊王舅駟鈞爲靖郭侯，
> 故常山丞相蔡兼爲樊侯。

〈王辟彊等詔〉（篇序十三，頁 39）

> 前趙幽王幽死，朕甚憐之，已立其太子遂爲趙王。遂弟辟彊及齊悼
> 惠王子朱虛侯章、東牟侯興居有功，可王。

〈令列侯之國詔〉（篇序十，頁 36）

> 朕聞古者諸侯建國千餘，各守其地，以時入貢，民不勞苦，上下驩
> 欣，靡有違德。今列侯多居長安，邑遠，吏卒給輸費苦，而列侯亦
> 無緣教訓其民。其令列侯之國，爲吏及詔所止者，遣太子。

〈復遣周勃率列侯之國詔〉（篇序十九，頁 44）

> 前日詔遣列侯之國，辭未行。丞相朕之所重，其爲朕率列侯之國。

〈徙淮南王長制〉（篇序一，頁 28）

> 朕不忍置法於王，其與列侯吏二千石議。

> 其赦長死罪，廢勿王。

> 食長，給肉日五斤，酒二斗。令故美人材人得幸者十人從居。

〈置三老孝悌力田常員詔〉（篇序廿二，頁 46）

> 孝悌，天下之大順也。力田，爲生之本也。三老，眾民之師也。廉
> 吏，民之表也。朕甚嘉此二三大夫之行。今萬家之縣，云無應令，
> 豈實人情？是吏舉賢之道未備也。其遣謁者勞賜三老、孝者帛人五
> 匹，悌者、力田二匹，廉吏二百石以上率百石者三匹。及問民所不
> 便安，而以戶口率置三老孝悌力田常員，令各率其意以道民焉。

所有領導者對於人事的任用，從中即可窺知施政之良窳和國家的長治久安，這些都會造成整體社會深遠的影響。「爲政之本，在於選賢」，因此是否「知人善任」考驗著漢文帝個人品德之修養與統御之能力。首先來看他登基後的人事安排。爲了表彰群臣，論功行賞，特頒發〈封賜周勃等詔〉，詔文對凡是在推翻諸呂和擁立過程中有功者，皆嘉許他們的正當作爲，厚貺賞賜，功大而無爵者，封侯之。其首功者非周勃莫屬，周勃原封絳侯，再加封食邑一萬戶，賜金五千斤。其次爲丞相陳平、將軍灌嬰，各封食邑三千戶，賜金二千斤。朱虛侯劉章、襄平侯劉通，各封食邑二千戶，賜金一千斤。典客劉揭從呂祿手中勇奪將軍印綬，使周勃順利地取得軍權，功勳卓著，賜金千斤，原無爵，封爲陽信侯。

　　文帝二年正月，大臣建議爲了國家及尊重宗廟祭祀，毋忘治理天下之重責大任，奏請早立太子。文帝詔覆認爲時機未到，予以暫緩處理。可是大臣據理力諫，請立純厚仁慈的嫡長子劉啓爲太子。文帝終於從善如流，准許之，劉啓即漢景帝。文帝是高祖的四子，非嫡長，又非太子，以「兄終弟及」的方式即位。何況當時劉啓年幼，也是考量之一。不過我們還是來看看〈答有司請建太子詔〉，這是當初文帝直接否決的理由，詔文大意說：「我無德，上天神祇未因我的祭祀而感動，天下人民還不滿意目前的狀況。現在縱然不能廣泛求訪天下賢聖有德者而行禪讓，反而說要預立太子，是加重我的不德啊！教我如何向天下人訴說。就先安於現狀再說吧！若要說的話，楚王是我的叔父，年長，閱歷豐富，看遍天下事理，明瞭國家大體。吳王是我的兄長，淮南王胞弟也。他們都守德以輔朕，難道不能交棒給他們嗎？其他的諸侯王及宗室兄弟功臣們，有賢、有德、有義者多矣！倘擇舉有德者，以輔弼我萬一不能竟功，才是社稷神明有靈，天下百姓有福。現在略過選舉，卻說一定要傳位於兒子，人們就會認爲我是故意遺珠天下賢德之士，師心私用於己子，枉顧天下蒼生，我不願意這樣做。

　　呂后去世時，朝中來人至代國，欲迎立代王赴京登極。因爲做皇帝不是他原來的生涯規畫，所以躊躇不前，中尉宋昌卻積極勸進，經過宋昌的分析與堅持，讓文帝知道自己責無旁貸，此時若從代地躋入中央，這是另一種義務的履踐，成爲大漢天子，續先帝業，照顧漢朝百姓，定國安邦。此〈脩代來功詔〉，除了封宋昌從臣等，亦將文帝當時心情起伏之轉折歷程表露無遺。文帝說：「當大臣們誅滅了作亂的呂后家族，迎我爲帝，我心存疑慮，大家都不希望我前往蹈險，只有宋昌獨具慧眼，勸進朕躬，如此我才能夠奉宗廟祭祀。已尊顯宋昌爲衛將軍，並封爲壯武侯，其他冒險與我一同前來的六位隨從，官階職等都擢升到九卿的地位。

　　〈益封高帝從臣詔〉是文帝對曾經追隨高祖征戰的列侯官吏等，提高他們的待遇，他爲我漢朝三代老臣，志慮忠純，皆先帝簡拔以遺漢室之良實，自當優遇之。故詔文說：「列侯中跟隨高皇帝進入蜀和漢中的六十八人，每人增加封地各三百戶，官職在二千石俸祿以上，曾隨從高皇帝的潁川太守劉尊等十人，封給食邑每人各六百戶，淮陽太守申屠嘉等十人每人各五百戶，衛尉足等十人每人四百戶，封淮南王的舅父趙兼爲周陽侯，齊王的舅父駟鈞爲清郭侯，原任常山王的丞相蔡兼爲樊侯。」

在分封功臣後，爲了恢復劉漢宗室在呂后當權時，被削奪的齊、楚封地，文帝頒〈王辟彊等詔〉，封劉姓皇子爲諸侯王。詔文意謂：「趙幽王劉友死得不明不白，我非常憐憫他，已經立其嫡長子劉遂爲趙王，遂弟劉辟彊，齊悼惠王子朱虛侯劉章和東牟侯劉興居都因有功，可以封王。」於是封劉辟彊爲河間王、朱虛侯劉章爲城陽王、東牟侯劉興居爲濟北王。

〈令列侯之國詔〉及〈復遣周勃率列侯之國詔〉，此二詔是要這些長住京師的列侯都回到封地去，兼以教化其民，同時又可以支離「賣老」權臣，減緩他的用人壓力，再說亦可節約公帑，省去國庫爲他們平日所花費的龐大開銷，眞可謂一舉數得。有趣的是文帝二年十月先下〈令列侯之國詔〉，無奈遇到了相當大的阻力，因此未見成效，各列侯居然觀望，沒有行動，文帝顏面盡失，但生性仁厚，遇到老臣「倚老」，功臣「恃功」，在耐心用盡，苦等一年多後，於文帝三年十一月再下一道「復遣周勃率列侯之國詔」的最後通牒，同時免了朝中首號人物周勃丞相之位，點名丞相，請他起指標性作用，帶領列侯效法。俗話說胳臂再粗拗不過大腿，周丞相終於不得不歸向封地去當他原先的絳侯，列侯看在眼裡，也只有乖乖依照辦理。由此可見漢文帝對想推動的事，若逢困難，還是堅持到底的決心。這兩篇詔書一前一後是這樣說的，一、〈令列侯之國詔〉大意說：「我聽說古代諸侯建有千餘之國，各守其國土，依時納貢於天子，而民皆不覺其苦，上下都歡喜，沒有失德之處。現在受封的列侯，大多居住長安，相去封邑甚遠，封地的官吏士卒供給運送所需，既浪費又勞苦，而列侯也無從教化他們的民眾。命令受封的列侯各赴其封地，至於在朝爲官及受詔書所留下者除外，太子照樣派遣送往封國。」；二、〈復遣周勃率列侯之國詔〉說：「前些時候，詔令遣使列侯各往他們的封國，或有推辭，不克成行。丞相素爲我所敬重，應該成爲榜樣，爲我率領列侯回到封地。」

淮南王劉長是高祖七子，趙姬所生，與文帝同父異母，原兄弟八人，文帝在位期間，僅文帝與他二人在世。劉長自視爲天子胞弟，與皇帝關係最親，生性驕橫跋扈，違法亂紀，殺害辟陽侯審食其，僭用天子儀仗，出入皆稱警蹕，自作法令等等，文帝念其手足至親，屢寬容赦免其罪。他不思悛改，變本加厲，南連閩越，北通匈奴，意圖謀反，事跡敗露後，獲罪被捕，群臣欲定其死罪，胞兄文帝不忍，只廢其王爵，發配蜀郡，在押往流放途中自殺身亡。這是不得已的處置，文帝曾感歎說：「堯舜放逐骨肉，周公殺管蔡，天下稱聖，何者？不以私害公。」其貶謫劉長之詔爲〈徙淮南王長制〉，詔文意謂：

「我不忍心依法制裁淮南王，就交付列侯與食祿二千石官職者共同商討議處之。赦免劉長死罪，廢除其王爵。劉長在生活上，每日供給肉五斤，酒二斗。命令昔日寵愛嬪妃十人隨他一同前往蜀郡居住。」由此可見文帝對這位已經「罪無可逭」的親弟弟還是曲意維護，特別照顧的。孔子對父子天倫親情有「父爲子隱，子爲父隱」之說，文帝之於其弟不一樣有同胞手足無法「鐵石狠心」的難處。雖然劉長咎由自取，文文帝亦從寬體諒，從他封劉長在世的三個兒子阜陵侯劉安襲爵爲淮南王、安陽侯劉勃爲衡山王、陽周侯劉賜爲廬江王，就不難看出文帝對此事的心境與態度。

　　政府分官設職，各有所司，組織之設置與調整，人員的選任、招募與配置，在在地影響整個國家體質之榮枯。國政能朝野共治戮力同心，中央與地方相互配合，天下安定與繁榮是必然之結果。〈置三老孝悌力田常員詔〉是在嘉許三老、孝悌、力田、廉吏這四種人士在地方上的貢獻，國家需要這樣的力量，以補中央鞭長莫及之失，特贈與布帛以表心意，並要求各地方依照戶口數增加配置此四種人，形成制度，達成導正教化民眾之功效。漢文帝重視地方的用心顯而易見。詔文意謂：「孝悌，是普天之下順乎倫常的天道。致力於農事，是主要的生存之道。三老有修行，能帥眾爲善，是民眾的師表。廉吏，是人民的榜樣。我非常嘉勉獎勵這些二三大夫的行爲。現今有萬戶之家的縣，竟然無三老、孝悌、力田、廉吏這四種人可應察舉，難道眞有其事？應當是官員推舉賢哲的管道還沒有齊備吧！派遣謁者慰勞賜贈三老、孝廉每人布帛五匹，友悌、力田每人布帛二匹，廉吏俸祿二百石以上，每增加百石的人布帛三匹。念及百姓尚未完全安身立命，就以戶口的比例設置三老、孝悌、力田等職固定的員額，使他們各遵循其心志廣爲引導而教化人民。」

八、求言舉賢方面

〈日食求言詔〉（篇序十一，頁37）

朕聞之，天生民，爲之置君以養治之。人主不德，布政不均，則天示之災以戒不治。乃十一月晦，日有食之，適見于天，災孰大焉！朕獲保宗廟，以微眇之身託于士民君王之上，天下治亂，在予一人，唯二三執政猶吾股肱也。朕下不能治育羣生，上以累三光之明，其不德大矣。令至，其悉思朕之過失，及知見之所不及，匄以啓告朕。及舉賢良方正能直言極諫者，以匡朕之不逮。因各敕以職任，務省

繇費以便民。朕既不能遠德，故憛然念外人之有非，是以設備未息。今縱不能罷邊屯戍，又飭兵厚衛，其罷衛將軍軍。太僕見馬遺財足，餘皆以給傳置。

〈求言詔〉（篇序三十，頁53）

間者數年比不登，又有水旱疾疫之災，朕甚憂之。愚而不明，未達其咎。意者朕之政有所失而行有過與？乃天道有不順，地利或不得，人事多失和，鬼神廢不享與？何以致此？將百官之奉養或費，無用之事或多與？何其民食之寡乏也！夫度田非益寡，而計民未加益，以口量地，其於古猶有餘，而食之甚不足者，其咎安在？無乃百姓之從事於末以害農者蕃，爲酒醪以靡穀者多，六畜之食焉者眾與？細大之義，吾未能得其中。其與丞相列侯吏二千石博士議之，有可以佐百姓者，率意遠思，無有所隱。

〈策賢良文學詔〉（篇序廿九，頁51）

惟十有五年九月壬子，皇帝曰：昔者大禹勤求賢士，施及方外，四極之內，舟車所至，人迹所及，靡不聞命，以輔其不逮；近者獻其明，遠者通厥聰，比善戮力，以翼天子。是以大禹能亡失德，夏以長楙。高皇帝親除大害，去亂從，並建豪英，以爲官師，爲諫爭，輔天子之闕，而翼戴漢宗也。賴天之靈，宗廟之福。方內以安，澤及四夷。今朕獲執天子之正，以承宗廟之祀，朕既不德，又不敏，明弗能燭，而智不能治，此大夫之所著聞也。故詔有司、諸侯王、三公、九卿及主郡吏，各帥其志，以選賢良明於國家之大體，通於人事之終始，及能直言極諫者，各有人數，將以匡朕之不逮。二三大夫之行當此三道，朕甚嘉之，故登大夫于朝，親諭朕志。大夫其上三道之要，及永惟朕之不德，吏之不平，政之不宣，民之不寧，四者之闕，悉陳其志，毋有所隱。上以薦先帝之宗廟，下以興愚民之休利，著之于篇，朕親覽焉，觀大夫所以佐朕，至與不至。書之，周之密之，重之閉之。興自朕躬，大夫其正論，毋枉執事。烏虖，戒之！二三大夫其帥志毋怠！

漢初陰陽五行之說盛行，尤其結合了天象，若與常違，即表示有災禍發生，這就是「異象示警」，帝王就必須反省，檢討其施政之作爲是否有失德欠當之處，因此立即改弦易轍，方得順天應人。〈日食求言詔〉是在文帝二年十一月，

因天象日蝕所頒。詔文意謂：天生眾民，為他們設置君王，以養育治理他們，君王無德，施政不公平，上天就會以災異示警，來告誡君王未善治國政。十一月三十日出現日蝕，上天示警了，這是很大的災禍啊！我獲得漢室宗廟，以微眇之身，為全天下人民所負託，治理漢朝，責任必須一肩扛下。少數股肱大臣弼政，我沒有治理好保育百姓，致累及日月星光，造成日蝕現象，我太不德了。命令到達時，大家省思我原本的過失，就見其所知，或見之所不及的，請大家告訴我，並在此時推舉賢良方正，能夠直言極諫者，來匡正我沒有做到的事。官吏們要注意職責所在，務必減省繇役和費用，以便利人民。我所修行之德，遠方之人尚不及來附，所以想到外面為非作歹之徒，心有不安。因此各種設備不能停歇。現在如果不撤回一些邊境上的兵力，又如何要求堅實護衛於我。罷去衛將軍的軍隊後，太僕發現留下來的馬匹恰夠使用，其餘的軍備都給傳置的驛站。這是文帝登基初期，因日蝕天象所作的反省改正措施。重點在求賢和撤邊防過盛的兵力。

文帝後元年三月，這是文帝在位第十七年，因農產連年歉收，加上出現水潦、乾旱及瘟疫肆虐，文帝憂心忡忡，特頒此〈求言詔〉說明上天雖無異象，但卻出現了災害。詔文意謂：我愚昧無知，實不明白其過失之原因為何？我的施政有過失嗎？是天不時？地不利？人不和？還是未祇鬼神？為何會如此這般？是文武百官俸祿太高？還是無用之事虛耗過多？為何民食不足？耕地面積沒有減少，人口也沒有增多，以前都還有餘，現在卻吃不飽，到底問題出在哪裡？難道是百姓多從事其他無益之業，而害了農作生產？還是為多製佳釀而少糧？抑或豢養過多家畜之餵食？我實在不知個中原委。同丞相列侯吏二千石博士討論出個結果來，有可以幫助百姓渡過難關，從長計議，知無不言。這是文帝見災，思民之苦，除了自責以外，還表達了虛心求諫，延問得失的渴望。

漢朝未行科舉，其所行者乃察舉制度。求賢選才是官吏們的責任之一。丞相、列侯、公卿以及地方郡守必須按照舉薦科目，去探聽查訪遠近馳名或鄉里閭閻間素有人望和被稱頌者，以網羅徵召之。文帝對所推薦受舉而來的人才，親自進行策問，並據其對策之高下受任官職。所謂天下至廣，非一人所能獨治，博訪賢才，助己為治，若其知賢也，則以禮命之。〈策賢良文學詔〉是在文帝十五年九月所頒布。詔文中，文帝先舉大禹因勤求，故得賢士佐政，夏朝因而長久興盛，大禹自己也不會失德敗政。再提父皇高祖除大害，去亂

從，建豪英，設立百官，諫爭如流，諮諏善道，察納雅言，以正天子之失，輔助擁戴漢室，以致天下太平。現在我統治漢朝，自我感到不德、不敏、明弗燭、智弗治，所以詔主管單位和百官們選拔賢良，以為國是。其擇取的標準必須與「三道」相符，即「明瞭國家的大政方針、通曉人事的因果變遷、能直言真理極力勸諫的人」，每類各選一定的人數，來做為匡正我所不及的地方。所謂「二三大夫們的行為」正是這「三道」為我所嘉許，因之提拔進用這一類大夫來為朝廷效力，親自曉喻我的理念。大夫們上奏「三道」的要旨，包括深思我的不德，官吏的不平，政令的不宣，民事的不寧，將四種缺失之所在，知無不言，言無不盡，提出解決之道。如此一來，足以告慰先帝及祖先之宗廟，增強百姓福祉。寫出之策略，我一定親自拜讀，看看大夫們有那些建言可以助我一臂之力，有那些盡心竭力了，有那些尚待加強。寫好後，要予以密封完備，使得我可以親閱大夫們的讜論，這樣就不用擔心掌權官吏從中作梗而噤聲。嗚呼，戒慎！二三大夫們遵循理念去做吧！請勿懈怠。

九、品德方面

〈卻獻千里馬詔〉（篇序十七，頁42）

　鸞旗在前，屬車在後，吉行日五十里，師行三十里，朕乘千里之馬，獨先安之？

　朕不受獻也，其令四方毋求來獻。

〈不作露臺詔〉（篇序卅四，頁58）

　百金，中人十家之產也。吾奉先帝宮室，常恐羞之，何以臺為！

〈遺詔〉（篇序卅三，頁56）

　朕聞之，蓋天下萬物之萌生，靡不有死。死者天地之理，物之自然，奚可甚哀！當今之世，咸嘉生而惡死，厚葬以破業，重服以傷生，吾甚不取。且朕既不德，無以佐百姓；今崩，又使重服久臨，以罹寒暑之數，哀人父子，傷長老之志，損其飲食，絕鬼神之祭祀，以重吾不德，謂天下何！朕獲保宗廟，以眇眇之身託于天下君王之上，二十有餘年矣。賴天之靈，社稷之福，方內安寧，靡有兵革。朕既不敏，常畏過行，以羞先帝之遺德；惟年之久長，懼于不終。今乃幸以天年得復供養于高廟，朕之不明與嘉之，其奚哀念之有！其令天下吏民，令到出臨三日，皆釋服。無禁取婦嫁女祠祀飲酒食肉。

自當給喪事服臨者，皆無踐。経帶無過三寸。無布車及兵器。無發民哭臨宮殿中。殿中當臨者，皆以旦夕各十五舉音，禮畢罷。非旦夕臨時，禁無得擅哭臨。以下，服大紅十五日，小紅十四日，纖七日，釋服。它不在令中者，皆以此令比類從事。布告天下，使明知朕意。霸陵山川因其故，無有所改。歸夫人以下至少使。

有人送上千里寶馬給文帝，文帝不願接受餽贈，特下詔說明。詔文大意曰：我外出時，旌旗儀仗在前，屬車隨從於後，循序以行，若用所贈千里馬，豈不是要我脫隊超前遠馳？那是要凸顯我之差異，趕赴何處？我不收受餽贈，各地臣民不要送東西給我。有道是：「拿人手短，吃人嘴軟。」漢文帝於此堵住了阿諛諂媚之徒打算賄賂的行徑。基本而言，為上者方為施贈者，而非受贈者。收禮與否關乎廉潔情操，文帝正直，馬屁精可以休矣！

文帝曾想在驪山興築一座供宴游用的露臺，經估需百金的造價，他說這相當於十戶中等人家的資產，我享用了先帝的宮室，常常覺得受之有愧，很不好意思，現在卻想另造一座如此昂貴的露臺，真是不知所為何來？於是作罷。這為「爾俸爾祿，民膏民脂。為人父母，罔不仁慈」，作了帝王們最佳的典範。

其實，不論古今中外，領袖級人物動見瞻觀，美國第十六任總統林肯（Abraham Lincoln,1809～1865），他是美國史上最受人民愛戴的政治家之一，其清廉、正直之形象更深植民心，緬懷之際，謝鵬雄在〈林肯總統的財產〉一文中述及：

一八六〇年五月十八日林肯在芝加哥舉行的共和黨大會上，被提名為總統候選人。此後他到處發表競選演說。其中有一句話令人印象深刻。他說：「有人問我有多少財產？容我奉告，我有一個妻子，三個兒子，都是無價之寶。我租了一間辦公室，室內有三把椅子，一張辦公桌，牆角有大書架，架上的書有些價值，值得每個人一讀。此外我本人既窮又瘦，臉很長，不會發胖，我實在沒有什麼可依靠的，唯一的依靠就是你們！」林肯演講完畢，台下掌聲雷動。他當選了總統。……林肯讓人尊敬、懷念的事情很多，但他未做總統時，只有一妻三子及書架上的書，擔任一任多（第二任未做滿便去世）的總統，做了那麼多事之後，也仍然只有一妻三子及書架上的書，其人何其清廉！史評者認為，美國建國後，在很短的年月即成為列

強，又進而成爲世界強權，重要原因之一是建國後相繼出現好幾位

總統，都是學養豐富，公忠體國，清廉有爲的人物。〔註17〕

同理可參，我國漢初能有「文景之治」，不亦復如此。只是多數人歸功於行「黃老之術」。本人認爲其根本是在領導者個人修養及其施政教化之成功所致。

　　始皇大帝嬴政上窮碧落下黃泉，鋪天蓋地的找尋仙丹妙藥以求長生，結果事與願違，徒費心機，白忙了一場，終究前往西方極樂世界。漢文帝處在那種民智未開的時代，卻能看破人間死生契闊，以無懼死亡的坦然心情面對它、接受它、處理它、放下它。果然領袖群倫，思想新穎，超凡入聖，無愧於「陛下聖明」之頌。我國自古至今有著厚葬先人的思想，認爲如此方爲孝子賢孫的作爲，因此厚葬先人是對死者的尊崇與孝道的表現，文帝卻不以爲然，一改世道人心之作法，認爲厚葬會破業，重服會傷生，無益於奉終，特此戒厚葬重服以明志。他還不斷強調治喪期間宜短，服制儀節當儉省，想必是他親身歷經了高祖、惠帝、呂后三位帝后極爲盛大隆重的喪禮，對如此非常講究的排場以及種種的繁文縟節感觸良深。文帝內心深處應已意會到哀慟逾恆，和鋪張喪祭根本無法挽回「人死不能復生」的事實。《論語‧八佾篇》孔子曾言「喪，與其易也，寧戚‧」對喪禮上的虛文齊備，不如以內心眞正的哀戚爲重。還有「死生有命」，何必因爲自己具有帝王的身分，強制臣民如喪考妣般，甚至加重喪禮儀節，使整個國家一時間陷入一片愁雲慘霧之中。所以特於〈遺詔〉中清楚地表明縮短喪期及祭祀儀服等，同時希望不影響民間正常之婚喪喜慶和酬酢，更要求歸葬霸陵之墓必須如他生前所作，不得再有所添增。以帝王之尊來說，這是何等謙遜的心志及偉大的胸襟，著實令人敬佩感懷、景仰不已。

〔註17〕謝鵬雄撰，〈林肯總統的財產〉，《人間福報，週日版》，（台北，2008 年 10 月 26 日）

第四章　漢文帝詔令之特色及影響

第一節　漢文帝詔令之特色

　　漢文帝詔令之特色完全展現在其上令下達的詔文之中。其詔令之修辭，不離質樸本色，但已開始追求藝術形式的精美。如〈振貸詔〉：「方春和時，草木羣生之物皆有以自樂，而吾百姓鰥寡孤獨窮困之人或阽於死亡，而莫之省憂。爲民父母將何如？」此詔文一開始用了「比興」的手法，文中運用設問的語氣，致使詔令有著樸實親切、平易近人的感受，既增強效果，又樹立了親民的形象。另外，在情景交融，時空交感下，使用了一些感情色彩濃厚的「對偶」或「排比」句式，結構勻稱，富麗堂皇，美不勝收，也由於順口悅耳，便利記憶與傳誦。如〈卻獻千里馬詔〉之「鸞旗在前，屬車在後。」〈置三老孝悌力田常員詔〉之「孝悌，天下之大順也。力田，爲生之本也。三老，衆民之師也。廉吏，民之表也。」〈增祀無祈詔〉之「遠施不求其報，望祀不祈其福，右賢左戚，先民後己。」〈除誹謗訞言法詔〉之「進善之旌，誹謗之木。」〈議除連坐詔〉之「法正則民愨，罪當則民從。」〈除肉刑詔〉之「斷支體，刻肌膚。」〈養老詔〉之「非帛不煖，非肉不飽。」〈增神祠制〉之「宗廟之靈，社稷之福，方內乂安，民人靡疾。」〈求言詔〉之「天道有不順，地利或不得，人事多失和，鬼神廢不享。」〈日食求言詔〉之「下不能治育羣生，上以累三光之明。」〈策賢良文學詔〉之「舟車所至，人迹所及。」、「近者獻其明，遠者通厥聰。」、「朕之不德，吏之不平，政之不宜，民之不寧。」、「上以薦先帝之宗廟，下以興萬民之休利。」〈與匈奴和親詔〉之「勤勞天下，憂

苦萬民。」、「計社稷之安，便萬民之利。」〈遺詔〉之「厚葬以破業，重服以傷生。」等等。在「散文」中落置「排偶句」，會使整篇文章生色靈動，如同平緩的海水湧現美麗的浪花般，跌宕有致。後來文風轉向駢體文，魏晉南北朝就是駢體文欣欣向榮的時代，創造了我國文學光輝燦爛的成果。它非憑空迸出，也是孕育發展而成。若從漢文帝的這些詔令中，可以看出端倪。所以說「好景怡人，好文悅人」。另外，引經據典，說理清楚、誠懇亦為其特色之一。如〈除誹謗訞言法詔〉之「古之治天下，朝有進善之旌，誹謗之木。」〈除肉刑詔〉之「蓋聞有虞氏之時，畫衣冠異章服以為僇，而民弗犯，何治之至也！」〈策賢良文學詔〉之「昔者大禹勤求賢士，施及方外，四極之內，舟車所至，人迹所及，靡不聞命，以輔其不逮；近者獻其明，遠者通厥聰，比善戮力，以翼天子。是以大禹能亡失德，夏以長楙。」本人認為文帝詔書主要特色，即此修辭技巧之所在。

其實，除了詔文之修辭技巧外，尚有其關鍵之處，即「情感真摯」與「質樸本性」。張越群認為文帝詔令何以富有情感？那是因為他有著「憂天恤民之情」和「省己抒懷之情」。可以從〈日食求言詔〉、〈增祀無所祈詔〉、〈振貸詔〉等，清楚地看出來。〔註1〕至於文章質樸方面，張越群說：「作品的風格特色和時代精神風貌關係更直接，往往因作家個性氣質的不同而異。文帝詔令不同於高祖劉邦的闊大氣魄，也不同於後世漢武的雄健簡健，而是頗為典雅平實。文風的平實，與漢文帝內斂的個性有著決定性的關係。此外，也與受漢初黃老思想影響有關。」〔註2〕

綜上所言，文帝詔令之特色為文學修辭技巧高明，個人情感真摯動人，質樸本性使然，文如其人矣。

第二節　漢文帝詔令之影響

破秦攻楚，兵燹方息。在經歷高祖、惠帝、高后共二十七年短暫的統治下，漢朝初年，百廢待舉，漢文帝憑其個人特質，在因緣際會下受迎立，登大寶。他雖非創業開國之君，但能守成亦非易事。何況文帝由於治國有方，

〔註1〕張越群撰，〈淺論漢文帝詔令的藝術特色〉，《時代文學（雙月版）》第6期，（濟南市：時代文學雜誌社，2006年），頁50。

〔註2〕同上，頁51。

更將漢室開創出另一番新局，使漢朝逐漸茁壯，向強盛帝國之高峰一路挺升。茲將其在位期間所發布的詔令，盱衡世局，以六方面觀其之影響。

一、政情氛圍

　　史家評漢初政治為黃老思想所主宰，亦稱黃老治國的黃金時代。因為清靜、無為、不擾民為黃老思想的特點，切合當時秦火楚炬、兵連禍結的善後之道。一般認為經過動亂後，以黃老思想整治可以穩定政局，遂順理成章地成為執政者施政的方向與指導。但本人對此另持看法。《論語‧衛靈公篇》子曰：「無為而治者，其舜也與！夫何為哉？恭己正南面而已矣。」又《論語‧為政篇》子曰：「為政以德。譬如北辰，居其所，而眾星共之。」又《論語‧泰伯篇》子曰：「巍巍乎，舜禹之有天下也，而不與焉。」這些都足以說明儒家也是崇尚「無為而治」的，並非「黃老思想」所獨專。但是儒家精神需要以「德」的條件來配合。至於黃老思想所倡之「無為而治」是無條件的，是完全無需理會，天地萬物自然會尋求生存之道，所謂「蓬生麻中，不扶而直」是也。本人要說的是，雖然眾人一致認為漢初與民休養生息，就是實行黃老治國的理念。其實漢文帝孝慈仁德，本身已充分具備儒家「無為而治」的條件，以其三十四篇詔令而言，如〈策賢良文學詔〉、〈求言詔〉、〈遣灌嬰擊匈奴詔〉、〈令列侯之國詔〉、〈復遣周勃率列侯之國詔〉、〈除肉刑詔〉、〈除誹謗訞言法詔〉、〈議除連坐詔〉、〈開籍田詔〉、〈勸農詔〉、〈置三老孝悌力田常員詔〉、〈振貸詔〉、〈養老詔〉等等，實非黃老所言之「無為」，反而是更強調積極之作為。故本人認為雖然當時國家社會整體氛圍皆曰「黃老」，皇帝、皇后也拳拳服膺「黃老」，頒詔施政，福國利民之舉措，其實是傾向儒家「無為而治」精神的。在我國孔孟之儒家與黃老之道家，兩者相依並存，有時道顯而儒隱，互相截補，如日更月替，周而復始而已。

二、敬老尊賢

　　〈養老詔〉、〈策賢良文學詔〉與〈日食求言詔〉的頒布，充分顯露文帝「敬老尊賢」的美德。這也是我國社會最為世人所稱道之處。在「敬老」方面，文帝對一般百姓，派官吏親往存問，賜贈布匹、酒、肉，時至今日，每到「重陽節」令，政府地方首長仍有此舉，可知其遺風影響之深遠。另外尚有賜老年人以几杖的制度。吳王劉濞雖非老者，屢稱病不上朝，文帝為了免

傷兄弟和氣，化解僵局，特賜其几杖，因爲漢朝擁有几杖者，可以得到不必上朝的特殊禮遇。文帝是位「孝子」，奉養薄太后的孝行，聞名遐邇。做了皇帝後，以「老吾老，以及人之老」、「推己及人」之道，頒行〈養老詔〉，崇敬天下「老者」，益顯其謙沖自牧的修養。清朝康熙、乾隆兩位皇帝曾舉行「千叟宴」，一來是爲顯示他二人治國有方，造就太平盛世，二來當然是爲表示其對老人的尊敬與關懷之意。現在的台灣，年齡達六十五歲，政府發給「老人證」，搭乘公車、火車、捷運或參加活動等，都有半價優待甚至免費的禮遇。民間大力提倡「家有一老，如有一寶」的觀念，林林總總，都是爲了落實「敬老」使然。《論語・公冶長篇》子路曰：「願聞子之志。」子曰：「老者安之，朋友信之，少者懷之。」「老者養之以安」，古今不變，不能不說是我國孝道倫理的優良傳統文化所致。

　　「尊賢」亦爲美德之一。《論語・泰伯篇》：「舜有臣五人，而天下治。」武王曰：「予有亂臣十人。」孔子曰：「才難，不其然乎！」《史記・魯周公世家》有周公戒伯禽曰：「我一沐三握髮，一飯三吐哺，起以待士，猶恐失天下之賢人。」所謂天下至廣，非一人所能獨治。文帝深明其旨，禮賢下士，他重用賈誼、晁錯就是明證。〈禮記・禮運篇〉言：「選賢與能」，漢朝以「察舉制度」公開徵求「賢能之士」，隋唐以降至清季，採「科舉制度」擇才選士，民國以後，成立「考試院」，爲國舉才。不過，現今社會多元，除國家棟樑之賢者外，士、農、工、商，三百六十行，行行有翹楚，只要有利於國家之社會賢達人士，都是值得「尊敬」的，他們奉獻心力，改善社會，使懵懂者智開，爲大家的「精神文明」與「物質文明」創造向上躍升的條件，賢者大矣！

三、注重農邊

　　文帝詔書中最具份量的就在「農業」方面。曾三下〈勸農詔〉，又頒〈開籍田詔〉、〈耕桑詔〉等，就是永不間斷地勸進農功，甚至「農，天下之大本也。」幾乎已成他每篇〈勸農詔〉的「起首語」了。在收成不佳時，減免田賦，爲了興農，不惜國庫短徵以因應。唐李紳〈憫農〉詩：「鋤禾日當午，汗滴禾下土；誰知盤中飧，粒粒皆辛苦。」當今政府施政若逢「穀賤傷農」情事，必採優先處理，這也可以說是受到我國重農傳統文化的薰陶所致。至於邊塞國防向爲文帝所注重，他自己就是邊防大王出身，深明「唇亡齒寒」之道。晁錯是文帝畀以重任之臣，他在文帝十二年上奏〈論貴粟疏〉，陳明必須

使民務農，務農在貴粟，並儲糧於邊，才能使國家富強，理論切實，鞭辟入裡，為文帝所贊賞、認同，隨即採納施行，而成效卓著。晁錯在文中說：「春耕，夏耘，秋穫，冬藏，伐薪樵，治官府，給徭役，春不得避風塵，夏不得避暑熱，秋不得避陰雨，冬不得避寒凍。四時之間，亡日休息。又私自送往迎來，弔死問疾，養孤長幼在其中。勤苦如此，尚復被水旱之災，急政暴賦，賦斂不時，朝令而暮當具。有者，半賈而賣；亡者，取倍稱之息；於是有賣田宅，鬻子孫，以償債者矣！」把農民辛勞之勤苦況描繪得淋漓盡致，想必是觸動了文帝心弦，而大受感動。另外又說：「聖王在上，而民不凍饑者，非能耕而食之，織而衣之也，為開其資財之道也。」「務民於農桑，薄賦斂，廣畜積，以實倉廩，備水旱，故民可得而有也。民者，在上所以牧之；趨利如水走下，四方亡擇也。」「地有遺利，民有餘力，生穀之土未盡墾，山澤之利未盡出也，遊食之民未盡歸農也。民貧則奸邪生。貧生於不足，不足生於不農，不農則不地著；不地著則離鄉輕家，民如鳥獸，雖有高城深池，嚴法重刑，猶不能禁也。」這說明了賢明君主必須拓墾荒地，勸農以耕，否則遊食之民眾，民貧而奸詐邪惡者就會興起作亂，嚴刑峻法也抑制不了如此鋌而走險、作姦犯科之徒。在倉廩足，內政無虞下，就必須思考國防邊關之策，萬一敵軍來犯，邊防不固，一切就將化為烏有，故晁錯引神農氏之教曰：「有石城十仞，湯池百步，帶甲百萬，而亡粟，弗能守也。」所以說：「粟者，王者大用，政之本務。」又說：「爵者，上之所擅，出於口而亡窮；粟者，民之所種，生於地而不乏。夫得高爵與免罪，人之所甚欲也。使天下人入粟於邊，以受爵免罪，不過三歲，塞下之粟必多。」如此力陳「貴粟之要」，又利邊防之戍，文帝遂行屯田制度，徙民實邊，種種「貴粟」措施之釐訂，不難看出漢文帝重視農業，關注邊防的心跡。

四、下罪己詔

　　〈日食求言詔〉（文帝二年十一月）是漢文帝因為天文日蝕異象，自我深刻反省，然後求才，以舉賢良方正，能直言極諫者，入朝為官，並調整邊防兵力，所以頒詔於天下。本詔是自秦始皇以來，第一道皇帝下詔罪己的詔書。詔文有言：「人主不德，布政不均，則天示之災以戒不治。乃十一月晦，日有食之，適見于天，災孰大焉！朕獲保宗廟，以微眇之身託于士民君王之上，天下治亂，在予一人，唯二三執政猶吾股肱也。朕下不能治育羣生，上以累

三光之明，其不德大矣。令至，其悉思朕之過失，及知見之所不及，匃以啓告朕。及舉賢良方正能直言極諫者，以匡朕之不逮。因各敕以職任，務省繇費以便民。朕既不能遠德，故憫然念外人之有非。」另外一道〈求言詔〉（文帝後元年三月），這是漢文帝執政十七年時，發生數年農作歉收，又遇水、旱、瘟疫，災情慘重，百姓困厄，苦不堪言，於是下詔曰：「間者數年比不登，又有水旱疾疫之災，朕甚憂之。愚而不明，未達其咎。意者朕之政有所失而行有過與？乃天道有不順，地利或不得，人事多失和，鬼神廢不享與？何以致此？將百官之奉養或費，無用之事或多與？何其民食之寡乏也！夫度田非益寡，而計民未加益，以口量地，其於古猶有餘，而食之甚不足者，其咎安在？無乃百姓之從事於末以害農者蕃，爲酒醪以靡穀者多，六畜之食焉者眾與？細大之義，吾未能得其中。其與丞相列侯吏二千石博士議之，有可以佐百姓者，率意遠思，無有所隱。」此二篇「罪己詔」開有皇帝以來「自省自責」之先河，後世君主遇有類似情況，亦步亦趨以行。史上「罪己詔」之名篇，首推文帝之孫漢武帝劉徹在征和四年三月所頒之〈輪台詔〉：

> 前有司奏欲益民賦三十，助邊用，是重困老弱孤獨也。而今又請遣卒田輪台。輪台西於車師千餘里，前開陵侯擊車師時，雖勝，降其王，以邊遠乏食，道死者尚數千人，況益西乎！曩者朕之不明，以軍候弘上書，言「匈奴縛馬前後足置城下，馳言『秦人，我丐若馬，』」又，漢使者久留不還，故興遣貳師將軍，欲以爲使者咸重也。古者卿、大夫與謀，參以蓍、龜，不吉不行。乃者以縛馬書遍視丞相、御史、二千石、諸大夫、郎、爲文學者，乃至郡、屬國都尉等，皆以「虜自縛其馬，不祥甚哉！」或以爲「欲以見強，夫不足者視人有餘。」公車方士、太史、治星、望氣及太卜龜蓍皆以爲「吉，匈奴必破，時不可再得也。」又曰：「北伐行將，於釜山必克。封，諸將貳師最吉。」故朕親發貳師下釜山，詔之必毋深入。今計謀、卦兆皆反繆。重合侯得虜候者，乃言「縛馬者匈奴詛軍事也。」匈奴常言「漢極大，然不耐飢渴，失一狼，走千羊。」乃者貳師敗，軍士死略離散，悲痛常在朕心。今又請遠田輪台，欲起亭隧，是擾勞天下，非所以優民也，朕不忍聞！大鴻臚等又議欲募囚徒送匈奴使者，明封侯之賞以報忿，此五伯所弗爲也。且匈奴得漢降者常提掖搜索，問以所聞，豈得行其計乎！當今務在禁苛暴，止擅賦，力本

農，修馬復令，以補缺、毋乏武備而已。郡國二千石各上進畜馬方
略補邊狀，與計對。〔註3〕

據《資治通鑑》所載，本詔之前，漢武帝曾曰：「朕即位以來，所爲狂悖，使
天下愁苦，不可追悔。自今事有傷害百姓、靡費天下者，悉罷之。」。此言經
常爲後人所引用，說是武帝的「輪台罪己詔」。其實此非詔文，僅是「口諭」
罷了。本輪台詔是說，征和四年（西元前八十九年）六月，桑弘羊等向武帝
建議，說輪台（今新疆）以東有五千餘頃土地可以耕種，請再在那裡駐軍，
募民屯田，以幫助烏孫，使西域各國威伏。武帝就此建議下詔自責：「以前有
司奏請增加民賦每人三十錢，以助邊防之用，這是加重老弱孤獨之人的負擔，
而今你們又要求派士卒，在輪台駐兵、屯田。輪台在車師以西千餘里，以前
派李廣利擊匈奴，他兵敗投敵，軍士死傷離散，我時常悲痛在心。現在你們
奏請屯田輪台，修建亭隧，這是擾勞全國，不是照顧百姓，我實在不忍心聽
到這類的話。當務之急是嚴禁苛暴，停止隨便增加賦稅，鼓勵農民耕種，令
民凡養馬者可免徭役，使武備不致缺乏就可以了。此後至武帝去世的五、六
年間已不再對外用兵。綜觀武帝掌政五十四年間有破有立，歷史上的負面評
價有些也不下秦始皇，其橫徵暴斂，晚年迷信、多疑，終於釀成「巫蠱之禍」，
逼死了太子和衛皇后，受誅連者數萬人，這些荒誕胡鬧之舉措最爲後世所詬
病。但是，漢武帝「有亡秦之失，而免亡秦之禍」其理由何在？那就是他最
後能夠反省自己的錯誤，懸崖勒馬，調整了政策。這與秦始皇至死都沒有爲
其失政而認錯道歉，故其兩位大帝歷史之評價顯著不同。武帝後來能夠「罪
己」，及時悔悟，在千秋青史上留下了較好的名聲。本篇的〈輪台詔〉即是「爲
其改觀」的文獻。

　　先秦天子「罪己」雖非「詔令」，但文獻亦有君主自我批評，反省悔過的
記載，如《論語・堯曰篇》有云：「予小子履，敢用玄牡，敢昭告于皇皇后帝：
有罪不敢赦，帝臣不蔽，簡在帝心！朕躬有罪，無以萬方；萬方有罪，罪在
朕躬。雖有周親，不如仁人；百姓有過，在予一人。」爲商湯、周武之言。
國家領袖「下詔罪己」自古有之，漢文帝以降，逐漸形成了一種傳統而被沿
用，也就是說每當皇帝犯了禍國殃民的大錯誤，或有天災人禍、生靈塗炭、
民不聊生之時，往往就會「下詔罪己」，公開自我檢討，以表示與民更始。一
般說來，在我國君主專制制度下，皇帝不論做了什麼錯事，都不會遭到懲處，

〔註 3〕司馬光撰《資治通鑑》第 022 卷，漢紀十四。

而臣子們則以「皇上聖明」的違心之論來矯飾，虛與委蛇，以便往後的加官進爵與分封。除非君王有自覺反省的能力與認錯道歉的勇氣，不可過分胡來，否則殘民以逞、日暮途窮時，即是其政權走向衰弱敗亡的開始。時至今日，民主時代，中華民國在台灣，於民國八十九年選出民進黨黨員陳水扁總統執政，五月二十日就職，不到半年時間宣布停建正在進行中的「第四核能發電廠」，遂引起多數民眾的反感，甚至將提出「罷免總統」方案，導致陳水扁總統在罷免壓力下，向全民道歉，於是年十一月五日藉「針對國內政局的發展」發表談話，特摘述如下：

> 各位父老鄉親、親愛的國人同胞，大家好：過去這一個星期，國內遭逢風災與空難的事故，造成人民生命財產的重大損失，阿扁和所有的國人一樣，深感哀痛。除了指示政府各單位要全力救災，協助民眾儘速重建、恢復生活秩序之外，對於這一段時間以來，國內政局的發展，個人也有冷靜而嚴肅的思考。今年的五月二十日，台灣歷經了首次的政黨輪替，面對在野黨佔國會多數的生態，過去從來沒有這樣的經驗。新政府一路走來，雖然竭盡努力的摸索，但是仍無法避免跌跌撞撞，這一點，個人應該反躬自省，並且為新政府承擔起全部的責任。回顧上任之初，想到國家所面臨的許多內政問題、外交處境、兩岸關係，讓阿扁的心中十分著急。因為心急，因為覺得責任重大，在義無反顧的同時，往往難以兩全，只專注於問題的解決，而忽略了一些人的感覺。……要成為一個成熟的國家領導人，還有很多要學習、要調整的地方。有關核四的問題，朝野各界已經爭論了十幾年，耗費了太多太多的時間和社會成本，實在不應該再繼續拖延下去。個人認為，面對擁核與非核的爭議，應該超越政黨的利益與意識型態的藩籬，以理性、負責的態度，為國家的利益、為後代子孫的未來，做出最後的決定。所以，我必須支持行政院張院長不再拖延的決心，但是，對於宣布時機的問題，個人應該負起全部的責任，我瞭解連主席不是在乎面子的問題，但是我還是要誠懇的向連先生以及國人同胞，致上最深的歉意。……儘管有不同的政黨、不同的立場，但是我們不應該懷疑任何一個人愛台灣的心……從今以後，所有公共政策的爭議都應該理性討論、協商解決，讓一切回歸憲政體制的運作，沒有任何的例外……大家的關心和在野黨

的批評，我都會用心來聽、用心來改進。阿扁非常感謝，也感覺眞
歹勢、非常對不起。但是，還是要拜託大家，趕快回到原來的崗位⋯⋯
五個多月以來，因爲新手上路，個人的確付出相當的代價，也得到
很深的教訓⋯⋯親愛的國人同胞，台灣的未來要靠我們每一個人。
有穩定的政局才有經濟的繁榮，有穩定的政局也才有改革和進步。
美國總統林肯曾經說過一句名言：「一棟分裂的房子，是永遠無法站
起來的！」親愛的同胞，請接受阿扁的懇求，讓我們一起撫平裂痕，
攜手打造一棟堅固的房子，來容納兩千三百萬同胞共同的夢想。感
謝大家！〔註4〕

所謂「內疚神明，外慚清議」，懺悔反省，做人處事之道也。古代帝王「下詔
罪己」，今日總統「道歉悔過」，方式不同，行爲相同矣！

五、審度刑法

　　除了農業以外，漢文帝對於法律的問題也投注了相當的心力。他在位其
間廢止了三大律法，一除誹謗訞言法，二除連坐法，三除肉刑法。就是以現
在的眼光來看，毫不遜色，在當時是非常先進的作法。

　　除誹謗訞言法是大開「言論自由」之門，所謂「不平則鳴」，「知無不言」，
「言無不盡」，今日民意代表無不高舉「有則改之，無則加勉」之大纛「爲民
喉舌」嗎？若將所有批評時政，皆以「惡意攻訐」捕收問罪，主政者如此器
量，就聽不到要求改革的聲浪，國家施政及個人修爲就會停滯，難以進步。

　　除連坐法是具有「人權」思維的觀念。《孟子·梁惠王下》：「罪人不孥」，
除共同犯、從犯、教唆犯等外，一般來說，犯罪者皆屬「個人行徑」，倘因有
親戚或血源關係就一併同坐入罪，完全忽視每人皆爲「人格完整獨立」的個
體，只要有關係，就會受到株連，造成人心皇皇的「恐怖感」，實在大大違反
「人權」，處帝制皇朝，文帝能有所感，多爲他人著想，使每位犯罪者「自負
全責」，不再牽連無辜，文帝仁慈，由此可見。

　　除肉刑法是因緹縈救父之故，文帝悲憫其情，連帶考慮天下所有受到此
刑責者，終其一生的苦難。遂廢之，改以他刑替代。《孝經·開宗明義章》孔
子曰：「身體髮膚，受之父母，不敢毀傷，孝之始也。」漢朝以「孝」治天下，

〔註4〕 中華民國總統府網站，總統專欄，演講與祝詞，115條。

文帝本身是個孝子，以身作則，子帥以正。「除肉刑」與「盡孝道」也許是種巧合，卻解救了全天下受此酷刑者的尊嚴，文帝之德與日月同昭。

最近「廢死聯盟」主張廢除現行死刑制度，他們除了以國際間多數國家已經完全廢除「死刑」的法律，也不再處決「死刑犯」外，他們強調「死刑」的存在並未強力嚇阻「犯死刑的行為」，反而會有冤案、誤判、錯殺的可能。本人發覺此言論似引用了漢文帝〈除肉刑詔〉的說法：「今法有肉刑三，而姦不止，其咎安在？非乃朕德之薄，而教不明與！吾甚自愧。故夫訓道不純而愚民陷焉。詩曰：『愷弟君子，民之父母。』今人有過，教未施而刑已加焉，或欲改行為善，而道亡繇至，朕甚憐之。夫刑至斷支體，刻肌膚，終身不息，何其刑之痛而不德也！豈稱為民父母之意哉？其除肉刑，有以易之，及令罪人各以輕重，不亡逃，有年而免。」其實「肉刑」與「死刑」還是有輕重之別。「肉刑」造成肢體殘缺，「死刑」是活人生命的了結，「廢死聯盟」如此之比附是否有當？爭議頗大。千年以來的今朝，猶受文帝詔文精神之影響，就不得不佩服當時立論精闢的見解。

六、作君作師

〈振貸詔〉、〈養老詔〉、〈開籍田詔〉、〈勸農詔〉、〈耕桑詔〉、〈卻獻千里馬詔〉、〈不作露臺詔〉、〈遺詔〉等等，都在在反映出漢文帝宅心仁厚，關懷天下，尤以農民、鰥夫、寡婦、孤兒，獨居、傷殘、疾病者，更加憐恤。勸農以厚植國力，把國家帶向富庶與繁榮。「嚴以律己，寬以待人」，在〈卻獻千里馬詔〉中，我們看到他不隨便收受餽贈，其正直、廉潔的操守，玉潔冰清，身為帝王，十分難能可貴。今日民主社會「貪污」、「受賄」事件頻傳，有些「吃相難看」甚至到「恬不知恥」的地步。看看文帝風範，備感「世風日下，人心不古」。文帝擬興築一座供活動使用的露台，後來因經費的原因而棄建，文獻記載其造價為十戶中等人家的資產，以今日觀之，不算奢侈的花費。反觀今日，政府之公共建設，虛擲公帑，債台高築，不在話下，甚有「蚊子館」之譏諷，百姓所納血汗之稅，如此揮霍，怎不令人痛心疾首？故「淑世」與「沉淪之世」的社會，都在領導者的「一念之間」。漢文帝理性、務實，自奉節約儉樸，知足常樂，親民、愛民、助民、不擾民，他都做到了。從其〈遺詔〉中所囑咐，必須簡薄喪葬祭祀之禮，不難看出他一生為人處世的品德與風格，猗歟盛哉！《尚書・泰誓》：「天佑下民，作之君，作之師。惟其

克相上帝，寵綏四方，有罪無罪，予曷敢有越厥志？」文帝身爲一國之君，上天之子，爲民父母，愛護百姓，「作之君，作之師」典範垂世，後世帝王及元首，若能效法，百姓之福也，亦不負上天賦予牧民之任。

　　總而言之，漢文帝在位二十三年，以其所下之三十四篇詔書而言，涵蓋多元，一國之君在國事如麻，千頭萬緒中，經緯天下，「爲君難」也。自其詔書之頒行，可知其施政之輕重緩急。《論語‧泰伯篇》子曰：「大哉！堯之爲君也。巍巍乎！唯天爲大，唯堯則之。蕩蕩乎！民無能名焉。巍巍乎！其有成功也。煥乎！其有文章。」本論文僅舉其犖犖大者以述之。文帝二十三歲登基，年輕有爲，無太阿倒持之顧慮。他戰戰兢兢，臨深履薄，承先啓後，繼往開來，有著「不平凡中的平凡，與平凡中的不平凡」之特質，可以說是「平凡皇帝，非凡成就」。《論語‧顏淵篇》子曰：「君子之德，風，小人之德，草；草上之風，必偃。」走筆至此，高山仰止，景行行止，雖不能至，心嚮往之。

第五章 結 論

　　詔令是古代的應用文，自古君王以此爲上令下達的告示，名稱不一，具有法律效力。秦有天下後，制詔始定，至清世，大體沿用。

　　帝王詔令原則上都是臣僚執筆。代筆者學問文章皆爲一時之碩學俊彥，揮其如椽大筆，成以金章玉句，藏之金匱石室，讀可傳頌千古。

　　漢文帝自邊防代國之王，在呂后卒，群臣擁戴下，接掌大寶。由於文帝素行善良，孝慈仁厚，身爲國君，悲天憫人，諮諏善道，察納雅言，終將漢室推向興盛繁榮與富強康樂，爲漢代「文景之治」的初創奠基者。錢穆先生論漢文帝有言：「論其宅心之寬厚，爲政之清簡，誠堪謂盛德之君而無愧也。」〔註1〕、「特文帝行之以慈祥愷悌，終不失爲令人愛想之賢主耳。」〔註2〕

　　「漢詔最爲淵雅，而漢文帝之詔爲尤動人」，故專取文帝詔令探看，著手書籍爲《史記》、《漢書》、《四庫全書‧兩漢詔令》、《全上古三代秦漢三國六朝文》，此四部書所載文帝全數詔令，《史記》得二十五篇，《漢書》三十四篇，《四庫全書‧兩漢詔令》二十九篇，《全上古三代秦漢三國六朝文》三十三篇，加以去重補缺，共得漢文帝詔令三十四篇。

　　必須一提的是，《漢書》三十四篇，雖然篇數最齊，但是〈增神祠制〉與〈除祕祝詔〉兩篇記載簡略，不如《史記》詳細，若以《史記》此兩篇代換《漢書》，則可裨補闕漏，完備漢文帝之詔令。

　　本論文以此三十四篇計數，將之分爲九類並釋述之。其九類涵蓋農業、法律、社會、祭祀、軍事、外交國防、人事、求言舉賢和品德。如此一來，

〔註1〕錢穆著《秦漢史》，（台北市：三民書局，2006年7月15日二版），頁61。
〔註2〕同上，頁62。

更可清晰地看出漢文帝克己個人修爲的工夫，以及爲民推動國政的努力。清代學者張謙宜更是認爲漢代「文帝諸詔，直露其愛民忠厚之心，令人感嘆。後世改爲四六一派，支飾煩言，皆無足稱。」〔註3〕

　　史載諸多帝王在爲人子、人弟時都極力設法謀取大寶，如願以償後，雖雄才大略，表現傑出，但總徒留搶位之譏，如唐太宗、宋太宗、明成祖是也。漢文帝在爲高祖子時，劉邦原是中意戚夫人所生之三子劉如意續位，無奈正宮呂皇后掣肘，遂改惠帝繼統。呂后是正宮娘娘，爲後宮之主，精明幹練，心狠手辣，只欠登基。她活著時，怎可放心把政權交付非她系出的人選。所以文帝在爲代王時期從來就不會覬覦其父兄的皇位。他當初的人生規劃也許就是高祖交予他屏障匈奴，保衛社稷，以安京師之責吧！因爲「無求」，故在封地代國謙沖自牧，惕厲修持。直至呂后去世，在因緣際會下被請出執掌神器。此種宛若戲劇般的情節發展，當初可能連文帝自己都會感到是始料未及的事。既來之，則安之。重點是在他做了大漢天子後，因其個人修養與特質，加上整個時代的「黃老氛圍」，以及他受到忠臣良將如周勃、灌嬰、宋昌、賈誼、晁錯等的輔弼，將漢朝治理得四平八穩，在國強民富下，社會出現一片安和樂利的繁榮景象。這即成就了漢文帝在我國歷代聖明帝王中無可動搖的歷史地位。值得謳歌頌揚的是孟子云：「窮則獨善其身，達則兼善天下。」我們看到漢文帝做到了，同時也成功了。本文以漢文帝所頒詔令經爬梳整理，篇章集結，透過其內容含英咀華，得悉漢文帝充分地展現了他的人格、思想與精神，這是精純的帝王學之一，除了值得大眾參考學習外，更是領袖級人物們資以自省借鑑和經國治世之葵花寶典。

〔註 3〕張謙宜撰《絸齋論文》，（上海市：復旦大學出版社，2007 年），卷三。

徵引文獻

一、專　書（以作者姓氏筆劃多寡排序）

1. 《唐大詔令集》，（台北：鼎文書局印行，民國 61 年 9 月初版）

2. 《宋大詔令集》，（台北：鼎文書局印行，民國 61 年 9 月初版）

3. 《宋大詔令集》，（北京：中華書局出版，1997 年 12 月第二次印刷）

4. 《景印文淵閣四庫全書・史部 184・詔令奏議類・兩漢詔令》，（台北：台灣商務印書館，民國 72-75 年）

5. 白話史記編輯委員會主編，《白話史記》，（台北：聯經出版，民國 74 年 12 月）

6. 王兆芳撰，《文章釋》，（上海：復旦大學出版社，2007 年 11 月 1 日）

7. 左丘明撰，李學勤主編，《春秋左傳正義・文公~成公》，（台北：台灣古籍出版，2001 年 10 月初版一刷）

8. 左丘明原著，《國語（下）》，（台北：台灣書房出版，2009 年 8 月初版一刷）

9. 司馬遷撰，《史記》，（台北：洪氏出版社，1959 年 7 月）

10. 司馬遷撰，《史記》，（台北：鼎文書局印行，民國 76 年 11 月 9 版）

11. 車吉心主編，《中國皇帝全傳》，（濟南：山東教育出版社，1991 年）

12. 沈謙編著，《修辭學》，（台北：空大，民國 84 年元月修訂版）

13. 林紓撰，《春覺齋論文》，（上海：復旦大學出版社，2007 年 11 月 1 日）

14. 胡安德著，《尚書淺說》，（台北：上智出版社，民國 69 年 5 月初版）

15. 班固撰，《漢書》，（台北：鼎文書局印行，民國 68 年 7 月）

16. 徐伯超編，《四書讀本》，（台南：綜合出版社，民國 63 年 12 月再版）

17. 陳俊強著,《皇恩浩蕩‧皇帝統治的另一面》,(台北:五南圖書,2005 年7 月 7 日)

18. 袁金書編著,《新編應用文》,(自行出版,民國 63 年 7 月再版)

19. 勞榦編著,《居延漢簡‧考釋之部》,(台北:中央研究院歷史語言研究所,民國 49 年 4 月初版)

20. 勞榦編著,《居延漢簡‧圖版之部(一)》,(台北:中央研究院歷史語言研究所,民國 46 年 3 月)

21. 黃登山編著,《歷代文選分類詳註》,(台北:臺灣學生書局印行,民國 73 年 11 月三版)

22. 馮夢龍,蔡元放原著,《東周列國志》,(台北:河洛圖書出版,民國 67 年 2 月臺初版)

23. 彭慶環編纂,《古今綜合文選》,(台北:華星出版社印行,民國 59 年 12 月再版)

24. 彭慶環注述,《文心雕龍釋義》,(台北:華星出版社印行,民國 65 年 9 月新版)

25. 張之傑總纂,《中國全記錄》,(台北:錦繡出版公司,民國 79 年 7 月初版)

26. 張謙宜撰,《覡齋論文》,(上海:復旦大學出版社,2007 年)

27. 劉培林著,《末代狀元張謇傳奇》,(北京:光明日報出版社,2007 年 4 月 1 日)。

28. 錢穆著,《秦漢史》,(台北:三民書局,2006 年 7 月 15 日二版)

29. 謝海平編著,《應用文》,(台北:空大,民國 84 年)

30. 薛鳳昌著,《文體論》,(台北:台灣商務印書館,1999 年 8 月臺二版)

31. 嚴可均校輯,《全上古三代秦漢三國六朝文》,(台北:宏業書局,民國 64 年 8 月初版)

二、年　表(以出版年月先後排序)

1. 齊召南等撰,《國史年表四種‧歷代帝王年表‧漢年表》,(台北:世界書局印行,民國 59 年)

2. 楊遠鳴編著,《中國歷代大事年表》,(台北:集文書局,民國 71 年 9 月)

3. 李寅生編著,《中日古代帝王年號及大事對照表》,(成都:四川辭書出版社,2005 年 6 月 2 刷)

4. 彭建方編著,《中華紀元年表》,(台北:文史哲出版社,民國 95 年 2 月初版)

5. 倉修良主編,《漢書辭典‧西漢年表》,(濟南:山東教育出版社,1996 年 11 月第一版)

6. 外族編年史（http://manjusibe.myweb.hinet.net/q03.htm）

三、期刊論文（以刊載年月先後排序）

1. 汪桂海撰，〈國家圖書館所藏漢簡考釋〉，《文津流觴》第十期‧考訂鑒別，（中國國家圖書館古籍館，2003 年 7 月）

2. 張越群撰，〈淺論漢文帝詔令的藝術特色〉，《時代文學（雙月版）》第 6 期，（濟南市：時代文學雜誌社，2006 年）。

3. 張元撰，〈從王國來到朝廷的漢文帝—老師讀通鑑之八〉，《歷史月刊》第 216 期，（新竹市，2006 年 1 月號）

4. 洪惠瑜撰，〈漢代敬老與賜杖制度之探討〉，《屏東教育大學學報—人文社會類》第三十一期，（屏東，2008 年 9 月）

5. 謝鵬雄撰，〈林肯總統的財產〉，《人間福報，週日版》，（台北，2008 年 10 月 26 日）

6. 姚立民撰，〈春秋時代晉國何以長領風騷？〉
   網址：http://www.yaolimin.com/historicaltreatise/3.htm。

四、學位論文（以撰作先後排序）

1. 陳志源撰，《西漢武昭宣三朝詔書研究》，（輔仁大學中國文學系碩士論文，民國 88 年 6 月）

2. 徐泰琳撰，《陸宣公詔書研究》，（玄奘大學中國語文學系碩士論文，民國 97 年 7 月）

葉夢得年譜

邱世芬　著

作者簡介

邱世芬，台灣嘉義人。東海大學中文研究所碩士畢業，銘傳大學應用中文研究所博士班進修中。

提　　要

　　年譜乃以編年順序記載一人生平行事，年譜之作，除可補正史料之缺誤，更可藉而深入了解譜主及其作品之情感與思想。

　　葉夢得才幹過人，且為南北宋之際文學巨擘。政治方面，其所歷京職州鎮，政績斐然，皆有能聲，而見重於當世名賢；軍事方面，其出入兵間十餘年，「所平治不為不多」，英謀偉略，頗有見解；文章著述，深為士林推崇，所著說部雜記，「山水之音、詩書之氣，時時溢於楮翰之間」。前人編敘葉夢得年譜者，或早佚，或疏略，是以其生平事歷可加考詳者猶夥。本書除記葉夢得仕履行事之外，尤致力於詩文之繫年，並附錄葉夢得交遊索引於譜後，期為研究宋代文史者之一助。

目

次

前　言

　　年譜乃以編年順序記載一人生平行事。或譜主自訂，或子弟門人所撰，亦有後人據史書及譜主遺著搜集考證而成；年譜之作，除可補正史料之缺誤，更可藉而深入了解譜主及其作品之情感與思想。

　　葉夢得才幹過人；在政治方面，其所歷京職州鎮，皆有能聲。夢得嘗兩鎮建康，政績斐然，清張履〈重刻建康集序〉云：「蓋公當高宗南渡，兩帥建康，經戎馬蹂躪之餘，死傷載道，府寺民廬，鞠為榛莽，公內盡休養之道，外竭備禦之方，兼綜財賦，給諸軍饋饟不乏，俾得悉力於戰。而又於其間繕葺講堂，刊購經史，以作興文教，其事功卓卓如此。」故宋周煇《清波雜志》稱其「政事精明，彼民至今能道之。」夢得在許昌日，嘗發常平粟賑荒，且明令因災傷小兒，他人得收養之，府以常平餘粟為資；又印空名券以為籍記，出千緡市藥材，親督眾醫分治，流民得以全活者甚眾。故胡安國嘗以夢得蔡、穎、南京之政薦於朝；其見重於當世名賢，實非偶然。在軍事方面，夢得「出入兵間十餘年，所將計十萬，所平治不為不多」；為戶部尚書時，嘗陳待敵之計，又上防江八策。金人南侵，夢得為張俊言敵勢，促俊諸軍進發。又先遣子模防禦馬家渡，致金人不得犯而去。宋軍聲勢大張，夢得功不可沒。夢得於軍事頗有見解，《石林奏議》中多見其英謀偉略。

　　夢得著述頗富，深為士林推崇。據《宋史》藝文志及陳振孫《直齋書錄解題》，有《石林總集》一百卷，惜遺佚殆半。現存著作有《玉澗雜書》殘卷，《石林詩話》一卷，《石林燕語》十卷，《春秋讞》三十卷，《春秋考》二十卷，《春秋傳》二十卷，《石林家訓》一卷，《治生家訓要略》一卷，《避暑錄話》二卷，《石林詞》一卷，《建康集》八卷，《巖下放言》三卷，《石林奏議》十

五卷，仍可藉窺夢得學識之精深。蓋夢得「嗜學蚤成，多識前言往行」，故論著多有可采；又早從晁無咎、張文潛等游，其詞藻亦可觀。韓元吉〈祭葉少保文〉云：「貫穿六經，馳騁百世，笑談千言，落筆萬字……妙齡秀發，獨步當世，遂以文鳴，入裁帝制。」；韓淲《澗泉日記》卷下謂「葉少蘊文字有起伏曲折」；洪邁《夷堅志》稱夢得「詞名馳江表」；龔明之《中吳記聞》卷五云：「自政宣以來，文人有聲者惟公（翟汝文）與葉石林、汪浮溪、孫蘭陵四人爾。孫嘗自評云『某之視浮溪，浮溪之視石林，各少十年書，石林視忠惠亦然。』識者以爲確論。」；四庫全書《建康集》提要亦云：「文章高雅，猶存北宋之遺風。南渡以後，與陳與義可以肩隨，尤楊范陸諸人皆莫能及。」

夢得之才略如此，而世之論者往往病其曾客蔡京門人，乃或抑其文名，未免失之偏頗。蓋夢得從蔡京遊臺可議，然非盲目抑附蔡京，亦嘗阻京籍元祐黨人，又屢正其過，言論皆持正。又從其反對童貫，及忤秦檜，更可見性格之介然。張張履〈重刻建康集序〉云：「夫自古小人在位，往往援引英流，推轂時彥，藉收物望，才人稍不自謹，即爲所牽致。」所言誠是。

前人編敘夢得行事者，有宋莫濟〈葉夢得行狀〉及清葉廷琯《石林先生兩鎮建康紀年略》；前者早佚，後者多據宋周應合《景定建康志》輯成，且僅載夢得五十五歲至六十六歲間事，餘皆不及。是其生平事歷之可加考詳者尤夥，故爲重撰年譜。除紀夢得仕履行事外，尤致力於詩文之繫年，並附錄夢得交遊索引於譜後，期爲研究宋代文史者之一助。

撰著期間，蒙楊師承祖悉心指導，特致謝忱。

凡　例

一、本譜紀年用後元，並書干支及西元紀年。

二、多年首書重要時事，加括號，與譜主行事並低一格，引據考據低三格。

三、除譜主著作外，引用書目皆冠作者及其朝代；宋李心傳《建炎以來繫年要錄》、周應合《景定建康志》、李幼武《宋名臣言行錄》、陳振孫《直齋書錄解題》、清葉廷琯《石林先生兩鎮建康紀年略》、葉德輝輯《吳中葉氏族譜》以引用頻繁，除第一次出現外，不贅書朝代及作者。

四、譜主行事以年、月編列，僅知年者，繫該年年末。

譜　前

葉夢得，字少蘊，宋蘇州吳縣人。

　　《宋史》卷四四五本傳云：「葉夢得字少蘊，蘇州吳縣人。」宋謝維新《古
今合璧事類備要》續集卷二十四、宋佚名《錦繡萬花谷》續集卷三十八略同。

初字蘊。

　　宋晁補之《雞肋集》卷六十五〈晁夫人墓誌銘〉云：「男曰蘊」。

居卞山，且以自號石林山人。

　　宋吳坰《五總志》：「葉少蘊既辭政路，結屋雪川山中，凡山中有石隱於土者，
皆穿剔表出之。久之，一山皆玲瓏空洞。日挾策其間，自號石林山人。」

　　又宋周密《癸辛雜識》前集〈葉氏石林〉條云：「左丞葉少蘊之故居在卞山
之陽，萬石環之，故名且以自號。」

　　宋陳振孫《直齋書錄解題》卷十八〈石林總集一百卷年譜一卷〉條下云：「石
林二字本出《楚辭・天問》。」

　　按：《楚辭・天問》：「焉有石林，何獸能言？」

舊宅在吳縣鳳池鄉，前有魚城橋。

　　元陸友《硯北雜志》卷上：「葉左丞少蘊嘗居在郡之鳳池鄉，門前有橋名魚
城。」清葉德輝輯《吳中葉氏族譜》卷六十四雜誌甲：「葉少蘊舊宅在鳳池
鄉，前有魚城橋。」

高祖元輔，字應鳳。

據《吳中葉氏族譜》卷五世系圖總圖。

曾祖綱。

據《吳中葉氏族譜》卷五世系圖總圖。

按：《宋史・葉夢得傳》謂夢得曾祖爲清臣。考《避暑錄話》卷下云：「曾從叔祖司空道卿，慶歷中受知仁祖，爲翰林學士，遂欲大用……」，《宋史》卷二九五〈葉清臣傳〉云：「葉清臣字道卿，蘇州長城人，父參……，子均，爲集賢校理。」，又宋曾鞏《隆平集》卷十四侍從：「葉清臣字道卿，蘇州人，天聖二年登進士甲科，累擢知制誥，龍圖閣直學士，權三司使，出知江寧府，入翰林爲學士……卒，年五十，贈諫議大夫。子均、圻、垣、增，有文集一百六十卷。」是《宋史》之誤可知。

祖義叟，字思參。湖南憲司。嘗封魏公。始贈太師惠國公、後封福國公。

據《吳中葉氏族譜》卷五世系圖總圖。

見宋張擴《東窗集》卷七〈觀文殿大學士左太中大夫知福州軍州事葉夢得故祖義叟追封福國公制〉及《建康集》卷四〈顯祖贈太師惠國公焚黃文〉。

《巖下放言》卷下〈張芸叟侍郎，長安人〉條云：「余先大父魏公適爲湖南憲」，又云：「大父在湖南，年才六十餘，求宮祠歸吳下。」

元祐間，自湖南憲司請宮祠歸。

《石林詩話》卷中：「大父元祐間自湖南憲請宮祠歸。」

故廬在吳郡虎丘山。

《避暑錄話》卷下：「虎丘山，晉王珣故居……舊傳宅在城內日華里，今景德寺即是，虎丘乃其外第……余大父故廬與景德寺爲鄰……」

祖母劉氏，贈韓國夫人。

宋張擴《東窗集》卷七有〈觀文殿大學士左太中大夫知福州軍州事葉夢得祖母劉氏贈韓國夫人制〉。

又祖母謝氏，贈周國夫人。

宋張擴《東窗集》卷七有〈觀文殿大學士左太中大夫知福州軍州事葉夢得祖母謝氏贈周國夫人制〉。

叔祖溫叟，字淳老。浙西轉運使、主客郎中。

《避暑錄話》卷下：「叔祖度支，諱溫叟，與子瞻同年，議論每不相下。元祐末，子瞻守杭州，公爲轉運使浙西，適大水災傷，子瞻銳於賑濟，而告之者或施予不能無濫，且以杭人樂其政，陰欲厚之。公每持之不下，即親行部，一皆閱實，更爲條畫上聞，朝廷主公議，會出度牒數百付轉運司易米給民，杭州遂欲取其半。公曰：「使者與郡守職不同，公有志天下，何用私其州，而使吾不得行其職，卒視它州災傷輕重分與之。」子瞻怒甚，上章詆公甚力，廷議不以爲直，乃召公還爲主客郎中。子瞻之志固美，雖傷於濫，不害爲仁，而公之守不苟其官，亦人所難見，前輩居官，無不欲自行其志也。」葉德輝案：「蘇軾東坡集有與葉淳老、侯敦夫、張秉道同相視新河秉道有詩次韻二首。施元之註淳老溫叟字，詩云勸農使者非常人，謂溫叟。」

外祖晁端友，字君成。善詩，蘇子瞻爲序其集。與李育善。

《石林詩話》：「外祖晁君誠善詩，蘇子瞻爲集序，所謂溫厚靜深，如其爲人者也。黃魯直常頌其『小雨愔愔人不寐，臥聽贏馬齕殘蔬』，愛賞不已。他日得句云『馬齕枯萁喧午夢，誤驚風雨浪翻江』，自以爲工，以語舅氏無咎曰：『吾詩實發於乃翁前聯。』……」

《避暑錄話》卷下：「李育字仲蒙，吳人，馮當世榜第四人登第，能爲詩，性高簡，故官不甚顯，亦少知之者。與外大父晁公善，尤愛其詩……」

父助，字天祐。初爲睦州建德尉，後改官拱州及信州上饒。追贈太傅、太保。

宋米芾《畫史》云：「葉助，字天祐。」

宋張擴《東窗集》卷七有〈觀文殿大學士左太中大夫知福州軍州事葉夢得故父助贈太傅制〉及《建康集》卷四〈顯考贈太保焚黃文〉。

宋洪邁《夷堅甲志》卷八〈黃山人〉：「贈太師葉助，縉雲人。爲睦州建德尉……」

宋洪邁《夷堅甲志》卷八〈黃山人〉:「(葉助)後官拱州。」

《避暑錄話》卷上〈沈翰林文通喜吏事〉條:「侍先君官上饒。」

母晁氏,端友公次女,贈鎮國夫人。

宋張擴《東窗集》卷七有〈觀文殿大學士左太中大夫知福州軍州事葉夢得故母晁氏贈鎮國夫人制〉。

宋晁補之《雞肋集》卷六十五〈晁夫人墓誌銘〉:「夫人⋯⋯先君之第二女也⋯⋯夫人端豐婉麗,自少不妄語言,作止有常度,而中洞澈事至能辨,先君曰是女姿靜甚,名之曰靜姐⋯⋯歸之,時年十有九矣⋯⋯元豐四年⋯⋯八月二十六日暴得疾以卒,年三十⋯⋯」

季父效,字斯文。

據《吳中葉氏族譜》卷五世系圖總圖。

季父劭,字進之。嘗官郿州。

據《吳中葉氏族譜》卷五世系圖總圖。

《巖下放言》卷下:「(張芸叟)崇寧間以黨籍廢,居長安⋯⋯余季父官郿州時往過之。」《吳中葉氏族譜》葉德輝案云:「此即葉劭。」

仲弟縈,早卒。

據《吳中葉氏族譜》卷五〈世系圖〉總圖。

宋晁補之《雞肋集》卷六十五〈晁夫人墓誌銘〉云:「男曰縈,卒。」

按:晁夫人卒時,夢得才五歲,其弟已夭,早卒可知。

女弟,適左奉議郎通判達州事李駒。

見宋晁補之《雞肋集》卷六十五〈晁夫人墓誌銘〉。

又有女弟,夭。

見宋晁補之《雞肋集》卷六十五〈晁夫人墓誌銘〉。

又有女弟二或三人。

按：《石林家訓》中，夢得言及許、章二姑氏，但此二人或同為榮國夫人所
出，或其一為晁夫人所出，則不得而知。若為前者，則夢得共有女弟五
人；若為後者，則夢得共有女弟四人。

妻，淮東提刑周種女，封文安郡夫人。

宋洪邁《夷堅甲志》卷八〈黃山人〉條：「（夢得）既擢第，為淮東提刑周種
婿。」

又清葉德輝《石林遺事》卷中：「集（《建康集》）內祭〈周大夫文〉云：『文
安手足，同產五人』，此當是周夫人昆弟，文安必夫人封郡邑名。」

長子棟。秀州通判。

據《吳中葉氏族譜》卷五〈世系圖〉總圖。

次子桯，字叔輆。臨安府通判，永州太守。

據《吳中葉氏族譜》卷五〈世系圖〉總圖。
見宋潛說友《咸淳臨安志》卷五十秩官八〈職官通判北廳題名〉。

次子模，字叔範，又字君式。江南東路安撫制置大使司書寫機宜文字。

據《吳中葉氏族譜》卷五〈世系圖〉總圖。
《建康集》卷四〈顯考贈太保焚黃文〉：「謹遣孫男右宣義郎充江南東路安撫
制置大使司書寫機宜文字模……」《宋史》本傳：「遣子模將千人守馬家渡」。

次子楫。

據《吳中葉氏族譜》卷五〈世系圖〉總圖。

次子櫓，字叔濟。

據《吳中葉氏族譜》卷五〈世系圖〉總圖。

又有子繕：

《石林家訓》自序云：「……棟、楹既已長立，模、楫、櫓亦長矣……繕、繪、綬、絺、綽亦稍能成立……」

子繪。

同上。

子綬。

同上。

子絺。

同上。

子綽。

同上。

按：繕、繪、綬、絺、綽五人族譜不載，然《避暑錄話》卷下云：「吾家內外幾百口」，宋周煇《清波雜志》卷七亦云：「葉少蘊云：『某五十後不生子，六十後不蓋屋，七十後不作官。』然晚年以子舍之多，不免犯六十之戒，屋成而公死矣。」則夢得蓋有十子。

婿章茂深。章惇孫。

見宋王楙《野客叢書》卷二十八〈禽經〉條：「章茂深嘗得其婦翁石林所書賀新郎詞。首曰『睡起啼鶯語』，章疑其誤，頗詰之，石林曰：『老夫嘗考之矣，流鶯不解語，啼鶯解語，見禽經。』」

按：《石林詞》四庫全書提要云：「章沖疑啼字語字相雜。」又《石林詩話》四庫全書提要云：「夢得……婿章沖則章惇之孫。」

年　譜

宋神宗熙寧十年丁巳（西元 1077 年）　一歲

夢得生。

《避暑錄話》卷下中有云「吾明年六十歲」，而該書著於紹興五年乙卯（西元 1135 年）（語見《直齋書錄解題》），是知夢得生於此年。

又宋洪邁《夷堅甲志》卷八〈黃山人〉條：「（夢得）紹興十六年，年七十，上章告老，自觀文殿學士除崇慶軍節度使致仕……」，亦可爲證。

元豐元年戊午（西元 1078 年）　二歲

是年程俱（致道）生。

元豐二年己未（西元 1079 年）　三歲

汪藻（彥章）生。

元豐三年庚申（西元 1080 年）　四歲

元豐四年辛酉（西元 1081 年）　五歲

母晁氏卒。

宋晁補之〈晁夫人墓誌銘〉：「八月二十六日，（晁氏）暴疾卒，年三十。」

孫覿（仲益）生。

元豐五年壬戌（西元 1082 年）　六歲

〔改官制，以左右僕射為宰相。〕

龔明之（熙仲）生。

元豐六年癸亥（西元 1083 年）　七歲

父口授詩。又從樂君學，能熟六經。

《避暑錄話》卷下：「李育……與外大父晁公善……先君嘗得其親書飛騎橋一篇于晁公……此詩五七歲時，先君口授小兒識之。」《避暑錄話》卷下：「樂君……先君少師特愛重之，故遣吾聽讀，今吾尚略能記六經，皆樂君口授也……俯仰如昨日幾五十年矣。」

元豐七年甲子（西元 1084 年）　八歲

元豐八年乙丑（西元 1085 年）　九歲

哲宗元祐元年丙寅（西元 1086 年）　十歲

〔閏二月，司馬光為左僕射。〕

〔閏二月，章惇為劉摯等人論，又於簾前爭論詬悖，罷。〕

九月，司馬光卒。

元祐二年丁卯（西元 1087 年）　十一歲

夢得大父罷湖南憲歸吳，道岳州，客有言呂洞賓詩，使夢得誦之。

《巖下放言》卷中：「余記童子時，見大父魏公自湖外罷官還，道岳州，客有言洞賓事者，云近歲暮過城南一居寺，題詩二首壁間而去，一云『朝遊岳鄂暮蒼梧，袖有青蛇但氣粗，三入岳陽人不識，朗吟飛過洞庭湖』，其二云『獨自行時獨自坐，每恨時人不識我，惟有城南老樹精，分明知道神仙過』，說者云『寺有大古松，呂始至，無能知者，有老人自顛徐下致恭，故詩云然。』先大父使余誦之。」

按：夢得大父蓋湖南憲司，《石林詩話》載其「元祐間，自湖南憲罷請宮祠歸」，故姑繫此。

元祐三年戊辰（西元 1088 年）　十二歲

元祐四年己巳（西元 1089 年）　十三歲

元祐五年庚午（西元 1090 年）　十四歲

元祐六年辛未（西元 1091 年）　十五歲

元祐七年壬申（西元 1092 年）　十六歲

　　夢得少時，嘗侍父官信州上饒，病喘。以讀《易》平之。

　　《避暑錄話》卷上〈沈翰林文通喜史事〉條云：「余少時苦上氣，每作輒不
　　能臥，藥餌起居，須人乃能辦。侍先君官上饒，一日秋晚遊鳶湖，中夕疾作；
　　使令既非素所知，篋中適不以藥行，喘瘶頃刻不度。起吹燈據案，偶見一易
　　冊，取讀數十板，不覺遂平。自是，每疾作，輒用此術，多愈於服藥。」

　　按：據《宋史》卷八十八〈地理志〉四，上饒隸信州。

　　又按：夢得父助官歷年月無考，惟散見夢得著述；此既自稱「少時」，日後
　　　　　又嘗從父入川（詳後），暫繫。

　　又夢得嘗從父游四川，疑在此年以前。明年夢得已舉進士。

　　《避暑錄話》卷下〈錢塘西湖建康鍾山〉條云：「（吾）少從先君入峽，瞿塘
　　灩澦、高唐白帝城皆天下絕險奇異，乃一一縱觀，至今猶歷歷在目。」

　　按：清顧祖禹《讀史方輿紀要》卷六十九〈四川〉四夔州府奉節縣：「瞿唐
　　　　峽，府東八里，兩巖對峙，中貫一江，灩澦堆正當其口，爲楚蜀之門戶。」
　　　　同卷：「白帝山，府東十三里，峽中視之，孤特峭險，比緣馬嶺，接赤
　　　　甲山，其平處南北相去八十五丈，東西十丈，故巴東郡治此，即白帝城
　　　　也。」

元祐八年癸酉（西元 1093 年）　十七歲

　　舉進士。與張文潛游，數往來舅氏家。

　　《建康集》卷三〈書高居實集後〉：「元祐末，余與居實同舉進士試春官，數
　　往來舅氏晁無咎家，時張文潛爲右史，二公一時後進所推尊。」

　　晁無咎〈晁夫人墓誌銘〉云：「元祐八年某月……（夢得）舉進士。」

　　按：高居實，與夢得同舉進士。〈書高居實集後〉云：「時晁無咎、張文潛每

得居實文，皆擊節稱賞不已，居實試別頭，文潛適主文，居實果擢第一。胡右丞完夫見其所賦〈主聖臣直聲〉，言於眾曰『此豈賦耶？殆有韻陸宣公奏議爾。』時國論頗厭文弊，初復唐宏辭科，居實首中選，復為第一，於是名稱日聞。已而坐上書排黨論，久不得調，卒邑邑不得志以死。余後不復見居實，然間有出其所為詩文者，每見每奇。始天下名文章稱無咎、文潛曰晁張，無咎雄健俊拔，筆力欲挽千鈞；文潛容衍靖深，獨居實之文氣和而思遠，言約而理暢，超然常出事物之外，而觀者每有餘味，故人以為似文潛。紹興己未，余守建康，居實之子紹持其遺文一編相示，兵火散亡之餘，所存蓋十一，覽之太息，追數往游，俯仰如昨日事。居實之志既不得伸於生，以著後世者惟其文字，又不幸不得盡傳於後，為可哀已。」考宋於紹聖元年五月立宏詞科，居實中選或於紹聖二年（西元 1095 年）；紹興己未（西元 1139 年），其子持其遺文示夢得，居實當已卒。

又按：晁無咎、張文潛二人在當時文壇頗受推崇，《宋史》卷四四四〈晁無咎傳〉云：「……著〈七述〉以謁州通判蘇軾，（軾）讀之嘆曰：『吾可以閣筆矣！』又稱其文博辯雋偉，絕人遠甚，必顯於世，由是知名。」，同卷〈張文潛傳〉云：「張耒字文潛……從軾游……（軾）稱其文汪洋沖澹。」又云：「士人就學者眾，嘗著論誨人作文以理為主。」夢得早與之游，當受其影響。

葬母晁氏於吳縣。

《石林遺事》卷中：「葬母晁氏於吳縣靈巖鄉寶華山北。」

識方勺場屋中，蓋在此年。

《建康集》卷三〈書方勺雲茅漫錄後〉云：「仁聲，余少時識之場屋中。」

按：方勺字仁聲，金華人，《宋史翼》卷三十六有傳。夢得《建康集》卷三〈書方勺雲茅漫錄〉云：「余鎮建康，仁聲年七十六矣。間關自吳興特來見余，意氣尚不衰。」，夢得前後兩鎮建康，前鎮時年五十五，後鎮時年六十二，今傳《建康集》已不分前後集，故仁聲確切年歲無從考，約計長夢得十來歲。仁聲曾師蘇頌，詩文雄深雅健，喜交當世名士，士亦樂從之游，遇其所合，傾家資具饌，歌呼飲酒窮日夜，家坐是貧（見〈書方勺雲茅漫錄〉）。嘗寓烏程泊宅村，號泊宅翁，扁舟苕霅之上，興

之所至，輒悠然忘歸，著《泊宅編》。既老，結廬西溪，因誦杜子美詩至「何時一茅屋，送老白雲邊」，欣然以爲與其意合，乃名其居曰雲茅庵，平生詩文極多，皆隨手散去，以晚歲所存稿，次爲《雲茅漫錄》十卷（同前）。其居與夢得宅南北相望，夢得《建康集》卷二中有〈次韻方仁聲惠文編〉、〈戲方仁聲四絕句〉，其下注云「余居石林與雲茅南北正相望」，故推夢得晚居卞山時，當與仁聲仍有往來。

紹聖元年甲戌（西元 1094 年）　十八歲

〔四月，章惇爲尚書左僕射兼門下侍郎。〕

應春試，下第。道靈壁縣，買奇石。

《巖下放言》卷中：「余紹聖間，春試下第，歸道靈壁縣，世以爲出奇石。余時病臥舟中，行橐蕭然，聞茶肆多有求售，公私未乏，貴人亦不甚重，亟得其一。長四尺餘，價當八百，取之以歸，探所有，僅得七百錢，假之同舍而足，不覺病頓愈，夜抱之以眠，知余之好石，不特其言也。」

按：據《宋史》卷八十八〈地理志〉四，靈壁縣在宿州境。夢得當於此年赴汴京應考，歸蘇州途中道宿州；又「靈壁」當作「零壁」，〈地理志〉四云：「靈壁縣，元祐元年以虹之零壁鎮爲縣，七月……政和七年改零壁爲靈壁。」此時，當仍作「零壁」。

紹聖二年乙亥（西元 1095 年）　十九歲
紹聖三年丙子（西元 1096 年）　二十歲
紹聖四年丁丑（西元 1097 年）　二十一歲

春，登進士第。

《宋史》本傳：「紹聖四年，登進士第。」

《宋史》卷十八〈哲宗本紀〉：「紹聖四年閏二月己酉，御集英殿，策進士。」

是年往來江浙諸地，登錢塘高齋，又於六、七月間館於揚州平山堂。

《避暑錄話》卷上〈趙清獻公自錢塘告老〉條：「錢塘州宅之東，消暑堂之後，舊據城闉，橫爲屋五間，下瞰虛白堂，不甚高大，而最超出州宅及園圃之中，故爲州者多居之，謂之高齋……余年二十一，嘗登高齋。」

又《避暑錄話》卷上：「歐陽文忠公在揚州作平山堂，壯麗爲淮南第一，堂據蜀岡，下臨江南，數百里眞潤金陵三州，隱然可見……余紹聖初始登第，嘗以六七月之間館於此堂者幾月，是歲大暑，環堂左右，老木參天，後有竹千餘竿，大如椽，不復見日色。」

解褐調潤州丹徒尉。

《宋史》本傳：「登進士第，調丹徒尉。」

另《建康集》卷三〈程致道集序〉亦云「紹聖末，余官丹徒。」

郡守器重之。

宋洪邁《夷堅丁志》卷十二〈西津亭詞〉：「葉少蘊左丞，初登第，調潤州丹徒尉，郡守器重之，俾檢察征稅之出入。」

夢得詞名馳江表。一日往西津，遇儀眞妓求詞，作〈賀新郎〉，持筆立就。

宋洪邁《夷堅丁志》卷十二〈西津亭詞〉：「葉（夢得）嘗以休日往（西津），與監官並欄干立，望江中有采舫，傃亭而南，滿載皆婦女，嬉笑自若，謂爲貴富家人，方趨避之，舫已泊岸，十許輩袨服而登，徑詣亭上，問小吏曰：『葉學士安在？幸爲入白。』，葉不得已出見之，皆再拜致詞曰：『學士俊聲滿江表，妾輩乃眞州妓也，常願一侍尊俎，愜平生心，而身隸樂籍，儀眞過客如雲，無時不開宴，望頃刻之適不可得。今日太守私忌，郡官皆不會集，故相約絕江此來，殆天與其幸也。』葉慰謝，命之坐。同官謀取酒與飲，則又起言：『不度鄙賤，輒草具餚醑自隨，敢以一杯爲公壽，願得公妙語持歸，夸示淮人，爲無窮光榮，志願足矣。』顧從奴挈榼而上，饌品皆精潔。迭起歌舞，酒數行，其魁捧花牋以請。葉命筆立成，不加點竄，即今所傳賀新郎詞也。其詞曰……卒章蓋紀實也。此詞膾炙人口……而葉公自以爲非其絕唱，人亦罕知其事云。」

編年詞：〈賀新郎〉『睡起啼鶯語』。

元符元年戊寅（西元 1098 年）　二十二歲

在丹徒尉任。

嘗與葉致遠會甘露寺。

《避暑錄話》卷下：「（吾）往在丹徒……與葉致遠會甘露寺。」

按：葉濤字致遠，《宋史》卷三五五有傳。處州龍泉人，王安石弟安國婿，司馬光、呂公著、王嚴叟追貶，呂大防、劉摯、蘇轍、梁燾、范純仁責官，皆濤爲制詞，文極醜詆。後竟被蔡京劾爲元祐黨，罷知光州。

又按：宋張邦基《墨莊漫錄》卷四：「鎮江府甘露寺在北固山上，江山之勝，煙雲顯晦，萃於目前。」

與釋仲宣游，曾為說老莊義。

《避暑錄話》卷上：「（吾）爲丹徒尉，甘露仲宣師授法于圓照，本久從佛印了元游，得其聰明妙解，吾嘗爲言之（夢得對老莊之見解），每撫掌大笑，默以吾說爲然。俯仰四十年，今老矣，欲求如宣者，時與論方外之事，未之得也。」

按：圓照、了元或當時詩僧，清厲鶚《宋詩記事》卷九十二有二人詩。

又按：與仲宣及葉致遠往來事，確切年月不可考；然既爲夢得仕丹徒時，故姑繫此。

元符二年己卯（西元 1099 年）　二十三歲

為丹徒尉，與關聖功往來。

見汲古閣本《石林詞》卷首關注題序云：「元符中，予兄聖功爲鎮江掾，公（夢得）爲丹徒尉，得其小詞爲多，是時妙齡氣象未能忘懷也。」

元符三年庚辰（西元 1110 年）　二十四歲

〔正月十二曰，徽宗即位。〕

〔九月，章惇罷。〕

按：是年及明年官歷無考，或任丹徒尉，或有遷改，不詳，暫繫。

徽宗建中靖國元年（西元 1101 年）　二十五歲

〔是年，蔡京提舉臨安府洞霄宮，居杭州，童貫與游。〕

崇寧元年壬午（西元 1102 年）　二十六歲

〔七月，蔡京為尚書右僕射兼中書侍郎。〕

〔九月，詔籍元符三年臣僚為正、邪三等。〕

除婺州教授。

《四朝名臣言行錄》別集卷四「崇寧元年，（夢得）除婺州教授。」

按：據下條，夢得稍後當已至京師，且為蔡京門客。宋周煇《清波雜志》卷
　　三：「石林為蔡京客，故《避暑錄話》所書政宣間事，尊京曰魯公。」

與蔡京、強浚明兄弟籍元祐末上書人，立元祐籍，分邪正等黜陟之。

《宋史》卷三五六〈強淵明列傳〉：「（強淵明）與兄浚明及葉夢得締蔡京為
死交，立元祐籍，分三等定罪，皆三人所建，遂既成黨禍。淵明以故亟遷秘
書少監、中書舍人、大司成、翰林學士。」

按：時人於夢得之締交蔡京蓋有微詞，如韓淲《澗泉日記》卷下云：「葉少
　　蘊文字有起伏曲折，惜其行，為士人所貶爾。」，然夢得並非全然依附
　　蔡京，其後夢得嘗阻蔡京籍元祐、元符黨人；又大觀、政和間諫止蔡京
　　復行已罷法度，又規京毋以童貫宣撫陝西，言論皆頗持正。故胡安國以
　　夢得蔡、穎、南京之政薦於朝，謂不當以宿累廢，其見取於當世名賢又
　　如此。清張履〈建康集序〉云：「世之論者以公曾依附蔡京為病。夫自
　　古小人在位，往往援引英流，推轂時彥，藉收物望，而便己私，才人稍
　　不自謹，即為所牽致。」所言極是。

崇寧二年癸未（西元 1103 年）　二十七歲

〔正月，蔡京為尚書左僕射兼門下侍郎。〕

〔九月，詔立元祐黨碑。〕

**正月，安惇知舉，以夢得為省試點校官。中夜與夢得論黨怨，夢得勸
惇棄舊怨。惇遂以藺相如等六人事為題策進士。**

《避暑錄話》卷下：「崇寧二年，霍侍郎端友牓，吾為省試點校官，安樞密
處厚為主文，與先君善，一見以弟子待吾。處厚前坐紹聖間從官放歸田里，
至是，以兵部尚書召還朝。嘗中夜召吾語，因曰：『吾更禍重矣，將何以善
後？』吾曰：『公不聞藺相如、廉頗、郭汾陽、李臨淮、張保皋、鄭年事乎？
縉紳之禍，連結不解，非特各斃其身，國亦斃矣。公但能一切忘舊怨，以李
文饒為戒，禍何從及？』處厚意動，躇然起執吾手步庭下，時正月望夜，月
正中，仰視星斗燦然，以手指天曰：『此實吾心』因問此六人大略曰：『四人

者吾知之，獨不記保皋與年爲何事？』吾言杜牧之所書新史略載之矣。還坐室中，取唐書檢視久之，曰：『吾未有策題，便當著此以信吾志』遂論六人以策進士。」

按：安惇字處厚，廣安軍人，《宋史》卷四七一有傳。紹聖間，與蔡京上言元祐黨人之罪，哲宗爲誅陳衍，錮劉摯、梁燾子孫。天下怨疾其姦佞，稱其與章惇爲「二惇」。徽宗惡之，陳瓘請曰：「惇……規驅其私，若明示好惡，當自惇始。」因以寶文閣待制知潭州，尋放歸田里。蔡京爲相，復拜工部侍郎、兵部尙書。崇寧二年四月，同知樞密院。

崇寧三年甲申（西元 1104 年）　二十八歲

〔五月，蔡京自尙書左僕射加司空。〕

召為議禮武選編修官。

《四朝名臣言行錄》別集卷四「崇寧三年，（夢得）召爲議禮武選編修官」。

按：《宋史》卷一六一〈職官志〉一載議禮局始置於大觀元年，而夢得已於崇寧三年除議禮武選編修官，或《宋史》漏失。

為編修才六日，以蔡京薦，上召對。

《宋史》本傳：「自婺州教授召爲議禮武選編修官，用蔡京薦，召對，言：『自古帝王爲治，廣狹大小，規模各不同，然必自先治其心者始。今國勢有安危，法度有利害，人才有邪正，民情有休戚，四者，治之大也。若不先治其心，或誘之以貨利，或陷之以聲色，則所謂安危、利害、邪正、休戚者，未嘗不顚倒易位，而況求其功乎？』上異其言，特遷祠部郎官。」

《宋名臣言行錄別集》卷四：「爲編修才六日，蔡京亟薦之，召對論……上異之。」

按：遷爲祠部郎官在明年，詳後。

是年或稍後，娶淮東提刑周種女。

《建康集》卷四〈祭周大夫文〉云：「文安手足，同產五人，其四先亡，非君孰親，石林藏山，同一雩濱，百里而近，實相爲鄰，我雖老矣，來往莫頻，話言相聞，意則甚眞……孔懷婚姻，四十三年，如越晨晨……」是文之作當在紹興十六年（西元 1146 年）正月夢得歸老致仕（詳後）之後，上推四十

三年，夢得蓋今年或稍後迎娶周氏。

十二月，安惇（處厚）卒。

崇寧四年乙酉（西元 1105 年）　二十九歲

〔五月，詔除元祐黨人父兄子弟之禁。〕

〔九月，詔元祐人見貶謫者，以次徙近地，惟不得至畿輔。〕

年初，為議禮武選編修官。

考《避暑錄話》卷上〈今歲熱甚〉條云：「崇寧乙酉歲，余為書局。」則夢得於是年初，當仍任議禮局。

五月以前已除祠部郎官。

《四朝名臣言行錄》別集卷四：「崇寧四年，（夢得）為祠部員外郎。」

按：據下條，夢得諫蔡京時為祠部郎官，其後黨禁稍弛；而是年五月始有除元祐黨人父兄子弟之禁之詔令，是夢得除祠部郎官當在五月以前。

蔡京為相，夢得阻其籍元祐、元符黨人。尚書胡直孺贊賞之。

宋徐度《卻掃編》卷中：「崇寧初，蔡太師持紹述之說為相，既悉取元祐廷臣及元符末上書論新法之人，指為謗訕而投竄之，又籍其名氏刻於石，謂之黨籍碑，且將世世錮其子孫。其後再相也，亦自知其太甚，而未有以為說。葉左丞為祠部郎，從容謂之曰：『夢得聞天下有道，則庶人不議，今舉籍上書之人名氏刻之於石，以昭示來世，恐非所以彰先帝之盛德也。』蔡大感悟，其後黨禁稍弛，而碑竟仆焉，胡尚書直孺聞之，嘆曰：『此人宜在君側。』」

按：胡直孺，《宋史》無傳。清厲鶚《宋詩紀事》卷三十四云：「胡直孺，字少汲，奉新人，紹聖四年進士，嘗為刑部尚書。靖康間知南京，為金所執，不屈，久之得歸；高宗朝，擢龍圖閣直學士，知隆興府，進兵部尚書，工詩，有《西山老人集》。」今佚。

又按：蔡京於大觀元年再相，而文中云「夢得為祠部郎……其後黨禁稍弛」則又當在崇寧五年以前，且夢得為祠部郎在崇寧四年，與蔡京再相時間牴牾。

章惇（子厚）卒。

黃庭堅（魯直）卒。

崇寧五年丙戌（西元 1106 年）　三十歲

〔正月，毀元祐黨人碑，復謫者仕籍，除黨人一切之禁。〕

〔二月初三，蔡京罷，領中太乙宮使。〕

是年或仍任祠部郎。

大觀元年丁亥（西元 1107 年）　三十一歲

〔正月，蔡京再相，為左僕射兼門下侍郎，封魏國公。〕

夢得上言徽宗，論新舊法度之廢置不當以大臣進退為可否，上以為無觀望朋比之嫌，遂除起居郎。

《宋史》本傳：「蔡京復拜左僕射，向所立法度已罷者復行。夢得言：『周官太宰以八柄詔王馭羣臣，所謂廢置賞罰者，王之事也，太宰得以詔王而不得自專。夫事不過可不可二者而已，之為可而出於陛下，則前日不應廢，以為不可而不出於陛下，則今不可復。今徒以大臣進退為可否，無乃陛下有未了然於中者乎？』上喜曰：『邇來士多朋比媒進，卿言獨無觀望。』遂除起居郎。」

按：《四朝名臣言行錄》以夢得除起居郎於崇寧四年，《宋史》本傳則書在是年，今從《宋史》。

又按：此處所謂「大臣」，或即指蔡京。夢得雖出蔡京門下，然並未黨從蔡京，其不以京為然處，則上言不諱。

時用事者喜小有才，夢得上言徽宗，請用人以有德為先。

《宋史》本傳：「時用事者喜小有才，夢得言：『自古用人必先辨賢能。賢者，有德之稱，能者，有才之稱，故先王常使德勝才，不使才勝德。崇寧以來，在內惟取議論與朝廷同者為純正，在外惟取推行法令速成者為幹敏，未聞器業任重、識度經遠者，特有表異。恐用才太勝，願繼今用人以有德為先。』」

按：此處「用事者」或即指蔡京。

八月，為中書舍人兼實錄院修撰兼直學士院。

《四朝名臣言行錄》別集卷四：「大觀元年，（夢得）為中書舍人兼實錄院修撰兼直學士院。」另《吳中葉氏族譜》卷一上〈恩綸〉甲有「敕中書舍人葉夢得」，署「宋大觀元年八月二十四日」。

按：《直齋書錄解題》卷十八云：「（夢得）三十一歲掌外制」年事正合。

奉詔釐正寄祿官制。

《石林燕語》卷四：「官制，寄祿官銀青光祿大夫，與光祿、正議、中散、朝議皆分左右。朝議中散有出身人，皆超右，其餘並以序遷。大觀中，余爲中書舍人，奉詔以爲非元豐本意，下擬定釐正。乃參取舊名，以奉直易右朝議，中奉易中散，通奉易右正言，正奉易右光祿，宜奉易左光祿，而右銀青光祿大夫，正爲光祿大夫，遂爲定制。」

中書舍人繫紅鞓犀帶自夢得始。

宋王明清《揮麈前錄》卷二：「中書舍人繫紅鞓犀帶自葉少蘊始。」

宋王明清《玉照新志》卷二：「明清《揮麈前錄》載中書令舍人紅鞓自葉少蘊始，出於姚令威叢話。近觀孫仲益所作〈霍端友仁仲行狀〉云，以大觀元年十一月除通直郎，試中書舍人，賜三品服。故事，三品服角帶，佩金魚爲飾。一日，徽宗顧見公，謂左右曰：『給舍等耳，而服色相絕如此』詔令太中大夫以上，犀帶垂魚，自公始也，與姚所記少異。」

按：夢得於八月試中書舍人，先霍端友三月，或者仍以姚氏叢語爲近。

毗陵張舉歿，夢得與之有舊，請於蔡京，遂得賜號。

《巖下放言》卷中：「大觀初，厚（毗陵張子厚）已死，州里上其行，余適在翰林，蔡魯公亦素知其爲人，遂得賜號，官其一子。」

按：《巖下放言》卷中：「玉素處士張舉，字子厚，毗陵人。治平初試春官，司馬溫公主文，賦公生明，以第四人登第，既得官歸，即不仕終身。元祐初，嘗起爲潁州教授，力辭不就。余家與之有舊，故余未冠得拜之，稍長亦相親，亦不以不肖視余。清通遠略，不爲崖異，與前此號隱居瞱然自夸於俗者不類。士大夫既以相與推高，日欸其門，隨上下接之，無不滿其意。賀鑄有口才，最好雌黃人物，於子厚亦無間言，每折節事之，常稱之曰通隱先生。余嘗扣其棄官之說，子厚笑曰：『吾豈不欲仕者，初但以二親年俱高，止吾一子，不忍去左右；既親沒，吾將老矣，欲仕復何爲，因循至是爾。』其言大抵若此，家藏書數萬卷，善琴碁，日惟玩此三物，不甚飲酒，余得以周旋，涉世以來，粗免大過，聞子厚爲多。」

米芾（元章）卒。

大觀二年戊子（西元1108年）　三十二歲

〔正月，蔡京加太師。〕

〔四月，復洮州，童貫加檢校司空仍宣撫。〕

正月，遷翰林學士。

《宋史》本傳：「（大觀）二年，（夢得）累遷翰林學士。」《四朝名臣言行錄》同。

按：據《石林燕語》，高麗使者未至，夢得已遷翰林學士；又上巳日時，使者已留幾七十日矣，則夢得為翰林學士，當在正月。

阻蔡京以童貫為陝西宣撫使取青唐，不果。

《宋史》本傳：「（大觀）二年……蔡京初欲以童貫宣撫陝西，取青唐。夢得見京問曰：『祖宗時，宣撫使皆是見任執政，文彥博、韓絳因此即軍中拜相，未有以中人為之。元豐末，神宗欲命李憲，雖王珪亦能力爭，此相公所見也。昨八寶恩遽除貫節度使，天下皆知非祖宗法，此已不可救。今又付以執政之任，使得青唐，何以處之？』京有慚色，然卒用貫取青唐。」

《四朝名臣言行錄》別集卷四：「京初欲以童貫為陝西宣撫使，取青唐。公聞，見京問之曰：『貫以八寶恩除節使，已非祖宗法令。今又以執政之任付之，青唐，朝廷所必欲得也，使成功，則何以處之乎？』京有慚色。既得青唐，公又見京，問曰：『何以賞貫？』京沉思未有以答，公曰：『節度使上惟有開府儀同三司，不識朝廷遂與之否？』京曰：『恐未至是。』公曰：『甚幸！外人以為必進此官矣，私憂不能寐。前為節使，私不當制無可言，今若進使相，萬一私當制，決不敢命辭，然亦不敢逃謫，勢必過嶺，倘相公念之，得一善地足矣。』京笑曰：『公慮事每過，好相戾，此人亦何可犯，眾窺公者多，何不自畏禍？』公曰：『幸不至此則已，設或有之，今日言與他日言，其受禍一也，何遲速之間？』」。

嘗館伴高麗人。三月以後，使者臨行，以玉帶贈夢得。

《石林燕語》卷七〈國朝館伴契丹〉條稱元豐時以中書舍人館伴為故事，又云：「大觀中，余以中書舍人初差館伴，未至而遷學士，執政擬改差人，上使仍以余為之。」

《石林詩話‧高麗自太宗後久不入貢》條云：「余大觀間館伴高麗人，常見《誠一語錄》備載此事，故事使人到闕不過月，計日即遣發，余館伴時，上欲留觀殿試故牓（「故」當作「放」，今據《歷代詩話》本改之），及上已，遂幾七十日。使者頗修謹詳雅，余撫之既厚，每相感，餞行至占雲館而別，其副韓繳如馬上忽使人持一大玉帶贈余云，此實故物，其家世傳以為寶，今以為獻，且於笏上自書一詩相別云『泣涕汍瀾欲別離，此生無復再來期，漫將寶玉陳深意，莫忘思人見物時』。余以高麗使故事無解換例，力辭之，其詞雖樸拙，然亦可見其意也。」

按：《誠一語錄》蓋張誠一撰，張於元豐間館伴高麗人，神宗令問復朝之意，使者云其國與契丹為鄰，每因契丹誅求藉不能堪，國主王徽常誦華嚴經祈至中國，一夕忽夢至京師，備見城邑宮闕之盛，覺而慕之，乃為詩以紀，詳《石林詩話》。

論朋黨之弊。

《宋史》本傳：「（大觀）二年，累遷翰林學士，極論士大夫朋黨之弊，專於重內輕外，且乞身先眾人補郡。」明張咏《吳中人物志》卷二〈忠義〉略同。

《四朝名臣言行錄》別集卷四：「論朋黨之弊曰：『朋黨之勝本於重內輕外，且今之自外召入者，苟有寸長計日，可取貴顯，又況阿附趨佞別以智巧得之，一居要位，非譴謫則不去；而居外任者，非披罪廢黜則孤寒無援之人也。夫以內為榮進之途，則苟可以安於內者，人誰不營？以外為譴黜之所，則苟可以免於外者，人誰不避？祖宗時，宰相罷班或補外，未幾，皆復召用，至於執政從官更出迭入，未嘗有間。夫使不慕居內、不畏處外，內外來去各適為志，士大夫苟知自愛，則亦何必捨彼而趨此？』」

按：《四朝名臣言行錄》中所載，未確即此時言論；今配合《宋史》，姑繫於此。

同僚張景修，為言泛舟西湖事。

《避暑錄話》卷下：「景修與吾同為郎，夜宿尚書新省之祠曹廳，步月庭下，為吾言往嘗以九月望夜道錢塘，與詩僧可久泛西湖，至孤山已夜分。是歲早寒，月色正中，湖面渺然如鎔銀……可久清臞苦吟，坐中淒然不勝寒，索衣無所有，空米囊覆其背，為平生得此無幾。吾為作詩記之云『霜風獵獵將寒威，林下山僧見亦稀，怪得題詩無俗語，十年肝鬲湛寒輝』此景暑中想像，

亦可一灑然也。」

按：張景修，字敏叔，《宋史》無傳，《中吳紀聞》卷三載其登治平四年（西
　　元 1067 年）進士，《石林詩話》卷中：「（張景修）大觀中始與余同爲祠
　　曹郎中，年已幾七十。」則大約長夢得三十多歲。夢得《石林詞》中有
　　〈永遇樂〉『蘋芷芳州』題下注云：「寄懷張敏叔、程致道」，又〈滿庭
　　芳〉『麥隴如雲』題下注云：「三月十七日雨後極目亭寄示張敏叔、程致
　　道」，同調『楓落吳江』題下注云：「張敏叔、程致道和示，復用韻寄酬」，
　　《避暑錄話》卷上中稱其爲「篤厚君子」均見交情非淺。

又按：清吳之振《宋詩鈔》補錄此作爲夢得佚詩，楊師承祖以此詩爲張景修
　　作品，日後夢得就其中景況想像爾。

大觀三年己丑（西元 1109 年）　　三十三歲

〔六月，蔡京領中太乙宮使，猶提舉修哲宗實錄。〕

五月以前，奉詔重修翰林志。

《避暑錄話》卷下：「大觀末，余奉詔重修翰林志……會余罷，書不克成。」

按：據宋岳珂《桯史》，夢得落職在五月十四日，則修翰林志當在五月以前。

五月十四日，以童貫事出守汝州，尋落職，領洞霄宮祠。

宋岳珂《桯史》卷四〈葉少蘊內制〉條：「童貫以左璫幸大觀間，緣開邊功，
建武康節鉞，公言弗與而莫敢攖也。其三年二月，將行復洮州賞，石林葉少
蘊在北門，微聞當遂爲使相，懼當視草，不能自免，出語阻之。蔡元長頗愧
於眾論，丁酉（二十日）鎖院，乃自撿校司空奉寧節度進司徒易鎮，鎮洮而
已；少蘊勉奉詔。制出告廷，鄭華原素不樂少蘊，摘語貫曰：『葉內翰欺公，
至託王言，以寓微諷。』貫問其故，華原曰：『首詞有云，眷言將命之臣，
宜懋旂勞之典。凡今內侍省差一小中官降香，則當日將命，修一處寺觀、造
數件服用，轉官則曰旂勞，公以兩府故事爲宜威，麻辭乃爾，是以黃門輩待
公也。又其末云，若古有訓，位事惟能，德因敵以威懷，於以制四夷之命，
賞畛功而輕重是將明八柄之權；《尚書·周官》分明上面有建功惟賢一句，
不使，卻使下一句，謂公非賢爾。畛功輕重之語，亦以公之功止於如此，不
足直釀賞也。』貫初垂涎儀同，已大失望，聞之，頳面徑揖起，歸，質諸館
賓俾字字解釋而已，聽之，其言頗符，則大怒，泣訴於祐陵，納告楊上，竟

不受。其年五月戊午（十四日），遂以龍學出少蘊汝州，繼又落職領洞霄祠。少蘊時得君甚重，以陰事始克去之，華原意以軋異己，不知適以張閣宦之威也。」

《宋史》本傳「（大觀）三年，以龍圖閣直學士知汝州，尋落職，提舉洞霄宮。」《四朝名臣言行錄》略同。

夢得之出，蓋亦坐為毛注所劾，謂為蔡京腹心也。

《宋史》卷三四八〈毛注傳〉：「蔡京免相留京師。注疏其擅持威福，動搖中外，以葉夢得為腹心，交植黨與。帝為逐夢得，而遷注侍御使。遂極論京⋯⋯與逆人張懷素游處，引兇朋林攄置政府，用所親宋喬年、尹京，其門人播傳，咸謂陛下恩眷不衰，行且復用。於是論者相繼，京遂致仕。」

按：夢得之出守汝州，與蔡京致仕時間先後；據《宋史》卷三四八〈石公弼〉傳云：「京雖上相印，猶提舉修實錄。公弼復言：『京盤旋京師無去意，其餘威震於羣臣，願持必斷之決，以消後悔。』」，則當時石公弼及毛注頗攻京、夢得二人。而石公弼乃夢得薦於蔡京者，則可見夢得薦人於京時，並非欲為之黨者。（參本譜政和六年。）

嘗往穎州。父助為倅，歸養。

《巖下放言》卷中〈余中歲少睡〉條：「嘗在穎州，時初自翰林免官，先君為倅歸養，居後圃三間小室，旁無與鄰，左右惟一黠僕，意況已如此，嘗有詩云『城頭曉漏鳴丁丁，窗間月落卻未明，衡陽歸雁過欲盡，汝南荒雞初一鳴，悠悠夢斷了不記，草草微吟還獨成，人生得意須幾許，一睡稍足無餘情。』逮今四十年⋯⋯。」

按：《巖下放言》蓋夢得休致後作（約七十歲），逆推四十年，則當夢得得三十歲左右；此處又稱「初自翰林免官」，故繫於此。

在穎州，嘗訪歐陽棐。

《避暑錄話》卷上：「歐陽氏子孫，奉釋氏尤於它士大夫家，余在汝陰，嘗訪公之子棐於其家。」

按：據《宋史》卷八十五〈地理志〉二汝陰郡舊穎州，政和六年改為府。

又按：歐陽棐字叔弼，《宋史》卷三一九有傳，乃歐陽修中子。歐陽修卒時，嘗代草遺表，神宗讀而愛之，意修自作也。歷吏部、右司二郎中，後坐黨籍廢。

大觀四年庚寅（西元 1110 年）　三十四歲

〔五月，蔡京貶為太子少保，出居杭。〕

〔閏八月，詔戒朋黨。〕

道泗州，遇崔閑，為評琴三十餘曲，求夢得為作琴辭。

《避暑錄話》卷下〈吾素不能琴〉條云：「大觀末，道泗州，遇廬山崔閑，相與游南山十餘日。閑蓋善琴者，每坐玻璃泉上使彈，終日不倦，泉聲不甚悍激，涓涓淙潺，與琴聲相亂，吾意此即天籟也。閑所彈更三十餘曲，曰：『公能各為我為辭，使我它日持歸廬山時，倚琴而歌，亦足為千載盛事。』，意欣然許之，閑乃略用平側四聲分均為句以授余，琴有指法而無其譜，閑蓋強為之，吾時了了略解，既懶不復作，今蓋忘之矣。」

按：崔閑，《宋史》無傳，《宋史翼》卷三十六云：「崔閑，字誠老，星子人，讀書不務進取，襟懷清曠，以琴自娛。結廬於玉澗，號睡足庵，自謂玉澗道人。蘇軾過之曰『醉翁喜瑯琊山水，沈遵以琴寫其聲，惜乎無詞，今玉澗道人妙於琴，故因其聲而為辭，以補石刻在郡齋。』」

歸蘇州，嘗求葉清臣家集及手書稿草，得五、六十卷。

《避暑錄話》卷下：「司空國史有傳……先大父太師兄弟三人皆以司空廕入官……本院子孫既微，大觀末，吾嘗從求家集及手書稿草，猶得五六十卷，意欲為論次及作家傳……亦欲使汝曹知吾門內先此立朝者卓卓如是，非如酒翁猥退無能也。」

按：司空當指夢得曾從叔祖葉清臣道卿，蘇州長州人。《避暑錄話》卷下稱其「司空道卿」。

晁補之（無咎）卒。

政和元年辛卯（西元 1111 年）　三十五歲

〔六月，蔡京復為太子少師。〕

〔九月，童貫進檢校太尉，使遼。〕

〔十月，以用事之臣多險燥朋比，下詔申儆。〕

領洞霄宮祠。

政和二年癸未（西元 1112 年）　三十六歲

〔五月，蔡京落致仕，三日一至都堂治事。〕

〔十一月，蔡京進封魯國公。〕

〔十二月，童貫為太尉。〕

居卞山。

丁父憂。

《石林家訓》：「初免喪……爲汝陽守。」

按：據《宋史》卷八十五〈地理志〉一蔡州治汝陽，夢得守汝陽在政和五年
　　（詳後），則丁父憂當在本年也。又《建康集》卷四〈祭淨山主文〉云：
　　「我葬先君於卞之麓，遂將終焉，因以卜築，惟時導師，凜若冰玉……
　　俯仰三紀，倏如轉轂……」則夢得是年當居卞山，並葬父助於卞之麓。

是年，有〈橘薪〉。

元陸友《硯北雜志》卷上：「洞庭以種橘爲業者，其利與農畝等。宋政和元
年冬，大寒，積雪尺餘，河水盡冰，凡橘皆動死，明年代而爲薪，取給焉。
葉少蘊作橘薪以志其異。」

按：〈橘薪〉今已佚，未知爲文或詩。

張耒（文潛）卒。

蘇轍（子由）卒。

政和三年癸巳（西元 1113 年）　三十七歲

提舉洞霄宮。

居吳下，與程俱、賀方回游。

《建康集》卷三〈程致道集序〉云：「政和間，余自翰苑罷，領宮祠，居吳
下，致道亦以上書論政治事，與時異，不得調，寓家於吳，始相遇。」

按：考夢得政和五年已知蔡州；其與俱、鑄往來，當在是年左右；又程俱《北
　　山集》卷十五〈賀方回詩集序〉：「鑑湖遺老詩凡四百七十二篇，其五字
　　八句詩，鍛鍊出入古今，爲集中第一……政和三年癸巳歲十月朔，信安
　　程俱序。」則程俱與賀方回是年亦有往來；且夢得爲賀鑄立傳（〈賀鑄

傳〉），其中云：「爲泗州通判，悒悒不得志，食官祠祿，退居吳下……余與方回往來亦極密，乃復爲之傳。」又爲程俱集作序，是夢得與程俱、賀方回之游可證。

又按：賀鑄，衛州人，自號鑑湖遺老，夢得《建康集》卷八爲立傳，《宋史》卷四四三本傳多引之。其所爲詞章，往往膾炙人口，以氣俠雄爽名，「所與交，終始厚者，惟信安程俱。」；程俱，《宋史》卷四四五有傳，字致道，衛州開化人。夢得嘗爲程俱《北山集》作序，《石林詞》中亦多寄懷二人之作；如〈臨江山〉『自笑天涯無定準』題下注云：「熙春臺與王取道、賀方回、曾公衮會別」，同調『碧瓦新霜侵曉夢』題下注云：「送章長卿還姑蘇兼寄程致道」，又〈滿庭芳〉『麥隴如雲』題下注云：「三月十七日雨後極目亭寄示張敏叔、程致道」，同調『楓落吳江』題下注云：「張敏叔、程致道和示，復用韻寄酬」，又〈永遇樂〉『蘋芷芳洲』題下注云：「寄懷張敏叔、程致道」；程俱《北山集》卷一亦有〈和葉翰林阻雨楓橋〉、卷三〈同葉翰林遊虎丘分韻得丘字〉、〈同葉內翰遊南峯竊觀壬辰舊題詩謹次嚴韻〉、卷四〈和葉翰林湖上夜歸古句〉、卷七〈和葉翰林送李從詩〉、卷十〈葺蝸廬吳下用葉翰林見寄詩韻作〉、卷十一〈山中次葉翰林韻五首〉等詩作，可知二人交情之深。正如夢得言：「此心長在，秋水共澄明」，「聊相待，狂歌醉舞，雖老未忘情」也。惜夢得寄示致道之作已佚。

薦程俱於蔡京，京以爲今之韓愈，遂召用。

按：程俱，其與夢得始遇吳下，夢得賞識其學問風節，即爲移書當路，併上其文數十篇，「宰相見而嘆曰，今之韓退之也。亟召見政事堂。」（見〈程致道集序〉），宣和二年，除禮部郎，「自是二十年間，卒登侍從，爲天子掌制命，文章擅一時」（同上），《宋史》稱其文「典雅閎奧，爲世所稱」，夢得亦讚「其文精確深遠」，且言「致道之文，固不待余言而後著也，然先眾人而知之深者莫若余。」

政和四年甲午（西元 1114 年）　三十八歲

領洞霄宮祠，居吳下。

嘗至小寺，見壁間寇國寶題詩，甚愛之。

《石林詩話》云：「余居吳下，一日出閶門，至小寺中，壁間有題詩一絕云『黃葉西陂水漫流，鼕葭風急滯扁舟，夕陽暝色來千里，人語雞聲共一邱。』句意極可喜，初不書名氏。問寺僧，云吳縣寇主簿所作，今官滿去矣。歸而問之，吳下士大夫云寇名國寶，蓋與余同年，然皆莫知其能詩。余與國寶牓下未嘗往來，亦漫不省其為人，已而數為好事者舉此詩，乃有言國寶徐州人，久從陳無已學，始知文字淵源有所自來亦不難辨，恨不得多見之也。」

按：此事確切年月無考，然既為夢得居吳下事，姑繫此。

政和五年乙未（西元 1115 年）　　三十九歲

〔二月，童貫領六路邊事。〕

除顯謨閣侍制，起知蔡州。

《四朝名臣言行錄》別集卷四：「（夢得）除顯制，起知蔡州。」

《避暑錄話》卷下〈吾明年六十歲〉條云：「始吾守蔡州，方三十九。」

本年嫁許氏、章氏妹，苦無資，告貸於陳州蔡寬夫，始辦。

《石林家訓》云：「少師捐館，惟二姑未嫁，榮國太夫人追念不已，吾思無以得其意，惟二姑得佳婿盡吾力遣嫁，猶庶幾其可。既得許章二人，初免喪，家無餘資，為汝陽守，假貸於陳州蔡寬夫侍郎，得三千許緡，而吾汝陽俸入日給外，銖寸儲積，汝母盡箱篋所有，僅留伏臘衣裳，其餘一金不以自有……。」

按：蔡居厚字寬夫，《宋史》卷三五六有傳。父延禧嘗擊呂惠卿兄弟，有直名。大觀間，仕至戶部侍郎，以曾為宋喬年父子用，出知秦州；蔡京再相，起知滄、陳、齊三州，後徙汝州，久之，以戶部侍郎召，病不能赴，未幾卒。

本年有詩寄程致道，致道和之。

考程俱《北山集》卷四有〈蔡州葉翰林寄示近詩次韻八首〉、卷五有〈次韻葉翰林見寄〉，題下注云「乙未」，蓋夢得寄詩，致道次韻；惟夢得原詩作已佚。

與道士楊大均游。

《避暑錄話》卷上：「道士楊大均，蔡州人，善醫，能默誦素問、本草、及兩部千金方四書，不遺一字。與人治病，診脈不出藥，但云此病若何，當服

何藥，是在千金某部第幾卷，即取紙書授之，分兩不少差。夢得親見之，嘗問：『素問有記性者或能誦，本草則固難矣，若千金，但藥名與分兩劑料，此有何義而可記乎？』大均言：『古之處方，皆因病用藥，精深微妙，苟通其意，其文理有甚於章句偶麗，一見何可忘也。』……蔡魯公聞之，親手以書延致，使者數十返，楊不得已一往，留數日即歸，不受一錢。後金人陷蔡州，不知存亡。」

稍修茸吳正肅容齋，並遣人洛中求其文集，刻其詩壁間。

《避暑錄話》卷下：「吳正肅公育守蔡州，嘗即州宅爲容齋。夢得爲守時，已不復存，物色其處，西北隅僅有屋四楹，深不滿三丈，手可及檐，意以爲是，乃稍修茸之，不敢加其舊，以見公之志，遣人洛中求公集，得所作詩，因刻之壁間。」

政和六年丙申（西元 1116 年）　四十歲

〔正月，童貫為陝西河北宣撫使。〕

〔十一月，童貫除簽書樞密院事。〕

正月二日在蔡州，有〈八聲甘州〉『又新正過了』一闋。

考其題下注云：「正月二日作，是歲閏正月，十四日才立春。」今據董作賓《二十史朔閏表》入此。

嘗建不惑堂。

《避暑錄話》卷下〈吾明年六十歲〉條云：「吾守蔡州，方三十九，明年作堂於州治之西廡，名之曰不惑。」

復龍圖閣直學士

《宋史》本傳：「政和五年，起知蔡州，復龍圖閣直學士。」

按：《四朝名臣言行錄》以復龍圖閣直學士於政和六年，夢得既於去年才除顯謨閣待制，復龍圖閣直學士或當於此年。

蔡京輔國，夢得勸其虛心平氣，勿用權太盛。

《宋名臣言行錄》別集卷四：「公在朝廷，數正京過差，京初察其無他，間多開納，有不然者，特以爲介僻不通人情。或曰畏儒易動以浮言耳，未以爲過也。自石公弼附張康國、鄭居中等，始頗追咎薦非其人，然公所薦士固不

一，非欲爲之黨者，京再召，公見之問：『還朝當何先？人材孰可用？』公曰：『公所以見議於天下者，權太盛，意太果，以喜怒爲賢否，以恩怨爲廢置耳。方公居位時，士以諛說日獻不暇，何敢輒逆耳？幸今出外踰年，公所聞必亦多矣。惟虛心平氣，求抵於是而已。』」

按：夢得此段及下二條論略，確切年月不詳，文中既云「數正京過差」；夢得於崇寧、大觀間屢正京過，姑繫此。

復勸蔡京制裁梁師成、楊戩等人。

《宋名臣言行錄》別集卷四：「（夢得）曰：『然今有大患，自童貫用事，天下之權半分於宦者，今則梁師成、楊戩等數十輩踵貫而起，宰執用捨多出此曹，公不能先痛裁制，使國柄復歸朝廷，雖公之喜怒恩怨且不得騁，況求其是乎？宰相公嘗爲之，得失亦何計？』京改容曰：『極是！積漸至此，京不得爲無罪。』」

按：梁師成字守道，政和間，得君貴幸；與楊戩皆當時奸宦，《宋史》卷四六八有傳。

夢得薦俞栗於蔡京，栗發劉昺嘗為富人代筆取貸事。時蔡京以昺為腹心，徙栗它官，惡夢得。

《宋名臣言行錄》別集卷四：「（夢得）因諭俞栗頗力學，有志於遠大，似與目前稍異。京曰：『私亦知之。』既相，即用栗爲中丞，而栗首陳六弊，無所顧望。又發劉昺爲舉子時爲富人竇鹽代筆取貸事。昺方自拱州道見京，教京盡除居中等黨法度，不問是非，一切皆復，得召爲戶書，京方倚爲腹心。於是積前事大憾公，謂蔣猷曰：『前爲其屬石公弼，今爲其薦俞栗，兩敗吾事。』遂有相惡意，而劉昺等從而媒蘗曰：『夢得蓋欲自爲門戶，素何嘗以公爲是？』昺與其弟煥、蔣猷、翟汝文、蔡靖、毛友十數人皆居中所逐者，相繼召用，獨公不召。」

按：俞栗字祗若，《宋史》卷三五四有傳。蔡京再相，憾向所用士多叛己，夢得以栗獨否薦於京，遂拜御使中丞；栗首陳士風六弊，又發戶部尚書劉昺爲舉子時陰事，蓋昺嘗爲京畫策，排鄭居中，故京力援昺，以昺爲腹心。栗發昺姦利事，京乃改栗翰林學士。

又按：蔣猷字仲遠，潤州人，《宋史》卷三六三有傳。政和四年拜御史中丞兼侍讀。

編年詞：〈八聲甘州〉『又新正過了』。

政和七年丁酉（西元 1117 年）　四十一歲

〔十二月，童貫領樞密院事。〕

為蔡州府。

夢得在蔡，每歲夏，以酒寄京師親舊。

《避暑錄話》卷上：「《洛陽伽藍記》載河東人劉白墮善釀酒，雖盛暑暴之日中，經旬不壞。今玉友之佳者，亦如是也。吾在蔡州，每歲夏，以其法造寄京師親舊，路走七程不少變。」

是年，作〈永遇樂〉『天末山橫』。

見其注云：「蔡州移守潁昌，與客會別臨芳觀席上」。又下闋云：「明年春到，重尋幽夢，應在亂鶯聲裡，拍闌干，斜陽轉處，有誰共倚？」

按：宋程俱《北山集》卷十有〈酬潁昌葉內翰見招〉詩，其題下注云：「丁酉」；則夢得或已於今年奉詔移知潁昌，而於明年到任（詳下）。

編年詞：〈永遇樂〉『天末山橫』。

重和元年戊戌（西元 1118 年）　四十二歲

〔八月，童貫加太保。〕

改知潁昌府。

《四朝名臣言行錄》別集卷四：「重和初（夢得）知潁昌。」本傳略同。

清葉廷琯《吹網錄‧石林公夢得歷官年月》條：「重和初，知潁昌。」

發常平粟賑民。又上疏論楊戩、李彥事，遂與交惡。

《宋史》本傳：「（夢得）移帥潁昌府，發常平粟賑民，常平使者劉寄惡之。宦官楊戩用事，寄括部內，得常平錢五十萬緡，請糴粳米輸後苑以媚戩。戩委其屬持御筆來，責以米樣如蘇州。夢得上疏極論潁昌地方與東南異，願隨品色，不報。時旁郡糾民輸鏹就糴京師，怨聲載道，獨潁昌賴夢得得免。李彥括公田，以黠吏告訐，籍郟城、舞陽隱田數千頃，民詣府訴者八百戶。夢得上其事，捕吏按治之，郡人大悅。戩、彥交怒。」

按：《宋史》卷四六八〈楊戩傳〉：「楊戩，善測伺人主意，自崇寧後，日有寵。」「有胥吏杜公才者獻策於戩，立法索民田契，增立賦租。」「一邑率於常賦外增租錢至十餘萬緡，水旱蠲稅，此不得免，擢公才爲觀察使。宣和三年，戩死，李彥繼其事，彥天資狠愎……魯山闔縣盡括爲公田…訴者輒加威刑，致死者千萬……京西提舉官及京東州縣吏劉寄、任輝彥……皆助彥爲虐，如奴事主，民不勝忿痛。」《宋史》又謂彥「喜賞怒刑，福禍轉手，因之得美官者甚眾。」夢得非但不攀附以求仕進，反秉大義揭其事，性格剛直可見。

又按：此事年月未確，既爲夢得潁昌守時事，姑繫此。

宣和元年己亥（西元 1119 年）　四十三歲

〔四月，童貫以鄜延、環慶兵大破夏人，平其三城。〕
〔七月，童貫加太傅。〕

為潁昌守。

在許昌。

《避暑錄話》卷上〈盧鴻草堂圖〉條云：「在許昌……余時年四十三。」

五月，許昌大水災傷，夢得發常平米以賑荒，且明令因災傷遺棄小兒他人得收養之，府以常平餘粟為資，父母不得出面領回。至淳熙間，且以為法。

《避暑錄話》卷上：「余在許昌，歲適大水災傷，西京尤甚，流殍自鄧唐入吾境不可勝計，余盡發常平所儲，奏啓越常制賑之，幾十餘萬人稍能全活，惟遺棄小兒，無由皆得之，一日，詢左右曰：『人之無子者，何不收以自畜乎？』曰：『人固願得之，但患既長，或來歲稔，父母來識認爾。』余爲閱法例，則凡因災傷棄遺小兒，父母不得復認，乃知爲此法者亦仁人也。夫彼既棄而不育，父母之恩則已絕，若人不收之，其誰與活乎？遂作空券數千，具載本法，印給內外廂界保伍，凡得兒者，使自言所從來，明書於券付之，略爲籍記，使以時上其數，給多者賞，且分常平餘粟，貧者量授以爲資，事定，按籍給券凡三千八百人，皆奪之溝壑，置之襁褓。此雖細事不足道，然每以告臨民者，恐緩急不知有此法，或不能出此術也。」

按：《宋史》卷六十一〈五行志〉一：「宣和元年五月，大雨，水驟高十餘丈，

犯都城……水至溢猛，直冒安上、南薰門城守，凡半月已而入汴……」
又據〈地理志〉，鄧州、唐州乃屬京西南路；潁昌府屬京西北路。故宣
和元年五月水災，鄧唐州民入潁昌府。

又按：宋馬端臨《文獻通考》卷十一〈戶口〉：「淳熙八年（西元 1181 年），
　　臣僚言饑饉之時遺棄小兒爲人收養者，於法不在取認之限，聽養子之
　　家申官附籍依親子孫法；昨葉夢得守潁昌歲大飢，仍爲空名券坐上件
　　法印版付里胥，凡有收養者，給其券，所合活甚眾。乞下州縣鏤版諭
　　民通知。」

**適許昌多疾，使有司修故事。出千緡市藥材，親督眾醫分治，率幕官
輪日給散。**

《避暑錄話》卷上：「余在許昌，歲適多疾，使有司修故事，而前五歲皆忘
不及舉，可以知其怠也，遂併出千緡，市藥材京師，余親督眾醫分治，率幕
官輪日給散，蓋不以爲職而責之，人人皆喜從事，此何憚而不爲乎。」

又開浚許昌西湖。

《石林詩話》卷上：「許昌西湖與子城密相附，緣城而下，可策杖往來，不
涉城市，云是曲環作鎮時取土築牆，因以其地道漊水瀦之，略廣百餘畝，中
爲橫堤，初但有其東之半耳，其西廣於東增倍，而水不甚深，宋莒公爲守時，
因起黃河春夫浚制之，始與西通，則其詩所謂『鑿開魚鳥忘情地，展盡江湖
極目天』者也。其後韓持國作大亭水中，取其詩名之曰展江，然水面雖闊，
西邊終易堙塞，數十年來公廚規利者遂洇以爲田，歲入才得三百斛以佐釀
酒，而水無幾矣。余爲守時復以還舊，稍益開浚，渺然眞有江湖之趣。」
按：此時夢得當有詩寄其舅晁沖之，故沖之《晁具茨先生詩集》卷十一〈和
　　葉甥少蘊內翰重開西湖見寄〉二首云「使君重鑿西湖罷，也復封詩寄我
　　來」，夢得詩今佚。
又按：宋庠〈重展西湖〉詩云：「綠鴨東陂已可憐，更因雲寶注西田，鑿開
　　魚鳥忘情地，展盡江湖極目天，向夕舊灘都侵月，過寒新樹便留煙，
　　使君直欲稱漁叟，願賜閒州不計年。」

新作甲仗庫，督掌兵官復教場，以日閱習。王幼安勸其遠嫌，遂止。

《避暑錄話》卷下：「三十年間，士大夫多以諱不言兵爲賢，以矯前日好興
邊事之弊，致使四方兵備縱弛不復振，器械抏朽，教場鞠爲疏圃，吾在許昌

親見之，意頗不以爲然，兵但不可輕用，豈當併其備廢之哉？乃爲新作甲仗庫，督掌兵官復教場，以日閱習。一日，王幼安見過，曰：「公不聞邢和叔乎？非時入甲仗庫檢察，有密啓之者，遂坐謫。」吾時中朝不相喜者甚眾，因懼而止。後聞有欲以危語中吾者，偶不得此，亦天也。」

李亘自兗州來訪，以古人出處之道質疑，蓋在本年末。

《避暑錄話》卷下：「李亘……吾守許昌，一旦冒大雪自兗來，見留十日而去，未嘗及世事，惟取古人出處所難明者質疑於余。」

按：李亘字可久，兗州人，舉進士，少好學，通曉世事，夢得識之甚早，以其必卓然有立者。夢得守許昌時，亘嘗過。後爲南京寧陵使，徐丞相擇之作尹，特愛之，及擇之當國，寖用爲郎官。建炎末，金人犯淮南，亘不及避地，久之不相聞。有言亘已屈節於劉豫者，夢得深不以爲然；既而聞爲豫守南京，且遷大名留守，夢得雖悵然，然念亘終不忍至是。紹興五年春，徐度自臨安至卞山訪夢得，云其鄉人云，亘謀歸本朝，已爲豫族誅矣！夢得爲流涕，乃知其信之爲不謬。且言：「亘有知慮見事速，此其間委折必有可言者，恨知之未詳也。」

夢得在許昌日，頗與韓璜、王仲弓、曾存之、蘇迨、蘇過、岑穰、許幹譽等人游，相從西湖之上，詩文酬酢甚多。

元陸友《硯北雜志》卷上云：「葉夢得少蘊鎮許昌日。通判府事韓璜公表，少師持國之孫也，與其季父宗質彬叔，皆清修簡遠，持國之風烈猶在；其伯父丞相莊敏公玉汝之子宗武文若，年八十餘致仕，耆老篤厚，歷歷能論前朝事。王文恪公樂道之子實仲弓，浮沉久不仕，超然不嬰世故，慕嵇叔夜、陶淵明爲人；曾魯公之孫誠存之，議論英發，貫穿古今；蘇翰林二子迨仲豫、過叔黨，文采皆有家法，過爲屬邑鄲城令；岑穰彥休已病，羸然不勝衣，窮今考古，意氣不衰；許亢宗幹譽，沖澹靖深，無交當世之志，皆會一府。其舅氏晁將之無斁自金鄉來過，說之以道居新鄭，杜門不出，邀請入社。時相從西湖之上，輒終日忘歸，酒酣賦詩，唱酬迭作，至屢返不已。一時冠蓋人物之盛如此。」

按：《石林詞》中〈臨江仙〉『聞道安車來過我』題下注云：「席上次韻韓文若」當此時之作。

又《避暑錄話》卷上〈寧和初有潘衡者〉條，載夢得嘗問蘇過造墨法；卷下〈韓退之作毛穎傳〉條，亦載夢得與蘇氏諸子往來事。

按：韓璉，字公表。《宋史》無傳，宋韓淲《澗泉日記》卷上云：「淲之曾大父諱璉，因元符上書，盛年致仕。」韓淲蓋韓億之裔，元吉之子，親串皆當代故家。又韓元吉《南澗甲乙稿》卷十六〈書許昌唱和集後〉：「葉公爲許昌時，先大父貳府事，相得歡甚。」此處「先大父」即指韓璉，又云：「大父以紹聖改元登第，對策廷中，有宜慮未形之禍之言，由是連蹇不得用。建中靖國初，幾用復已。凡四爲郡倅，秩滿輒丐宮祠，遂自許昌得請洞霄，以就休致。平生喜賦詩，一時士大夫之所推崇，故晁景迂公以謂遠則似謝康樂，近則似韋蘇州也。」

曾誠，《宋史》無傳，宋吳坰《五總志》云：「曾誠字存之……一日語坰曰：『余在林下二十七年，僅與世絕，但每知朋友厚善者長進，則爲之寢食有味；或聞有不長進處，何止作十日惡。常有人謂余曰劉無言書朱沖之父碑，余嘆息誚讓之曰，雖書鮮于氏碑，亦不害其爲顏魯公。久之又云，遂銘朱沖墓，余復告之曰，張曲江爲牛仙客作誌銘，便當以曲江爲不賢耶？。』」宋張邦基《墨莊漫錄》卷六：「曾誠字存之，元符間任館職。」

蘇過字叔黨，蘇軾季子，白號斜川居士，有《斜川集》二十卷，《宋史》卷三三八有傳。晚居潁昌，年五十二卒；夢得之識過或在潁昌時。其《斜川集》卷一有〈次韻少蘊移竹於賈文元園〉二首，卷三有〈次韻晁無斁與葉少蘊重開西湖唱酬之詩〉。

又《石林詩話》卷上云：「（許昌）余爲守時歲，亦與王幼安諸人席地屢飲。」，此處所指諸人，當指洪思誠、曾存之等人；夢得《石林詞》中〈浣溪沙〉『絳蠟燒殘夜未分』題下注云：「許公堂席上次韻王幼安」、『綠野歌歡喜見分』題下注云：「用前韻再答幼安」、『物外光陰不屬春』題下注云：「次韻王幼安曾存之園亭席上」、〈臨江仙〉『瀲灩湖光供一笑』題下注云：「次韻洪思誠湖上」、『學士園林人不到』題下注云：「十一月二十四日同王幼安、洪思誠過曾存之園亭」、『不與羣芳爭絕豔』題下注云：「次韻答幼安、思誠、存之席上梅花」、〈減字木蘭花〉『粉消粧半』題下注云：「王幼安見和前韻，復用韻答之。」當皆作於此年。

按：王實字仲弓，樂道之子，《建康集》卷三〈書傷寒治要後〉稱其「人物高勝，雖貴公子，超然不犯世，故居官數自免。博學多聞，尤長於醫。嘗推張仲景書作《傷寒證治》，發明隱奧，雜載前數人議論相與折衷，又恐

流俗不可遍曉，復取其簡直明白人讀而可知者，刊爲《治要》。」；元陸友《硯北雜志》卷上云：「王實仲弓，許昌人，文恪公陶之子。未冠，從司馬溫公學，溫公不以膏粱蓄之，教以文節，授禮易二經。仲弓亦超然，不以仕宦進取爲意。韓少師持國，歸以女，仲弓又從受詩，祖陶謝韋杜；故其文典雅溫麗，華暢而不靡，詩靜而深，婉而屬，有一唱三嘆之音。未嘗急於人知，人亦不皆知仲弓也。惟范蜀公以耆老退居，忘年接之。元祐初，梁右丞燾首薦於朝，爲籍田令，秩滿，蘇尚書軾鎭中山，辟爲屬，不行，自是浮沉，遂欲遠去世故。家與范忠宣公（純仁）有連，未尤爲忠宣所許。崇寧初強起，一守信陽，歸即謝事，掛冠。里中葉少蘊守許昌，下車，即往過之。視其貌盎然，不爲崖異，而簡遠蕭散，若初未嘗與世交者。口吃不能極語，徐聽其言，袞袞皆有遠致。善飲酒，所居鳳凰園，有修竹萬餘本，道溪水貫其中。水木幽茂，不覺在城市間，聞東南山水之勝，輒抃髀雀躍。靖康之難，南渡，死於鄂之咸寧。遺令不爲銘文，而前自志其大略，使納之壙中，其曠達無累於世如此。」

編年詞：〈浣溪沙〉『絳蠟燒殘夜未分』。

　　　　〈浣溪沙〉『綠野歌歡喜見分』。

　　　　〈浣溪沙〉『物外光陰不屬春』。

　　　　〈臨江仙〉『瀲灩湖光供一笑』。

　　　　〈臨江仙〉『學士園林人不到』。

　　　　〈臨江仙〉『不與羣芳爭絕豔』。

　　　　〈減字木蘭花〉『粉消粧半』。

　　　　〈臨江仙〉『聞道安車來過我』。

宣和二年庚子（西元 1120 年）　　四十四歲

〔六月初九，蔡京致仕。〕

〔十月，方臘爲亂。〕

請祠洞霄宮。

《避暑錄話》卷上〈盧鴻草堂圖〉條云：「宣和庚子……余方自許昌得請洞霄。」

寓居處州。賀方回自夢得處取畫不歸。

《避暑錄話》卷上：「盧鴻草堂圖……余往有慶歷中摹本……此畫宣和庚子

余在處州，爲賀方回取去不歸，當時余方自許昌得請洞霄。」

按：賀方回，參本譜政和三年（西元 1113 年）。

宣和三年辛丑（西元 1121 年）　四十五歲

〔七月，童貫平方臘之亂。〕

〔十月，童貫領陝西河東河北宣撫使。〕

居處州，作詞懷許下寄曾在之、王仲弓、韓公表。

見《石林詞・醉蓬萊》『問東風何事』，其題下注云：「辛丑寓處州，上巳日有懷許下西湖，寄曾在之、王仲弓、韓公表」。

編年詞：〈醉蓬萊〉『問東風何事』。

宣和四年壬寅（西元 1122 年）　四十六歲

〔三月，金人約夾攻遼。〕

〔六月，詔班師。〕

領洞霄宮祠。

宣和五年癸卯（西元 1123 年）　四十七歲

〔七月初八，童貫自領陝西河東河北宣撫使致仕。〕

卜居湖州卞山。

見《石林燕語》序云：「宣和五年，余既卜別館於卞山之石林。」又《玉澗雜書》中夢得自言，癸卯年（宣和五年）寓居當茗雪兩溪之會。又宋周密《癸辛雜識》前集〈葉氏石林〉條：「左丞葉少蘊之故居在卞山之陽，萬石環之，故名且以自號。正堂曰兼山，傍曰石林精舍；有承詔、求志、從好等堂，及靜樂庵、愛日軒、躋雲軒、碧琳池，又有嵒居、眞意、知止等亭，其鄰有朱氏怡雲庵、涵空橋、玉澗，故公後以玉澗名書。」

嘗與葛勝仲、林彥振、莫彥平、劉無言等游玲瓏山。

宋周密《癸辛雜識》前集〈玲瓏山〉條：「（玲瓏山）在卞山之陰……紹興癸卯葛魯卿、林彥政、劉無言、莫彥平、葉少蘊題名。」

按：紹興無癸卯年，且是年七月夢得復與葛勝仲、莫彥平等人泛舟出游，故

當作「宣和」；林彥政一作「彥振」，未知孰是。

又按：葛勝仲字魯卿，丹陽人，《宋史》卷四四五有傳。與夢得同登紹聖四
年進士，故其《丹陽詞》中稱夢得爲同年；其婿章倧爲作行狀，稱其
幼警敏，日誦書數千言，九歲能屬文，十五而學成，於經史無不精通，
年十六應開封舉中其選，元符二年調杭州右司理參軍，三年遷河中府
知錄參軍，改登仕郎，士林歆豔，見其文以爲不可及。建中靖國初，
除兗州州學教授，崇寧三年，上幸太學，多獻頌者，勝仲獨獻賦，徽
宗命中書第其優劣，勝仲居其首；大觀元年以幸學恩循承直郎差充提
舉議歷所檢討官，其後歷奉議郎、秘書省校書郎、尙書考功員外郎、
禮部員外郎。又歐陽修嘗刊定〈太常因革禮〉，政和四年，勝仲續之，
纂錄爲三百卷。後除國子祭酒，以數求對言天下治亂大計忤貴要，提
舉江州太平觀。宣和初，李彥括公田，勝仲請蠲不當括者，彥怒，劾
勝仲，朝廷寢其奏。宣和四年，徙知湖州，與夢得往來，此時當最屬
繁數，詳下七月條。

四月二十八日，與劉燾、慧覺道人游，題名孔耳石。

清阮元《兩浙金石志》卷七〈宋孔耳石題名〉：「少蘊無言慧覺道人宣和癸卯
四月辛亥同來。」

按：劉燾字無言，《宋史》無傳。以書法名世，宋米芾《書史》云：「黃山谷
題其續法帖云，劉燾箋題便不類今人書，使其春秋高，江東又出一羊欣
矣。」清厲鶚《宋詩紀事》卷三十二云：「劉燾字無言，長興人，誼之
子，元祐三年進士，仕爲祕閣修撰。」另慧覺道人，傳歷無考。

五月，與客過朱氏閣，命名曰怡雲。

《玉澗雜書》有云：「壬寅、癸卯之冬春……朱氏小樓正在石橋下，疊石束
澗流跨橋其上，與石橋相直，殊可喜。五月十一日，既雨踰旬，始霽，與客
往過之，眾流參會自石橋奔衝而下，雷奔電激，坐語幾不相聞……明日夜出
復再往……。」另又云：「吾山朱氏子作小閣於石橋之下，與西山相面，景
物極幽邃。一日往過之，朱求閣名……遂以怡雲名之。」

七月十二日，與葛勝仲、莫彥平夜泛舟出游。

《玉澗雜書》云：「癸卯七月十二日夜，天色稍涼，月色如霜雪。余寓居溪
堂當茗雪兩溪之會，適自山中還，葛魯卿亟相過，因同泛舟。掠白蘋亭，度

甘棠橋，至魚樂亭，少留步而扣門呼莫彥平，尙未寢……復拉彥平刺舟逆水而上，月正午，徐行抵南郭門而還。魯卿得華亭客餉白酒，色如潼乳，持以飲我，旋呼兵以小舟吹笛相尾，道旁居人聞笛聲，亦有吹而相應者，酒盡抵岸已四鼓矣。」

按：《石林詞・鷓鴣天》『天莫殘霞捲暮紅』題下注云：「與魯卿晚雨泛舟出西郭，用煙波定韻」當此時作。

又按：夢得與勝仲酬唱頗多，《石林詞》中有〈定風波〉『千步長虹跨碧流』題下注云：「七月望，趙倅置酒，與魯卿同泛舟駱駝橋待月」、〈定風波〉『斜漢初看素月流』題下注云：「魯卿見和，復答之」、〈江城子〉『甘泉祠殿漢離宮』題下注云：「次韻葛魯卿上元」、〈鷓鴣天〉『蘭芷空悲處客秋』題下注云：「次韻魯卿大錢觀大湖」、〈鷓鴣天〉『天莫殘霞捲暮紅』題下注云：「與魯卿晚雨泛舟出西郭，用煙波定韻」、〈臨江仙〉『山半飛泉鳴玉珮』題下注云：「癸卯次葛魯卿法華山曲水勸酒、〈浣溪沙〉『千古風流詠白蘋』題下注云：「與魯卿酌別，席上次韻」。《丹陽詞》中亦有〈浣溪沙〉『小樣洪水分九曲』題下注云：「與葉少蘊夢得上巳游法華川九曲池流盃」等作。

是年，《石林燕語》十卷始作。

《直齋書錄解題》卷十一云：「石林燕語十卷，葉夢得少蘊撰，宣和五年所作也。」

按：全書中紀述多唐、宋朝章國故及官制科目，絕少及南渡以後事；唯其卷二有「本朝宰相，自建隆元年至元祐四年，一百三十年，凡五十人；自元祐五年至今紹興六年，四十六年，凡二十八人，幾倍於前也。」條；卷三〈宋次道記〉條云：「余建炎中召至揚州行在，以杭州變罷職，官朝請大夫」；又卷七〈國朝館伴契丹〉條云：「建炎三年，余在揚州，復入爲學士。」，故四庫全書提要云：「書成於南渡之後，振孫之說未核矣。」；又其自序亦云：「建炎二（「二」當作「三」，今據本譜改。）年，避亂緝雲，歸……因令棟更裒集爲十卷，以石林燕語名之。」，當可爲證。

又按：《石林燕語》在當時已頗受重視，宋王楙《野客叢書》卷十一〈師古注青紫〉條、卷十五〈致仕官碌〉條及卷二十六〈宮殿〉等條以燕語爲據，宋韓淲《澗泉日記》卷上〈明道二年〉條案語中，即引諸書證

明夢得書中之誤，而汪應辰更為作《石林燕語辨》，宇文紹亦作《石林燕語考異》。蓋夢得大觀間嘗知制誥，於朝章國典，夙所究心（四庫提要語），故書中纂述舊聞，足資掌故，頗可補史傳之缺漏處。

是年或稍後，作《玉澗雜書》十卷。

《直齋書錄解題》卷十一：「《玉澗雜書》十卷，葉夢得撰，考其中所記，亦當在宣和時所作。玉澗者，石林山居澗水名也。」宋周密《癸辛雜識》前集〈葉氏石林〉條：「左丞葉少蘊之故居在卞山之陽，萬石環之……其鄰有……玉澗，故公後以玉澗名書。」

按：《玉澗雜書》十卷，今存者僅明說郛本中十七條。其有「癸卯七月十二日夜」一條，是此書當作於本年或稍後。

十二月，蘇過（叔黨）卒。

編年詞：〈臨江仙〉『山半飛泉鳴玉珮』。

　　　　〈鷓鴣天〉『天莫殘霞捲暮紅』。

編年著作：《玉澗雜書》十卷。

宣和六年甲辰（西元 1124 年）　　四十八歲

〔八月，童貫落致仕。〕

〔十二月，蔡京落致仕，起領三省。〕

是年，建承詔堂、知止亭。劉無言過訪。

《石林詞·八聲甘州》『寄知還倦鳥』，其題下注云：「甲辰承詔堂知止亭初畢工，劉無言相過」。

按：據下條，夢得五月已赴汴京，其建承詔堂、知止亭當在此時。劉無言，參本譜宣和五年（西元 1123 年）。

五月初三，復官任吏部尚書，赴汴京。

《吳中葉氏族譜》卷一上〈恩綸〉甲有〈敕吏部尚書葉夢得〉，末署「宣和六年五月初三日」。

《石林家訓·盡忠實錄以遺子孫》條云：「轉職吏部，專司銓選，或以言揚，或以事舉，度德擇任，量才授職，進退人才，合三科之法，守虞書之訓，絕無散主不一，更革不常，沽名求進，報冤市恩者，而於是銓選之法定矣。」

轉知應天府尹。

考《石林奏議》卷一官應天尹時有〈奏修城利害并乞截撥發運司拖欠斛斗應副使用狀〉，其中云：「江西轉運司見拖欠本府，宣和五年以後年額合應副斛斗二十七萬石……」夢得五月已爲吏部尙書；又《四朝名臣言行錄》云：「宣和七年，（夢得）提舉鴻慶宮。」是夢得爲應天府尹當在宣和六年五月至七年之間。

編年文：奏修城利害并乞截撥發運司拖欠斛斗應副使用狀。

編年詞：〈八聲甘州〉『寄知還倦鳥』。

宣和七年乙巳（西元 1125 年）　四十九歲

〔四月，蔡京致仕。〕

〔十二月十九日，金兵侵中山府。〕

〔十二月二十三日，欽宗即位。〕

在蔡興許，見江外以童子入貢求試，問之，志竟在得公廚爲路費。

《避暑錄話》卷下：「宣和末，余在蔡興許，見江外以童子入貢者數輩，率以老書生挾二三人持狀立庭下求試，與倡優經過而獻藝略等。初亦怪，抱之使升堂，坐定問之，乃志在得公廚數十千爲路費爾，爲之悵然。後或聞有得官者，今莫知皆安在，理固然也。」

欽宗靖康元年丙午（西元 1126 年）　五十歲

〔正月，金人圍京師。〕

〔二月，罷李綱以謝金人。〕

〔二月，貶蔡京爲秘書監、分司南京。〕

〔二月，太學生陳東上書請復用李綱。〕

〔三月，貶蔡京爲崇信軍節度副使。〕

〔四月，貶蔡攸爲節度副使。〕

〔七月，詔蔡京子孫二十三人已分竄遠地，遇赦不許量移。是日，京死於潭州。〕

〔七月，童貫、趙良嗣伏誅。〕

〔十月，詔用蔡京、王黼、童貫所薦人。〕

〔十一月，金人圍京師。〕

提舉南京鴻慶宮。

《四朝名臣言行錄》別集卷四：「（夢得）召為吏書，再提舉鴻慶宮。」

七月以前，坐為蔡京所知，落職奉祠鴻慶宮。因胡安國以夢得為才，請於上，乃得除郡。

《宋史》卷四三五〈胡安國列傳〉：「葉夢得知應天府，坐為蔡京所知，落職奉祠。安國言：『京罪已正，子孫編置，家財沒入，已無蔡氏矣，則向為京所引者，今皆朝廷之人，若更指為京黨，則人才見棄者眾，黨論何時而弭。』乃除夢得小郡。」

按：宋孫覿《鴻慶居士集》卷二十五有〈葉夢得落職知杭州〉制，此處所指小郡，或即杭州。

又按：安國云：「京罪已正，子孫編置，家財沒入，已無蔡氏矣」，據〈欽宗本紀〉，蔡子孫編置在靖康元年七月，則夢得之落職奉祠鴻慶宮當在七月以前；「除小郡」當在七月以後。又《直齋書錄解題》卷十八云：「胡文定安國嘗以其蔡穎南京之政薦於朝，謂不當宿累廢。」似同指一事。

十月二十二日，復龍圖閣待制，知杭州，為兩浙西路安撫使。

宋周淙彥《乾道臨安志》卷三牧守：「靖康元年十月乙卯，以朝請大夫葉夢得復龍圖閣待制，知杭州。」宋潛說友《咸淳臨安志》卷四十六秩官四同。

又《石林奏議》卷一有「兩浙西路安撫使」官職。

按：是年十月，欽宗下詔用蔡京所薦人；夢得被命為兩浙西路安撫使或與此詔有關？

十一月，汴京被圍，夢得在杭，日夜憂之。

《避暑錄話》卷下：「在錢塘十月，適敵犯京師，信息未通，日望望涕泣，引首北向，何暇顧其他，僅以祈晴一至天竺而已。」

《石林詩話》一卷蓋作於本年以前。

考卷中未及南渡後事，故繫於此年。

按：《石林詩話》時當已頗受重視，宋王楙《野客叢書》卷十七〈古人名詩〉條、卷十九〈靈運得句〉條、卷二十〈規仿古詩意〉條、卷二十五〈古

人對偶〉條、卷二十七〈嵇康幽憤詩〉及〈應璩百一詩〉條，或引《石林詩話》為典，或證其誤。後人卻往往著眼於夢得黨派問題，而輕其詩論。元方回《瀛奎律髓》卷二十四收夢得〈送嚴婿侍郎北使〉詩，其後云：「（夢得）實有文學，詩似半山。然《石林詩話》專主半山而陰抑蘇黃，非正論也。」四庫全書《石林詩話》提要亦云：「夢得出蔡京之門。而其婿章沖，則章惇之孫，本為紹述餘黨。故公論大明之後，尚陰抑元祐諸人。」

夢得雖出蔡京門下，其後屢諫京過差，言論皆持正；既不於蔡京當政時「諛蔡」，又何須在半山卒逝四十年後「諛王」呢？以「諛王」立場探討《石林詩話》，實失之偏頗。四庫全書《石林詩話》提要又云：「然夢得詩文實南北宋間巨擘，其所評論往往深中窾會，終非他家聽聲之見，隨人為是非者也。」所言誠然。

編年著作：《石林詩話》一卷。

高宗建炎元年丁未（西元 1127 年）　五十一歲

〔三月，金人立張邦昌為偽楚帝。〕

〔三月，金人脅徽宗北行。〕

〔四月，金人虜欽宗北歸。〕

〔五月，高宗即位於南京，改元建炎。〕

〔九月，賜張邦昌死。〕

七月初六，復龍圖閣直學士。

《建炎以來繫年要錄》卷七：「七月甲午（初六），龍圖閣待制知杭州葉夢得復龍圖閣直學士。」

八月初一，杭州軍亂，殺轉運判官吳昉，夢得被執，旋獲釋。

《建炎以來繫年要錄》卷八：「八月戊午（初一），杭州軍亂。初，上之立也，遣勤王兵還諸道，杭兵才三百，其將得童貫殘兵與之俱，軍校陳通等見杭州富，實甲東南，因謀為變，會軍士以衣糧不足有怨言，結約已定，而兩浙轉運判官顧彥成行部未返，需其還，殺之，至是，彥成歸，宿於城外，夜三鼓，軍士百餘人縱火，殺士曹參軍及副將白均等十二人。翌日，執守臣龍圖閣直學士葉夢得，詣金紫光祿大夫致仕薛昂家，殺兩浙轉運判官吳昉，彥成聞亂，

亟奔湖州。軍士見昂，數夢得不給衣糧之罪，昂諭遺之，眾乃推通等七人為首，釋夢得而囚之，逼昂權領州事，浙東安撫使翟汝文聞變，自將七千人屯西興，且奏請浙西兵受其節制，昂餘杭人，嘗為門下侍郎。」《宋史‧高宗本紀》略同。

按：薛昂字肇明，杭州人，《宋史》卷三五二有傳。元豐八年進士，附蔡京，至舉家為京諱。靖康初，言者斥其罪，遂致仕。夢得與昂有舊，《石林燕語》卷十〈紹聖間，常朝起居〉條載薛肇明為尚書，夢得與其班相近，又《石林詩話‧蔡天啟云》條及《避暑錄話》卷上〈王荊公不耐靜坐〉條，亦載二人往來事；夢得獲釋，或與二人之誼有關。杭州軍亂，昂不請命領州事，責徽州居住。

又按：翟汝文聞變，以夢得已死，故上言：「昨嚴賊有倪從慶者，止十數輩，跳跂山谷，朝廷不責帥臣誅討，苟就招安，致人無所畏，今杭賊悖甚，至於主帥橫死、漕臣斷首，而反寵以官，是誘人作賊也。」（語見《建炎以來繫年要錄》卷九），並奏請督捕杭賊。朝廷先後遣辛道宗、錢伯言、周格、高士瞳等人降杭寇，直至十二月辛酉（初六），王淵入杭殺陳通等人，城才稍定。（參見《建炎以來繫年要錄》及《宋史‧高宗本紀》。）

建炎二年戊申（西元 1128 年）　　五十二歲

正月十四日，坐杭州軍變，落職提舉江州太平觀。

《建炎以來繫年要錄》卷十二：「正月己亥（十四日），龍圖閣直學士葉夢得落職提舉江州太平觀，坐守杭州軍變故也。」

七月二十八日，試尚書戶部侍郎。赴揚州上任。

《建炎以來繫年要錄》卷十六：「七月庚戌（二十八日）……提舉江州太平觀葉夢得試戶部侍郎。」

八月，與呂頤浩請命江湖二廣綱赴江寧，閩浙綱赴平江，惟川陝京東西淮南綱赴行在。

《建炎以來繫年要錄》卷十七：「八月戊午（十八日），詔行在左藏庫湫隘，自今綱運，令戶部於江寧平江府置庫樁管，逐府通判監視，憲臣檢點，擅用者依支封樁法加等科罪。時戶部所餘金帛尚數百萬，上以北方未寧為慮，數

論黃潛善、汪伯彥輩致江寧，潛善等方以恐搖人心爲對，尙書右丞朱勝非獨論致揚州駐蹕地，上深納之，令戶部納計郊祀之費，餘財皆運金陵，祀事後當移蹕。而潛善力阻之，其言不行。至是，尙書呂頤浩、侍郎葉夢得乃以府庫充牣爲辭，請命江湖二廣綱赴江寧，閩浙綱赴平江，惟川陝京東西淮南綱赴行在，從之。」

有〈奏論治體箚子〉、〈奏論金子箚子〉、〈奏論財用箚子〉。

見《石林奏議》卷四。模編錄於「戶部侍郎」下，故繫。

〈奏論治體箚子〉及〈奏論金人箚子〉中分析金人軍勢與策略，並備擬防禦之道，以「憂其所可憂」而「無憚於彼之驕強」；切論「寧可有備而無事，不可事至而無備」。〈奏論財用箚子〉云：「竊見兵興以來，諸路轉運司及州縣例皆乘時擾攘，玩習舊弊。凡府藏所當治，法令所當行，一切滅裂不省；至或妄爲支費，或輕爲蠲除，以棄其所有。遇有緩急，反侵取他司，斂率百姓，上下陵暴，彼此紊奪，無復紀綱，不可不及令早正之。」又云：「伏望……申飭諸路漕臣守令，使各按法令振舉其職；毋得越法守而妄支費，毋得矯詔令而輒蠲除，毋得斂百姓而濟私謀，毋得侵他司而辦己事……令戶部察漕臣，漕臣察州縣，量立員額，取其最優者，指陳實狀上之；其墮廢者，准此特加陞黜，明示勸阻……」夢得關懷民生之情，具見其中。

陳待敵之計。

《宋史》本傳：「陳『待敵之計有三，曰形、曰勢、曰氣而已。形以地理山川爲本，勢以城池、芻粟、器械爲重，氣以將帥士卒爲急。形固則可恃以守，勢強則可資以立，氣振則可作以用，如是則敵皆在吾度內矣。』」此論又見《石林奏議》卷四〈奏論金人箚子〉。

八月十八日，爲翰林學士。

《建炎以來繫年要錄》卷十七：「八月戊午（十八日），尙書戶部侍郎葉夢得爲翰林學士。」宋何異《中興百官題名》卷一〈學士院題名〉同。

九月初九，爲翰林學士兼侍讀。

《建炎以來繫年要錄》卷十七：「九月庚寅（初九），翰林學士葉夢得兼侍讀。」

九月十一日，薦舉辛炳、王庭秀。

《建炎以來繫年要錄》卷十七：「九月壬辰（十一日），上以人才未能廣收爲

言，潛善乃請用祖宗故事，命近臣各舉所知一二人以俟選擇……翰林學士葉夢得舉直龍圖閣新知潭州辛炳，朝散郎致仕王庭秀。」

按：辛炳字如誨，侯官縣人，《宋史》卷三七二有傳。元符三年進士，仕至監察御史兼權殿中侍御使，以疏蔡京贓事，落職提舉洞霄宮；靖康初，召為兵部員外郎，建炎元年，起龍圖閣直學士知潭州。

王庭秀字穎彥，慈溪人，《宋史》卷三九九有傳。政和二年上舍登第，侍御使李光薦為御史台檢法官；宣和、靖康時，進言皆發於忠義，拜監察御史，遷殿中侍御使，以論黃潛善賣官售寵，罷。辛炳任中執法，操行清修；庭秀為學旁搜遠紹，不苟趣時好，造詣深遠，自植堅正。二人皆嘗忤當時權貴，是知夢得薦人以德也。

十月十一日，與呂元直、張達明、張澂、孫覿同奉詔討論常平法。時夢得屢為黃潛善言常平之利，及是，上呈「青苗斂散，永不施行」，上從之。

《石林奏議》卷四〈奏乞復置常平使者播告中外箚子〉，模編錄於「翰林學士」下，當是時作。

《建炎以來繫年要錄》卷十八：「十月壬戌（十一日），詔翰林學士葉夢得，給事中孫覿，中書舍人張澂討論常平法，條具取旨始用覿奏也，時夢得屢為黃潛善言常平之利，及是，進呈『青苗斂散永不施行』其他條法令從官討論來上，上指八字曰，此事宜先報行，令遠近知之。」宋李心傳《建炎以來朝野雜記》甲集卷十五略同。

十月，以邊事未寧，四方貢賦不以期至，且費用日廣，請復經制錢。

《宋史》卷一七九〈食貨志〉下一：「建炎二年，高宗在揚州。翰林學士葉夢得等言，（陳）亨伯以東南用兵，嘗設經制司，取量添酒錢，及增一分稅錢、頭子、賣契等錢。歛之於細，而積之甚眾；及為河北轉運使，又行於京東西。一歲得錢近二百萬緡，所補不細。今若行於諸路州軍，歲入無慮數百萬計。邊事未寧，苟不出此，緩急必致暴歛；與其歛於倉促，曷若積於細微。於是……令兩浙、江東西、荊湖南北、福建、二廣收充經制錢。」

《建炎以來繫年要錄》卷十八：「十月癸亥（十二日）……戶部尚書呂頤浩、翰林學士兼侍讀葉夢得乃請復之（經制錢）。」明陳邦瞻《宋史紀事本末》卷七十五略同。

夢得為翰林期間，嘗修纂《名賢宗德論》等書。

見《石林家訓・盡忠實錄以遺子孫》條云：「吾叨第進士，自卑職即能抗言直議，以勵勁節。屢歷清要，而兩入翰林時，注《忠經要義》一冊，修纂《名賢宗德論》一冊，修陳《匡君十要策》十道，纂陳《忠義錄》十卷，《勸民務本論》十卷。」

按：夢得先後兩入翰林，分別於大觀二年至三年五月及建炎二年九月至十一月，上述著作確切完成時間無從考，惟上文旋接「轉職戶部，專司國課」之句，故繫於此。

十一月初六，為戶部尚書。

《宋史》本傳：「逮高宗駐蹕揚州，遷翰林學士兼侍讀，除戶部尚書。」

《建炎以來繫年要錄》卷十八：「十一月丙戌（初六），戶部尚書呂頤浩試吏部尚書，翰林學士兼侍讀葉夢得試戶部尚書。」

按：宋何異《中興百官題名》卷一〈學士院題名〉云「葉夢得……十一月除左丞。」與《建炎以來繫年要錄》異，今依本紀，繫於明年。

十二月初八，復請選歷州縣通事務者為提舉官，會兵事，未克行。

《建炎以來繫年要錄》卷十八：「十二月戊午（初八），夢得請選歷州縣通事務者為提舉官……從之。會戎馬南牧，未克行。」

十二月十六日，兼修國史。

《建炎以來繫年要錄》卷十八：「十二月丙寅（十六日），戶部尚書兼侍讀葉夢得兼修國史，尚書吏部侍郎劉珏，工部侍郎康執權兼同修國史。」

按：劉珏字希范，湖州長興人，《宋史》卷三七八有傳。崇寧五年進士，建炎元年為中書舍人，上言守禦之略，諫止以黃潛善兄弟二人同居中書省；歷吏部尚書、權同知三省樞密院事，嘗奉隆祐太后避金人虔州，紹興二年卒。

十二月二十八日，請上南巡，阻江為險。又請以重臣為宣總使，分居泗上、金陵，以備退保。疏入不報。

《宋史》本傳：「因請上南巡，阻江為險，以備不虞。又請命重臣為宣總使一居泗上，總兩淮及東方之師以待敵；一居金陵，總江浙之路以備退保。疏入不報。」

《建炎以來繫年要錄》卷十八：「十二月戊寅（二十八日），上以邊事未寧，詔百官言所見……戶部尚書葉夢得亦請上南巡，阻江爲險，以備不虞。上曰：『自揚州至瓜州五十里，聞警而動未晚』。夢得曰：『河道僅通一舟，恐非一日可濟也』，夢得又謂：『以重臣爲宣總使，……』。」

編年文：奏論治體箚子。

奏論金人箚子。

奏論財用箚子。

奏乞復置常平使者播告中外箚子。

建炎三年己酉（西元 1129 年）　五十三歲

〔三月初五，苗傅、劉正彥反。〕

〔三月十一日，改建炎三年三月十一日起爲明受元年。〕

〔四月初一，高宗復位，復紀年建炎。〕

〔十一月，金人渡江入建康，通判楊邦乂殉節。〕

〔十二月，金遣兵追帝，帝航海走。〕

正月十九日，上言請通下情，遠斥堠以覘敵。又請立軍數，飭諸要郡招募；命大將與帥參治，復選近臣爲總帥以節制之。切言和議之不可恃。

《建炎以來繫年要錄》卷十九：「正月戊戌（十九日），御使中丞張澂以邊事未寧，請詢於眾爲禦寇之策。戶部尚書葉夢得言：『兵，機事也，不度時則每爲難，今視去多又爲難矣，去冬，金但遊騎出入陝西河北，未知總眾者何人，今主兵乃尼瑪哈，且親至濮及開德矣；向者，開德大名東平三大鎮鼎足而立，今惟東平巋然獨存，以當宋魏之衝，而滄州孤絕在後，又南京最重，而敵騎已至楚邱。且靖康之失在固守京城，而不知避也，事有緩急，必當從權，伏望陛下通下情，遠斥堠，如必至於過江，則亟降詔以諭中外，則人心安矣，又願飭諸要郡，東則鄆徐南京，西則盧壽和州，南則唐襄荊渚，各立軍數，使之招募，仍命大將與帥參治，復選近臣爲總帥以節制之，又乘輿或至兩浙，則鎮江金陵尤當先治，陛下毌以宇文虛中未回，意和議爲可恃也，靖康正緣恃和議而墮敵計，今安可待萬里之報哉！』」

按：上引夢得論略當出自《石林奏議》卷五〈奉應詔大詢狀〉。

二月初一，請前期支六軍春衣及官吏俸一月，上從之。

《建炎以來繫年要錄》卷二十：「二月庚戌（初一），上駕御舟泊河岸，都人惶怖，莫知所為，知天長軍楊晟愲奏已拆浮橋，始詔士民從便避敵，官司毋得禁，上即欲渡江，黃潛善等力請少留俟報，且搬左藏庫金帛三分之一，上許之，戶部尚書葉夢得即具舟楫從大將假二千人，津發一日而畢，然公私舟交河中，蹞步不容進矣，夢得復請以戶部所餘物前期支六軍春衣及官吏俸一月，亦從之。」

按：去年十月，宋聞金兵南侵，即詔公私舟船，至夜即須泊岸；至是，詔士民可從便避敵，民必避之惟恐不及，軍心當亦不安，故夢得有此請，以安軍心。

二月初四，金兵至瓜州，民未渡者尚十餘萬，奔迸墮江死者半之。上召諸將官議去留，夢得等拜伏庭下，請留以為江北聲援，不果。

《建炎以來繫年要錄》卷二十：「二月癸丑（初四），金遊騎至瓜州，民未渡者尚十餘萬，奔迸墮江而死者半之，舟人乘時射利，停橈水中，每一人必一金乃濟，必敵至，皆相抱沈江，或不及者金人驅而去，金帛珠玉積江岸如山，時事出倉卒，朝廷儀物悉委棄之……是日退朝，上招宰執從官諸將對宅堂計事，上曰：『姑留此，或徑趨浙中耶？』，奉國軍節度使都巡撿使劉光世遽前拊膺大慟，上問故，光世曰：『都統制王淵專管江上海船，每言緩急濟渡絕不誤事，今諸軍阻隔，臣所部數萬人二千餘騎皆不能濟，何以自效？』，宰相黃潛善曰：『已集數百舟渡諸軍。』，上曰：『濟諸軍固已處置，今當議去留。』，吏部尚書呂頤浩降階拜伏不起，繼而戶部尚書葉夢得等三人相從拜伏庭下，上顧潛善問之，頤浩以首叩地曰：『願且留此為江北聲援，不然，金人趁勢渡江愈狼狽矣。』，二府皆曰善，上曰：『如此則宰相獨往江上，經畫號令江北諸軍，令結陣防江。』，仍先渡。」

夢得扈從高宗渡江，夜相失，與劉玨道常州南，遇潰兵欲為劫，幸遇夢得舊麾下叱去，乃得免。便入湖洑，宿金沙寺。

《避暑錄話》卷上：「建炎己酉（三年）春，敵犯維揚，余從大駕渡江，夜相失，從吏皆亡去，與劉希范徒步間道至常州南，遇潰兵欲為劫，遮余二人不得去，適有小校馳馬自旁過，則余錢塘舊麾下也，亟下拜，餘卒乃其所隸，亟叱去，挽小舟授予，教使入荊溪走長興。是日微小校幾不免，夜抵湖洑，

因求宿金沙寺。中夕不能寐，起行寺外，月色翳翳然……。」

二月十二日，自宜興道杭州至臨平鎮迎駕，且請刷杭州諸司借支，又請更給百官諸軍券麻及命官權領戶部司農太府寺職事，上從之。

《建炎以來繫年要錄》卷二十：「二月辛酉（十二日），御舟泊臨平鎮，戶部尚書葉夢得自宜興道之杭州至是來迓，夢得言平江江寧兩府所留上供約可支半載，欲刷杭州諸司所有借支，俟取兩處錢帛至而償之，又請更給百官諸軍券麻，及命官權領戶部司農太府寺職事，皆從之。」

二月十三日或稍早，夢得諫止以轉運司為升暘宮。

《建炎以來繫年要錄》卷二十：「二月壬戌（十三日），上至杭州，以州治為行宮，顯寧寺為尚書省。先是，以轉運司為升暘宮，葉夢得為上言小人遂傳，復開應奉之端不可不慮，乃亟命罷之。」

二月十九日，為行在官兵請除食料外，公使花果房臥生日身亡孝贈錢物並權住支，上從之。

《建炎以來繫年要錄》卷二十：「二月戊辰（十九日）……戶部尚書葉夢得言行在官吏軍兵等，除食料外，應公使花果房臥生日身亡孝贈錢物並權住支，從之。」

夢得為戶部尚書間，有〈奏應詔大詢狀〉、〈奏乞徙虜人必經由州縣居民箚子〉、〈奏乞差官監轄過江舟船箚子〉。

見《石林奏議》卷五。模編錄於「戶部尚書」下，故繫。

〈奏應詔大詢狀〉見本年正月十九日；〈奏乞徙虜人必經由州縣居民箚子〉云：「臣前嘗妄議虜反用吾術，若欲以中國攻中國，故凡人馬糧草器械城池，皆因我以為用。今必禁之，使不得行其謀，亦在反用其術而已……竊惟今虜南侵之路不過京東、京西與沿汴三路，若度其必經由州縣，徙其居民，令先埋瘞斛豆錢物……擇深僻之地遠自藏匿，雖馬草並皆盡野燒焚，無得留存……使（敵）所至州縣皆空無所得，自已失望；其眾久不見敵，則勢亦隨挫。」

二月二十日，為尚書左丞。

《宋史》本傳：「帝駐蹕杭州，遷尚書左丞。」

《建炎以來繫年要錄》卷二十：「二月己巳（二十日），以戶部尚書葉夢得守尚書左丞。」《宋史》卷二十五〈高宗本紀〉同。

二月二十一日，孫佑充浙西統轄官，佑蓋夢得所薦。

《建炎以來繫年要錄》卷二十：「二月庚午（二十一日），尚書省言浙西路當控扼處，自吳江外惟千秋、襄陽、垂腳三嶺爲險要……命承議郎知桐廬縣孫佑充統轄官，控扼廣德軍來路……佑北海人……爲葉夢得所薦也。」

按：《宋史》卷二十五〈高宗本紀〉：「分命浙西監司等官募土豪守千秋、垂　腳、襄陽諸以扼宣、常諸州險要。」夢得或此時薦孫佑；孫佑，傳歷無　考。

二月二十三日，奏請監司州縣擅立軍期司掊斂民財者並罷，上從之。

《宋史》本傳：「奏監司、州縣擅立軍期司掊斂民財者，宜罷。」

《建炎以來繫年要錄》卷二十：「二月壬申（二十三日），詔監司州縣擅立軍期司掊斂民財者並罷，用尚書左丞葉夢得奏也。」《宋史》卷二十五〈高宗本紀〉略同。

《石林奏議》卷六〈奏乞罷州縣軍期司及掊刻民財等事箚子〉當此時作。

婺州蘇遲奏乞減上供羅半數，高宗欲盡罷崇寧以後增添數；夢得以恐用度不足，請酌減，上從之，並著爲定制。

宋王明清《揮麈餘話》卷一：「建炎己酉，以葉夢得少蘊爲左丞，才十四日（起己巳日，迄辛巳日，當作「十三日」。），而爲言者所攻而罷。其自記奏對聖語，備列於後：一日，進呈知婺州蘇遲奏乞減年額上供羅，聖訓問祖宗額幾何？臣等對皇祐編敕一萬匹，問今數幾何，臣等指蘇遲奏言平羅、婺羅、花羅三等共五萬八千七百九十七疋，聖訓驚曰：『苦哉！民何以堪？』臣等奏：『建炎敕書諸崇寧以後增添上供過數，非祖宗舊制，自合盡罷，今遲奏乞減一半。』聖訓曰：『與盡依皇祐法。』臣等奏：『今用度祖宗時不同，卻恐減太多，用度不足，即不免再拋買或致失信，欲且與減二萬疋并八千有零數。』臣等奏：『陛下至誠卹民可謂周盡。』聖訓復云：『如此好事利益於民，一日且做得一件，一年亦有三百六十件。』臣等退，御筆即從中出，曰：『訪聞婺州上供羅，舊數不過一萬疋，崇寧以後積漸增添幾至五倍，近歲無本錢皆出科配，久爲民病，深可矜恤，今後可每年與減二萬八千匹並零數者爲永法，仍令本州及轉運司每年那融應副本錢足備。』臣等即施行。」《宋史》卷一七九〈食貨志〉下一：「三年二月，減婺州上供額羅二萬八千匹，著爲定制。」

按：蘇遲字伯充，蘇轍長子，《宋史翼》卷四有傳。建炎初，累官至尚書右
司員外郎；三年改知婺州，奏乞減上供羅。

嘗與高宗論行宮居住及請卹陳東、歐陽澈。

宋王明清《揮塵餘話》卷一：「車駕初至臨安府，霖雨不止。一日，臣等
奏事畢，因言州治屋宇不多，六宮居必隘窄，且東南春夏之交多雨蒸潤，
非京師比，聖訓曰：『亦不覺窄，但卑溼爾；然自過江，百官六軍皆失所，
朕何敢獨求安？至今寢處尚在堂外，當俟將士官局各得所居，遷從之人稍
有所歸，朕方敢遷入寢。』臣等皆言：『聖心如此，人情孰不感動？』車
駕始至臨安府，手詔郎官以上悉皆許薦人才，蓋特恩也。一日，進呈侍從
官等奏狀，聖訓諭臣等曰：『今次所薦人才不比以前，當須擇其可取者便
擢用之。』乃命並召赴都堂審察。翌日，復命臣等曰：『郎官等所薦士，
不若便令登對，朕當親自延見之。早朝退，遍閱諸處章奏未嘗閒，今後進
膳罷，令後殿引見及晚朝前皆可引三班，庶得款曲。』臣等奏：『但恐上
勞聖躬，若陛下不倦接見疏遠，搜訪賢能，天下幸甚。』於是再批旨行下。
一日，初進對，聖訓首言：『陳東、歐陽澈可贈一官，并與子或弟一人恩
澤。始罪東等出於倉猝，終是以言責人，朕甚悔之，今方降詔使士庶皆得
言事，當使中外皆知此意。』臣等即奉詔言：『甚善。』聖訓復曰：『馬伸
前此責去亦非罪，可召還。』或曰聞伸已死，聖訓曰：『不問其死，但朝
廷召之，以示不以前責爲罪之意。』乃問伸自何官責。臣等皆曰：『自衛
尉少卿。』聖訓曰：『可復召爲衛尉少卿。』臣等奉詔而退。東等於是皆
贈官及與子或弟恩澤一人，并詔所居優卹其家。」

按：《宋史》卷二十五〈高宗本紀〉：「（二月）乙亥（二十六日），贈陳東、
歐陽澈承事郎，官有服親一人、恤其家。召馬伸赴行在，卒，贈直龍圖
閣。」《建炎以來繫年要錄》卷二十同。

又按：陳東、歐陽澈、馬伸，《宋史》卷四五五有傳。陳東字少陽，鎮江丹
陽人；歐陽澈字德明，撫州崇仁人；馬伸字時中，東平人。高宗朝，
屢上書切論時事，極詆用事大臣黃潛善、汪伯彥等，遂見殺。

又論富民獻錢及造新甲胄事。

宋王明清《揮塵餘話》卷一：「進呈湖州民王永從進錢五十萬緡佐國用。臣
等言：『戶部財用稍集，亦不至甚闕。』聖訓曰：『如此即安用，徒有取民之

名，卻之。』或曰已納其五萬緡矣，今卻之則前後異同。聖訓曰：『既不闕
用，可併前已納還之。』仍詔今後富民不許陳獻。臣等皆言：『聖慮及此，
東南之民聞風當益感悅。』一日，聖訓諭臣等言：『過江器械皆散亡，甲所
失猶多，朕每躬擐甲冑，閱武於宮中以勵衛士，乃知舊所造甲有未計盡善，
如披膊皆用鐵，臂肘幾不可引以當胸，緩急如何屈伸，今皆親自裁定損益，
與舊不同，極便於施行，令兩浙路諸州分造甲五十副，一以新樣爲之。』臣
等皆言：『陛下留意武事，前所未講，盡經聖慮，此前史所以稱漢宣帝器械
技巧，皆精其能。』朝退，內出新樣甲一副示臣等，舊轉肘鐵葉處皆易以皮，
屈伸無不利便，佗皆類此。」
按：夢得與高宗奏對語，本集不載，亦未見他書，今備列以存佚。

**三月初三，以康允之、顏歧、朱勝非等言，罷尚書左丞，為資政殿學
士，提舉中太一宮兼侍讀，提領戶部財用充車駕巡幸頓遞使，歸卞山。**
《宋史》本傳：「上諭以兵、食二事最大，當擇大臣分掌。門下侍郎顏歧、
知杭州康允之皆嫉夢得……上以夢得深曉財賦，乃除資政殿學士，提舉中太
一宮兼侍讀，提領戶部財用，充車駕巡幸頓遞使，辭不拜，歸卞山。」
《宋史》卷二十五〈高宗本紀〉：「三月辛巳，葉夢得罷。」
《建炎以來繫年要錄》卷二十一：「三月辛巳（初三日），尚書左丞葉夢得罷，
夢得初執政……門下侍郎顏歧等頗疾之，乃語知杭州康允之曰：『上欲以次
對授公，而爲左丞沮止。』，允之怒，與其將曹英謀以爲陳通餘黨在者三千
餘人，聞夢得秉政不自安，皆謀以爲亂，上不信，歧等証之。夢得與朱勝非
舊不相得，勝非入相，首言夢得議論不協，會杭州士民上書訟夢得過失，有
及其閨門者。是日……夢得執政凡十四日而罷，辭不拜，遂徑歸卞山。」
按：李心傳按曰：「趙牲之《遺史》稱勝非言夢得議論不協，今從之。」今
　　觀朱勝非傳未及夢得與勝非不相得事，姑附。

**三月初五，苗傅、劉正彥反，逼高宗退位；二十七日，張浚等人有復
辟之議，檄書至湖州，夢得欲與梁端、張濤、許份、曾楙、賈安宅等
共為一檄，調諸縣射士勤王，安宅執不可；又以曾紓勸，遂引兵次平
望，欲與張浚等俱，會舟師擁隔不得前，夢得乃止。**
《建炎以來繫年要錄》卷二十一：「三月乙巳（二十七日），御營前軍統制張
浚以勤王兵發平江，殿前都指揮使制置使劉光世繼之，呂頤浩與張浚餞於門

外，登樓閱兵，器甲鮮明，士氣銳甚，聞行在已有復辟之議。是日，勤王所檄至湖州，新除資政殿學士提舉中太一宮葉夢得行舟碧瀾堂下，召守臣梁端、通判州事張濤及寓客、龍圖閣直學士許份、徽猷閣直學士曾紓、徽猷閣待制致仕賈安宅等謀之。夢得欲與端等共為一檄，調諸縣射士勤王，而留平江檄書不發，安宅曰：『時已後矣，此事豈可欺人。』直秘閣主管南京鴻慶宮曾紓聞之，亦勸端張榜趣用建炎年號，於是夢得引兵次平望，以俟呂頤浩張浚之至，欲與俱，濤亦從之，會舟師擁隔不得前，夢得乃止。」宋張守《毗陵集》卷八〈乞錄用曾紓箚子〉同。

按：曾紓，字公袞，號空青，曾布第四子，《宋史翼》卷二十六引宋汪藻《浮溪集‧右中大夫直寶文閣知衢州曾公墓誌銘》為傳。年十三，伯父鞏授以詩，文學益進，以父任為承務郎，除太常寺主簿，左司諫江公望累數百言薦紓，不以宰相子為嫌。布免相，入為元祐黨籍，竄永州，會赦，復承奉郎監潭州南獄廟。後歷簽書寧國軍節度判官，通判鎮江府，提舉京畿常平，江南東路轉運判官，罷歸，居湖州。建炎三年，苗傅、劉正彥反，呂頤浩、張浚檄諸州勤王，檄至湖州，守梁端會士大夫謀之，眾未及言，紓奮然曰：『逆順明甚，出師無可疑者。』，數日，苗傅來取兵，紓請端械繫使者，毋令還。高宗反正，御使張守白發其忠，除直顯謨閣，且召見之，上因雅知其名。隆祐皇后崩，參知政事李回辟為修奉議者，欲稱園陵，紓以正名朝廷為先，聞者莫不服其知體。汪藻稱其「才高識明，博極書史」「以文章翰墨風流蘊藉，為時勝流」，「故每出詩文，人爭誦之，篆隸行草，沉著痛快，得古人用筆意。」

嘗過嘉禾，訪程俱。相約後死者為先死者誌墓。

程俱門人鄭作肅〈北山集後序〉云：「紫微舍人程公，先生建炎己酉歲自太常少卿出守嘉禾，作肅過之，館於郡齋，會左丞葉公罷政經從謁先生，作肅屬耳屏間聽話言，則聞公曰：『別去未有復見日，吾二人後死者其誌先死者之墓。』先生曰：『左丞勳業未艾，某不日，溘先朝露，當大勤手筆。』」此亦可見夢得之瀟灑性格。

按：據《宋史》卷八十八〈地理志〉四，嘉禾本嘉興府，政和七年賜郡名。

四月初一以前，有請高宗復辟狀。

見《石林奏議》卷六〈奏乞皇帝復辟狀〉。

四月初五，提舉西京嵩山崇福宮。

《建炎以來繫年要錄》卷二十二：「四月壬子，資政殿學士提舉中太乙宮兼侍讀葉夢得提舉西京嵩山崇福宮。」

是年冬末，避兵亂，道縉雲縣，往遊崇道院。

《避暑錄話》卷上：「己酉冬，避地將之處州，道縉雲，暫舍于縣南之靈峯院，束裝欲往遊縣東仙都觀，聞潰兵入境，遽止。其東十里有崇道院，謂之小仙都，一日可往返。兵既退，乃乘間冒微雪過之，時臘已窮矣。迂折行山峽中，兩旁壁立，溪水貫其下，多灘瀨，遵溪而行，峻屬悍激，與雪相亂，山木攙天，每聞谷中號聲，風輒自上下，雪橫至擊面，僕夫卻立，幾不得前。既至，山愈險，雪喻猛，溪流益急，旁溪有數石拔起數百丈，不相倚附，其最大者二，略如人行，俯而相先後，俗名新婦阿家石，望之如玉筍，擁鼻仰視，神觀聳然，欲與之俱升，寒甚不可留，乃還。至家已入夜，四山晃蕩盡白，不能辨道，索酒飲無有，燃松明半車，僅得溫。」

編年文：奉應詔大詢狀。
　　　　奉乞徙虜人必經由州縣居民箚子。
　　　　奉乞差官監轄過江舟船箚子。
　　　　奏乞罷州縣軍期司及掊刻民財等事箚子。
　　　　奏乞皇帝復辟狀。

建炎四年庚戌（西元 1130 年）　五十四歲

〔七月，金人徙二帝五國城。〕
〔七月，金人立劉豫為偽齊王。〕

居卞山。

八月，《石林燕語》十卷成。

其自序云：「建炎二年（商務本及四庫本皆作「二」，今據本譜繫年，「二年」當為「三年」之誤），避亂縉雲，歸，兵火蕩析之餘，井閭湮廢，前日之客，死亡轉徙略相半，而余亦老矣，荐罹變故，志意銷墮，平昔所見聞，日以廢忘，因令棟更裒集十卷，以《石林燕語》名之……八月望日，石林山人序。」

按：夢得去年冬避亂縉雲縣，本年當居湖州卞山，故自序中自稱「石林山人」。

編年著作：《石林燕語》十卷。

紹興元年辛亥（西元 1131 年）　五十五歲

〔二月，秦檜除參知政事。〕

〔八月，秦檜為尚書右僕射同中書門下平章事兼知樞密院事。〕

著《石林家訓》一卷、《石林治生家訓要略》一卷。

《石林家訓》自序云：「吾久欲取平日訓導汝曹之言，及論說祖先遺德所以成吾家法與古今言行可師可警之事，略為疏記，使汝曹常得視翫踐行，頻年多故，忽忽不果。今五十五年矣，去年自湖東歸，鬚髮盡白，志意衰謝，復度世間何所覬望，兵革未息，風警日傳，既忝重祿，又有此族屬；外則豈敢忘王室之憂，內亦以家室為務，危坐終日，百念關心，何曾少釋……」考夢得於九月承詔除江東安撫大使，十一月初一到任，其後招王才、殮暴骨、刊購經史（詳下），其無暇日可知，是《石林家訓》及《石林治生家訓要略》蓋當作於此時。

九月初六，奉詔知建康府事，兼江南東路安撫大使，馬步軍都總管兼充壽春府，滁濠廬和無為宣撫使。

《宋史》本傳：「紹興初，起為江東安撫大使兼知建康府，兼知壽春等六州宣撫使。」

《建炎以來繫年要錄》卷四十七：「九月己亥（初六），資政殿學士提舉西京嵩山崇福宮葉夢得為江東路安撫大使，兼知建康府，兼壽春等六州宣撫使。」

《宋史》卷二十六〈高宗本紀〉、《景定建康志》卷二十五官守志二略同。

夢得辭免，不果。

見宋汪藻《浮溪集》卷十四〈新除江南東路安撫大使兼知壽春府滁濠廬和州無為軍宣撫使葉夢得辭免恩命不允詔〉。

十一月初二，始至建康。有〈奏自宣州太平州赴建康府按視沿江渡口劄子〉。

見《石林奏議》卷六，云：「今月初二日，已至建康交割職事」；《石林先生兩鎮建康紀年略》：「十一月乙未（初二），先生始至建康。」

奏許招安濠州賊王才，以充建康府兵馬鈐轄。

見《石林奏議》卷六〈奏乞招安濠州橫澗山王才狀〉及〈奏繳王才已受招安

狀〉、〈奏濠州祝友等賊事宜狀〉。

《石林先生兩鎮建康紀年略》:「先是王才據橫澗山降劉豫,遂引僞知宿州胡斌以兵入寇,詔淮南宣撫使劉光世遣兵招捕。至是,先生使統制官張浚自青陽間道會之,呂頤浩欲招才,命才以所部赴行在,先生於是遣張偉諭才如詔旨,才遂率其將丁順等三十餘人渡江,懼罪,請留建康,頤浩議以淮西一郡授才,使統其兵之任,先生以爲不可,乃詔才充建康府兵馬鈐轄,分其眾隸諸軍。」《宋史》卷二十六〈高宗本紀〉略同。

按:上文或錄自《建炎以來繫年要錄》卷四十九,惟後者載「才遂率其將丁順等三千餘人渡江」與上文異。又同書卷一二七載紹興九年三月,王才以夢得言其知淮南利害,詔爲建康府兵馬鈐轄,與此處同,或重出?

時建康荒殘,夢得請韓世清自宣州移屯,遣崔增屯采石,閻皋分守要害。

《建炎以來繫年要錄》卷四十九:「十一月乙未,江東安撫大使葉夢得始至建康,時建康荒殘,見兵不滿三千人,諸將散居他郡,夢得至,乃奏統制官韓世清一軍自宣州移屯建康,遣水軍統制官崔增屯采石,及統制官閻皋分守要害,而世清尚未至也。」

按:《避暑錄話》卷下〈錢塘西湖〉條亦云:「建康亦留半歲,正當冬春之間,出師待敵,寢食且廢。」是知夢得盡心軍事。

冬,奉詔殮建康府暴骨並埋瘞之。

《石林先生兩鎮建康紀年略》:「是秋,上在會稽大饗明堂,詔虜破州縣暴骨之未斂者,官爲募僧道收瘞,先生出羨穀二百斛,錢三百萬,募近城五寺二十人,於城四隅高原隙地各爲穴,以待藏瘞,閱十九日,得全體四千六百八十有七,斷折殘毀不可計者,又七八萬。」

按:建炎四年四月,金人引兵入建康,五月壬子,焚建康府,執守臣李梲、陳邦光去。故州縣暴骨待瘞者甚多。又《建康集》卷四〈建康掩骼記〉云:「建炎己酉冬,敵既大入……明年夏回自浙東,五月復至建康與所留兵合,丙午入城……散取老弱之遺者悉殺之,縱火大掠越三日,府署民廬皆燼,乃擁眾去……城中頭顱手足相枕藉,血流通道,傷殘宛轉於煨燼之間,猶有數日而後絕者……紹興辛亥天子在會稽,秋,大饗明堂,詔凡敵所破州縣暴骨之未殮者,官爲募爲僧若道者收瘞……度城四隅高

原隙地各為穴以待藏，出羨穀二百斛，錢三百萬以給費為籍，日校其所獲，以時檢察之……閱十九日，得全體四千六百八十有七，斷折殘毀不可計以全者又七八萬，以次入於穴，而城中之骸略盡。十二月甲子，遂瘱民之厄於兵革，載籍以來未之有也。」所紀則又詳也。《景定建康志》卷四十三風土志二引此文為記。

嘗營學校，並刊六經。

《建康集》卷四〈紬書閣記〉：「紹興初（余）為守官，大兵之後，屯戍連營，城郭鬱為榛莽，無復儒衣冠蓋，嘗求周易無從得，於是……勉營理學校，延集諸生，得軍賦餘縑六百萬以授學官，使刊六經。」

《石林先生兩鎮建康紀年略》：「先生於大兵之後，營理學校，延集諸生，得軍賦餘縑六百萬以授學官，使刊六經於學。」

按：宋周煇《清波雜志》卷三：「建康創建府治，石林委府僚伻圖再三，不諧意。一旦，杖策自往相視，四顧指畫，遂定儀門外列六位，以處倅貳職官。迨六蜚臨幸，以設廳為三省，便廳為樞密院，六位為六部，次及百官皆有攸處；其他政事精明，彼民至今能道之。」此事似應在夢得前鎮建康時，故姑繫此。

編年文：奏自宣州太平州赴建康府按視沿江渡口箚子。

奏乞招安濠州橫澗山王才狀。

奏繳王才已受招安狀。

奏濠州祝友等賊事宜狀。

建康掩骼記。

編年著作：《石林家訓》一卷。

《石林治生家訓要略》一卷。

紹興二年壬子（西元 1132 年）　五十六歲

正月初三，承詔措置防備。

《建炎以來繫年要錄》卷五十一：「正月乙未（初三），浙西安撫大使劉光世言諜報金國主死，尼瑪哈已立，劉豫率官僚舉哀，見合兵謀取壽春，詔江東安撫大使葉夢得，和州無為軍鎮撫使趙霖措置防備。」

正月初四，上言楊邦乂死事甚詳，邦乂得加贈朝奉大夫，諡忠襄，官
為改葬，立褒忠祠。

《建炎以來繫年要錄》卷五十一：「正月丙申（初四），故奉議郎贈直秘閣楊
邦乂加贈朝奉大夫，為立祠，名褒忠，以江東安撫大使葉夢得言其忠節也。」
《宋史》卷二十七〈高宗本紀〉略同。

按：楊邦乂字晞稷，《宋史》卷四四七有傳。建炎三年，金人濟江，鼓行逼建
　　康，守將李梲、陳邦光皆具降狀，率官屬迎拜金人入城，惟邦乂不屈
　　膝，以血大書衣裾曰：「寧作趙氏鬼，不為他邦臣。」金帥完顏宗弼不能屈，
　　乃許以舊官，邦乂以首觸柱流血曰：「世豈有不畏死而可以利動者？速殺
　　我。」已而宗弼再引邦乂，邦乂不勝憤，遙望大罵曰：「若女真圖中原，
　　天寧久假汝，行磔汝萬段，安得污我！」宗弼大怒，殺之，剖取其心，年
　　四十四。《宋名臣言行錄》續集卷七〈揚邦乂傳〉有夢得〈褒忠廟記〉、〈改
　　葬楊忠襄公祭文〉記其事，清葉廷琯重刊《建康集》，收入補遺。

春，拊知壽春府陳卞、知濠州寇宏二人。卞、宏始貳於劉豫，至是，
夢得懷柔二州，並遣王冠、張俊禦豫寇，遂復光州。

《石林先生兩鎮建康紀年略》：「春，初北賈有至建康者，言中原民苦劉豫虐
政，皆望王師之至，前後所言略同，知壽春府陳卞者，始貳於豫，兼用紹興、
阜昌年號。知濠州寇宏，本羣盜，與偽宿州守胡斌通。至是，先生使拊之，
卞、宏皆聽命，因與之錦袍銀槍之屬，既而，豫遣其將王彥先攻壽春，為卞
所敗，而宏遂與斌絕。先生密令二州布本朝德意，以務懷來，卞遂復固始縣，
招納吳青等二千餘人。會豫眾復犯二州，先生遣統制官王冠張俊等援之，豫
眾遁去，遂復光州。」《宋史》本傳略同。

又請除提點刑獄一員，申舉政事。

《石林先生兩鎮建康紀年略》：「先生言淮西久苦兵革，人心厭亂，漸思復業，
人人皆有營生休息之意，如滁州百姓已屢乞除知州，其餘可見，欲依淮東例，
除提點刑獄一員，申舉政事，招誘流亡以安輯之，復業之民或量借官本勸之
耕種，數月之間必有成效。」

三月初七，夢得罷帥事，提舉臨安府洞霄宮。或以朝廷斂度韓世清軍，
夢得持異議，遂罷，領宮祠。

《建炎以來繫年要錄》卷五十二：「三月戊戌（初七），資政殿學士江東安撫

大使葉夢得提舉臨安府洞霄宮。李心傳案語：夢得之去，恐是處治韓世清事
與朝廷異論，夢得以世清為大使司都統制，不見於他書，今年三月四日樞秘
院勘會江東安撫大使司軍馬數多，本路賦入有限，兼韓世清一軍人數稍眾，
已令淮西招撫使司因便前去揀汰。據此則世清為夢得所用，而朝廷廢之，其
罷帥事而代之以李光，或由此也，今且附此，更須參考。」

夏，歸卞山，遊湖州宜興善權、張公兩洞。

《避暑錄話》卷上：「宜興善權、張公兩洞，天下絕境也。壬子夏，余罷建
康歸，大雨中枉道過之。」

編年文：襃忠廟記。
　　　　改葬楊忠襄公祭文。

紹興三年癸丑（西元 1133 年）　五十七歲

〔十一月，詔復十科取士法。〕

居卞山。

八月中秋，有詞〈水調歌頭〉『河漢下平野』。

見《石林詞》，其題下注云：「癸丑中秋」。

詞中有「老去狂猶在，應未笑衰翁」句；夢得去年罷帥事，其知建康僅四個
月，此自稱「衰翁」，蓋有壯心未已之慨。

編年詞：〈水調歌頭〉『河野下平野』。

紹興四年甲寅（西元 1134 年）　五十八歲

居卞山。

本年或稍後，薦汪愷、徐度。

《建炎以來繫年要錄》卷八十六：「（紹興五年）閏二月壬申，詔右承奉郎徐
度令中書舍人試策一道，左迪功郎胡珵、左朝散郎主管江州……度，處仁
子……自詔復十科薦士……資政殿學士葉夢得薦汪愷及徐度……故有是
命。已而度除太府寺丞……中興後，士以十科薦用者自此始。」

按：徐度，字敦立，又字端立，穀熟人，《宋史》無傳。父處仁，靖康中政
　　事。度撰《卻掃編》自序云：「予閒居吳興卞山之陽」，則此時度當居卞

山，與夢得有往來；《避暑錄話》卷下〈吾素不能琴〉條云：「去年徐度忽得江外招隱一曲，以王琚舊辭增損而足成之。」《避暑錄話》著於紹興五年，此云「去年」，當指本年，即紹興四年。《卻掃編》三卷，四庫全書提要稱其「大致纂述舊聞，足資掌故，與《揮麈諸錄》、《石林燕語》可以鼎立；而文簡於王，事核於葉，用似較二家為勝焉。」

汪愷，字伯疆，徽州婺源人，《宋史翼》卷二十引用汪藻《浮溪集・左朝請大夫知全州汪君墓誌銘》為傳。愷弱冠入太學，有能文聲。紹聖四年解褐調常州晉陵主簿，歷知饒、處、撫等州，所在有政績；知衰州時，夢得與給事中胡交修以十科中「善治財賦」條薦之，得擢提舉兩浙東路鹽香、江南西路轉運判官。蒞事兩月餘，除知江州，又歷台州、全州，紹興十二年八月卒於饒州。

紹興五年乙卯（西元 1135 年）　五十九歲

居卞山。

正月初五，上備禦之策。

《建炎以來繫年要錄》卷八十四：「正月己酉（初五），宰相趙鼎奏敵騎遁歸，皆自陛下聖畫素定，然善後之計當出羣策，願詔前宰執各條具所見來上斷自聖意擇而用之，上曰，能探眾論，則慮無不盡，雖芻蕘之言，儻有可采，猶當用之，況前宰執嘗在朕左右，必知朝廷事，沈與求言國有大議，就問老臣，乃祖宗故事，於是呂頤浩……葉夢得……等詔書訪以攻戰之利，備禦之宜，措置之方，綏遠之略，令悉條上焉。」

按：見《石林奏議》卷六〈奏乞撫定諸軍無失機會箚子〉。

春，徐度自臨安來；言李亘、趙俊事。俊與夢得為同年，有節操，不受劉豫偽署，《避暑錄話》嘗書之。

《避暑錄話》卷下〈李亘字可久〉條：「今春，徐度自臨安來，云其鄉人云……」；〈趙俊字德進〉條：「此亦徐度云」。

按：李亘字可久，參見本譜宣和元年（西元 1119 年）。

趙俊字德進，南京人，《避暑錄話》卷下云：「趙俊……與余為同年生。余自榜下不相聞，守南京始再見之。官朝奉郎。新作小盧在城北，杜門，雖鄉里不妄交。劉器之無恙時居河南，暇時獨一過之。徐擇之於鄉人最

厚，亦善俊，及爲丞相，鄉人多隨其才見用，俊未嘗往求，擇之亦忘之，獨不得官。建炎末，金將南牧，或勸之避地，俊曰：『但固吾所守爾，死生命也，避將何之？』衣冠奔踖於道者相繼，俊晏然安其居，卒不動。劉豫僭號，起爲虞部員外郎，辭疾不受，以告界其家，卒卻之，如是再三，豫亦不復強。凡家書文字，一不用豫僭號，但書甲子，後三年死。」徐度《卻掃編》卷中亦載德進事，略同。

春，作如非堂。

《避暑錄話》卷下：「吾明年六十歲。今春，治西塢隙地，作堂其間，取蘧伯玉之意，名之曰知非。」

六月二十一日夜，久旱忽雨，頗有秋意，夢得傍池徐步，吟詠劉原甫詩，意甚適。

《避暑錄話》卷上：「今夏不雨四十日，自江左連湖外皆告旱……六月二十日晚忽雨至夜中，明日又雨，其晚臥池上，河漢當空，梧竹颯然，遂有秋意……余比歲不作詩，舊喜誦前輩佳句亦忘之，忽記劉原甫詩云『涼風響高樹，清露墜明河，雖復夏夜短，已覺秋氣多』若爲余言者，起傍池徐步，環繞數十匝，吟詠不能自已。僮僕皆已睡，前此適有以酴醾新酒相餉者，乃蹶起連取三杯飲之，意甚適。」

夏，嘗病目。

《避暑錄話》卷下：「吾目昏已四年，自去年尤甚，而今夏復加之赤眚……」

按：夢得好學不倦，《避暑錄話》中屢言其學醫，讀易，讀六經、老莊等，故云：「因省平生所用目力，當數十倍他人，安得不敝？」《石林家訓》亦云：「且起須先讀書三五卷，正其用心處，然後可及他事，暮夜見燭亦復然；若遇無事，終日不離几案。」又云：「吾二年來，目力極昏，看小字甚難。然盛夏帳中亦須讀數篇書，至極困乃就枕；不爾，胸次歉然，若有未了事，往往睡亦不美，況晝日乎？」

八月九日，與客賞月南山頂。

見《石林詞・臨江仙》『絕頂參差千嶂列』，其題下注云：「乙卯八月九日，南山絕頂新臺作成，與客賞月作。」

「絕頂參差千嶂列，不知空水相浮，下臨湖海見三州，落霞橫暮景，爲客小

遲留。捲盡微雲天更闊，此行不負清秋，忽驚河漢近人流，青霄元有路，一笑倚瓊樓。」夢得此時似已安於山居，故詞風雋爽，逸致可見。

又同調『一醉三年那易得』，題下注云：「明日與客復登台，再用前韻。」、『捲地驚風吹雨去』，題下注云：「明日小雨，已而風大作，復晚晴，遂見月，與客再登。」當皆此時作。

按：此處所指「客」，許幹譽或其一；《避暑錄話》卷上〈司馬文正公在洛下〉條云：「今予所居，常過我者許幹譽，此外即鄰之三朱，城中親舊，與過客之道境上特肯遠來者，至累月無一二。」許幹譽，參見本譜宣和元年（西元 1119 年）。

是年，著《避暑錄話》二卷。

考《避暑錄話》卷下云：「吾明年六十歲。」則《避暑錄話》之作當在夢得五十九歲時，亦即紹興五年。

又宋周煇《清波雜志》卷三：「石林為蔡京客，故《避暑錄話》所書政宣間事，尊京曰魯公。凡及蔡氏，每委曲回互，而於元祐斥司馬溫公名，何也？建炎、紹興初，仕宦者供家狀，有不係蔡京、王黼等親黨一項，今日江湖從學者，人人諱道是門生，石林其矯一時之弊耶？」

按：《石林燕語》、《巖下放言》中每及蔡京亦稱蔡魯公。蓋蔡京當時，夢得並未曲意依附；待建炎、紹興年間，夢得著此三書時，京已卒，且蔡氏子孫配徙遠地，夢得仍稱京魯公，亦見其不以炎涼易操也。

又按：夢得「嗜學蚤成，多識前言往行」（見《宋史》本傳）；南渡之後，藏書嘗至三萬餘卷，亦甲於諸家，故通悉古今，所論多有根柢，四庫全書提要以「其所敘錄，亦多足資考證而裨見聞」，是《避暑錄話》實非可以小說家語視之。

又嘗登水亭。作〈點絳唇〉『縹緲危亭』。

見《石林詞·點絳唇》『縹緲危亭』，題下注云：「紹興乙卯，登絕頂水亭。」詞中有「老去情懷，猶作天涯想，宜惆悵，少年豪放，莫學衰翁樣」之句。夢得時年五十九，登高遠眺，不免悵然。

編年文：奏乞撫定諸軍無失機會箚子。

編年詞：〈臨江仙〉『絕頂參差千嶂列』。
　　　　〈臨江仙〉『一醉三年那易得』。

〈臨江仙〉『捲地驚風吹雨去』。

〈點絳唇〉『縹緲危亭』。

編年著作：《避暑錄話》二卷。

紹興六年丙辰（西元1136年）　六十歲

居卞山。

八月二十七日，與何彥亨雨中小飲。有詞記之。

見《石林詞‧點絳唇》『山上飛泉』，題下注云：「丙辰八月二十七日雨中與何彥亨小飲。」

「山上飛泉，漫流山下知何處；亂雲無數，留得佳人住。　深閉柴門，聽盡空簷雨，秋還暮，小窗低戶，惟有寒螿語。」清澹婉麗，故關注《石林詞》題云：「味其詞，婉麗綽有溫李之風。晚歲落其華而實之……」明毛晉《石林詞》跋亦云：「綽有林下風，不作柔語滯人，眞詞家逸品也。」

按：何彥亨，無考。

是年，保寧寺長老懷祖書告夢得轉輪藏成，夢得為作記。

見《建康集》卷四〈建康府保寧寺輪藏記〉云：「建康府保寧寺當承平時，于江左爲名刹，更兵火久廢。今長老懷祖守其故址於煨燼之餘十有四年，堂殿門廡追復其舊而一新之，最後作轉輪藏。余鎭建康時，見其始經營，後四年，余歸石林，祖以書來告日藏成矣，幸得記其本末。祖蓋以正法眼傳其心，其爲人節而通，靖深而敏，非徒以有爲作佛事者也，乃爲推其師之言，合諸儒之說，正佛之所以言，以曉世俗之弊，祖當益以是振之。」

按：《景定建康志》卷四十六祠祀志三：「保寧禪寺在城內飲虹橋南，保寧坊內。」又云：「建炎三年四月，大駕幸江寧，權以祠爲行宮，閏七月如浙西；其後命即府治修爲行宮，而御座猶在。」則懷祖始經營保寧寺，當於紹興初，即夢得始鎭建康時，其後夢得罷歸卞山，懷祖書告寺成。

編年文：建康府保寧寺輪藏記。

編年詞：〈點絳唇〉『山上飛泉』。

紹興七年丁巳（西元 1137 年）　六十一歲

〔十一月，金人執劉豫，廢為蜀王。〕

居卞山。

淮西軍節制呂祉辟陳克為參謀，夢得以克非國士，勸止之，克不聽。

宋徐夢莘《三朝北盟會編》卷一七七：「紹興七年三月，呂祉節制淮西軍馬，辟陳克爲參謀……葉夢得與克親厚，止之，不從。夢得曰：『呂安老非禦將之才，子高詩人，蓋文章（之士）非國士也。淮西諸軍方互有紛紛之論，是行也危矣哉。』亦不聽，夢得贈以詩曰『解談班定遠（集作「孫破虜」），那厭虞征西』克留其家以單騎從軍，後酈瓊之變終於不免。」

按：陳克，《宋史》無傳；《景定建康志》卷四十九云：「陳克，字子高，金陵人。不事科舉，博學專以資爲詩，呂祉帥建康辟置爲屬。」考呂祉於紹興六年十二月甲辰，奉詔以都督府參議軍事如建康，措置移蹕；七年八月，酈瓊叛，執呂祉等奔劉豫（見《宋史》卷二十八〈高宗本紀〉、卷三七〇〈呂祉傳〉），則陳克應辟當於其間；《建康集》卷一有〈陳子高移官浙東戲寄之作〉，同卷又有〈與陳子高夜話〉，二詩當作於八月之後。前詩云：「幕府陳琳老，官身戀故溪，解談孫破虜，那厭虞征西，未擬煩刀筆，聊應謝鼓鼙，登臨如得句，小字與親題」蓋子高乃臨海人，故云「官身戀故溪」，下二句頗有從軍歸後倦游自放之意；頷聯正話淮西軍中事，故此首當非作於子高初應呂辟時，會編之說未確。

編年詩：陳子高移官浙東戲寄之作。

　　　　與陳子高夜話。

紹興八年戊午（西元 1138 年）　六十二歲

〔是年，南宋定都於杭。〕

正月，撰《春秋考》三十卷。

《石林先生兩鎮建康紀年略》：「紹興八年正月，撰《春秋考》。」

按：《宋史》卷二百二〈藝文志〉云：「葉夢得春秋讞三十卷，又春秋考三十卷，春秋傳二十卷，石林春秋八卷，春秋指表總例二卷。」其中《石林春秋》、《春秋總要指例》今已佚，《春秋傳》卷數與《直齋書錄解題》

所載十二卷異；夢得《春秋傳》序云：「作春秋傳二十篇。」今據之。
自序又云：「自其《讞》推之，知吾之改正為不妄也，而後可以觀吾《考》；
自其考推之，知吾之所擇為不誣也，而後可以觀吾《傳》。」是知《春
秋讞》成書最早，《春秋考》次之，《春秋傳》最晚，葉廷琯既稱夢得正
月撰《春秋考》，三書當在此數年間成。又《直齋書錄解題》卷三春秋
類云：「春秋傳十二卷、考三十卷、讞三十卷，葉夢得撰，各有序。其
序讞曰：『以春秋為用法之君而已聽之，有不盡其辭則欺民，有不盡其
法則欺君，凡啖趙論三家之失為辨疑，劉氏廣啖趙之遺為權衡，合二書，
正其差誤，而補其疏略，目之曰讞。』；其序考曰：『君子不難於攻人之
失，而難於正己之是。必有得也，乃可知其失；必有是也，乃可斥其非，
自其讞推之，知吾之所正為不妄也，而後可以觀吾考；自其考推之，知
吾之所擇為不誣也，而後可以觀吾傳。』；其序傳曰：『左氏傳事不傳義，
是以詳於史而事未必實，以其不知經也；公穀傳義不傳事，是以詳於經
而義未必當，以其不知史也。乃酌三家，求史與經，不得於事，則考於
義；不得於義，則考於事，更相發明以作傳。』」

又按：夢得邃於春秋學，《建康集》卷八〈答王從一教授書〉及〈又答王從
一教授〉二書中可見。故《直齋書錄解題》云：「夢得自號石林居士，
明敏絕人，藏書至多，博鑑強記，故其為書，辨訂考究無不精詳。」王
從一，《宋史》無傳，唯宋張邦基《墨莊漫錄》卷九云：「予妹夫王從一
太初著《東郊語錄》。」又《建炎以來繫年要錄》卷一三二：「（紹興九
年）九月癸巳，左迪功郎王從一……依舊太平州州學教授，從一以薦對，
故有是命。」則夢得書從一時，從一或正為太平州州學教授。

**五月二十七日，為江南東路安撫制置大使兼知建康府兼行宮留守司公
事。**

《建炎以來繫年要錄》卷一百一十九：「五月戊申（二十四日），資政殿學士
提舉臨安府洞霄宮葉夢得，為江南東路安撫制置大使兼知建康府兼行宮留守
司公事。」《宋史》卷二十九〈高宗本紀〉略同。

按：《景定建康志》卷十四年表十繫此事於六月，或指夢得自湖州起程日。

夢得以病辭，不果。

見《建康集》卷六〈辭免初除劄子〉及〈辭免初除〉三狀。

其《建康集》卷六有〈辭免初除第一狀〉云：「臣早歲積衰，疾病相半……紹興之初已嘗有此爲使，即力具陳免，不獲。數月之間，果速遣累……今者相去七年，舊疾不差，新疾有加，精神筋力事事尤非前比……伏望……特賜收還成命……。」

六月九日，自湖州起程，於是月到任，有〈到任謁諸廟文〉。

《建康集》卷六〈辭免初除第三狀〉云：「……臣已於今（六）日初九日申時起發湖州……」卷四〈到任謁諸廟文〉云：「某頃者待罪此邦……今去之七年，上不以爲無能，詔俾復臨舊治。」《石林先生兩鎮建康紀年略》：「六月九日自湖州起發，即於是月至建康任事。」

赴任道中，有詩寄劉岑。

見《建康集》卷一〈赴鎮建康過京口呈劉季高〉。

又卷七〈回信州劉侍郎啓〉，或亦此時作，姑繫。

按：劉岑字季高，《宋史》無傳；考《景定建康志》卷四十九〈儒雅傳〉云：「劉岑字季高，本吳興人，後遷居溧陽。天資英偉，學問該貫，忠誠許國，寬宏愛士，有古君子之風。文章雄贍，字畫遒勁，登第累擢至著作郎……乾道三年卒，年八十一。官至左朝散大夫，先世葬烏程之杼山，故號杼山居士。」同書卷五十云：「劉侍郎以先世葬烏程之杼山，故自號杼山居士。」，夢得寄詩時，季高年五十二。

至建康，有〈再至建康〉詩二首。

見《建康集》卷一。詩云：「老罷那知力已疲，君思誤遣出車詩。」又云：「推轂何堪付老儒，腰間仍佩玉麟符。」夢得蕭散心情可見。

辟池州酒正晁激仲入府。

見《建康集》卷一〈與晁激仲夜話〉詩，詩中「憐君聊欲濯糟漿」句下注云：「激仲以池州酒正從余辟」。同卷〈次韻答激仲〉三首，及卷二〈晁激仲琴硯銘〉或皆是時作。

按：晁激仲，傳歷無考，〈與晁激仲夜話〉中有「外家文采到諸郎，凜凜詞風未可當」句，激仲當爲夢得表親。

初上任，奏乞免內藏庫和買稅七分錢，上從之。

見《石林奏議》卷九〈奏乞免內藏庫和買絹折錢狀〉。又《建康集》卷六〈謝

傳宣撫問賜茶藥箚子〉云：「……近因奏免內藏庫和買絹七分本色，特蒙金字牌賜可，人人歡呼，皆知出自聖意，至於感泣。」卷八〈與秦相公論臧梓獄事書〉亦云：「某去歲到官之初，首論民間疾苦，乞減內藏庫和買稅七分折納見錢若干貫省，蒙上開納，亟以金字牌報可，德意始聞，闔境歡呼，幾至流涕。」又《宋史》卷二十九〈高宗本紀〉：「八月甲子，蠲江東路月椿錢萬三千緡有奇。」或同時事。

按：據《宋史》卷一七五〈食貨志〉上三，「和買」乃青黃不接時，政府貸
　　人民以錢，待收成時還以絹。建炎三年，王琮言：「本路上供和買夏稅
　　紬絹……每疋折輸錢二千以助用。」「折帛錢」遂行；錢之數較絹為大，
　　人民苦甚。《宋史》卷三九三〈林大中〉傳：「江浙四路民苦折帛和買重
　　輸。」「和買」立意雖好，後卻反成一弊政；故夢得有此請。

遣子模歸卞山。

見《建康集》卷一〈送模歸卞山并示僧宗義為余守西巖者〉詩三首，中有「自我離山間，忽已兩改月」句，作於此年八月。

重九日，馬參議攜詩相過，有作和之。蓋在本年。

見《建康集》卷一〈建康舊俗貴重九上巳諸曹皆休務祀神登北山參議馬君獨不出攜詩相過因言石林之勝次其韻〉詩。詩中有「勝事漫同談栗里，佳時休笑負龍山。」句。考夢得是年六月到任，與馬參議之會或即本年初到之重九日。

按：馬參議，傳歷無考，《建康集》卷一又有〈次韻馬參議同游蔣山〉四首，
　　及〈次韻馬參議留別〉，卷二有〈次韻馬參議蔣山開堂飯素〉或皆是時作。

又按：《景定建康志》卷十七山阜：「鐘山一名蔣山，在城東北一十五里，周
　　　迴六十里，高一百五十八丈。」

是年，請措置存恤河南官吏軍民脫身南來者。

見《石林奏議》卷十一〈奏措置存恤河南官吏軍民脫身南來事件狀〉。

其云：「……金人侵犯河南，有官吏軍民脫身南來者，可令經過所在州軍多方存恤……一應北來往來渡口並嚴行約束，遇有到人，不以早晚即時濟渡，不得少有邀阻，空身每人渡錢不得過一百文足，有擔仗一百五十文足，委是空身無錢人，亦收接同渡。一應係官屋宇并寺觀，并日下預前差官檢踏分擘，遇有官員軍民到來，量人口多寡撥給，其有賃屋人戶并客店，仍出榜曉諭，不得於舊價上輒增添房錢。一應米斛飲食之物並行察覺，不得乘勢高抬價

例，內米斛如遇城市缺少，即見糶常平米內亦許糶給，即不得夾帶非北來人。一應官員軍兵隨身有券人，分明照驗，先次樁辦錢糧付驛司，才到不以早晚並令赴州投狀，即時押下驛，支給不得少有阻節，官員料錢合支月分亦須量給。一應有疾病之人……專委職官一員，收買上色藥材，就簽廳親監修合開具名件，出榜曉諭；遇有緩急來請人，即時給付，如有停留軍民，即逐日量給藥；差兵官一員，各逐所在體問俵散，如官員呼請醫人，即時輪差應副。一應有不幸道路死亡貧乏無棺斂之人，官員量給官錢應副相佐，並處置殯厝去處，軍兵許於繫官空閑地內埋藏。」

兩上書秦檜，論防冬之必要。

見《建康集》卷七〈與秦相公論防冬書〉，云：「……郡事……其餘皆可徐以力治，惟是防冬一事不無私憂……或謂今歲敵未必來；或謂二大將既分宣撫兩淮，本道乃在腹裡非所慮；或謂萬一有警，朝廷必自委二大將守江，非本道之職，三者竊皆以為過。據日前探報，頗言敵點兵開河積糧科器具，遠近略同，必無安靜之理。」又云：「甲寅歲（紹興四年），豫賊至處州；丙辰歲（紹興六年），豫賊過濠州，皆在九月、十月之間，非無大將，未嘗前知，今可保復無此乎？」文中論防備之必要，言甚剴切。

又同卷〈又與秦相公書〉中屢言禦敵之須，云：「今沿江一帶，自江州直至臨安幾千餘里，順流而下無非可提防者。昨敵兩至江上，審觀形勢已熟；四五年來，又多得淮浙人講究利害，且無所不至，必不更蹈覆轍，當有出我不意者，則我恐亦不當但以前日待之。詢之眾論，多謂敵前兩至，朝廷先失之畏，而不為守計，故但退避，彼得乘以渡江；後失之怯，而不為戰計，故僅能守，彼師老得以善去……目下急務，莫若先棄蕩積聚，使無所仰食以待其謀，縱有不及亦勝不為，若朝廷不欲便行，則但委諸將分為，固不害事，我所儲備尤不可緩，本路建康最號豐足，比計之內外儲司……共不滿七十萬緡，米六七萬石而已，他州可知……。」當亦作於此時前後，姑繫此。

同時又有〈與曾天游書〉亦及之。

見《建康集》卷八；所言與上二篇似，故繫於此。

嘗遍求經史諸書，建紬書閣於廳事西北隅以藏之。

《建康集》卷四〈紬書閣記〉：「紹興初為守官……後七年，余復領，留鑰市廛，五方雜居，生聚之盛，雖非前日比，然詢漢唐諸史尚未也，顧余老且荒

廢，亦安所事簡策……今四方取向所亡散書，稍稍鏤板漸多，好事者宜當分廣其藏，以備萬一。公廚適有羨錢二百萬，不敢他費，乃用遍售經史諸書，凡得若干卷，廳事西北隅有隙地三丈有奇，作別室，上為重屋以遠卑濕，為之藏而著其籍於有司，退食之暇，素習未忘，或時以展誦，因取太史公金匱石室之意，名之曰紬書閣，而列其藏之目於左右，後有同志，日增月益之，愈久愈當多，亦足風示吾僚，使知仕不可不勉於學，干戈將息而文治興，有民人社稷者，亦當思讀書，無重得罪於吾先君子之言云。」另《景定建康志》卷二十一城闕二堂館：「紬書齋在府治東北……紹興初葉公夢得嘗於府治建書閣，榜曰紬書，後毀於火，閣不復建。」

又請重建卞壼祠並賜廟額忠烈。

《景定建康志》卷四十四祠祀志一：「忠烈廟，即卞將軍廟……紹興八年葉公夢得又即亭之南為廟，請於朝，賜額忠烈。為殿三間，位置公像，仍列公二子眕盱於右，又以嵇侍中紹配食於左。」

《建康集》卷六有〈乞晉卞將軍廟額狀〉，同書卷八有〈忠烈廟碑〉具載其事。

是年，訪鎮江李康，求唐告。

《建康集》卷三〈書唐李氏告後〉：「右唐告五通，藏鎮江金壇縣李氏子康家……紹興二年，某初守建康……後七年，某復為守，訪之康，則兵火之餘皆已散亡，所存惟儀臨安尉一告，而康別出朝改徵事郎、叢為宣尉使與其母劉氏贈告三通。」

按：《建康集》道光重刊本闕此文，今據邱園先生全書收《建康集》鈔本入。

引魯察為江寧縣令，蓋在是年。

《景定建康志》卷十四表十：「魯察初調溧水縣主簿，先生（夢得）材之，命行江甯縣事百里以治，與之論文計事，率至夜分。」

按：魯察，傳歷無考。

編年文：辭免初除劄子。
　　　　到任謁諸廟文。
　　　　辭免初除第一狀。
　　　　辭免初除第二狀。
　　　　辭免初除第三狀。

回信州劉侍郎啓。

奏乞免內藏庫和買絹折錢狀。

謝傳宣撫問賜茶藥箚子。

奏措置存恤河南官吏軍民脫身南來事件狀。

與秦相論防冬書。

與曾天游書。

又與秦相公書。

乞晉卞將軍廟額狀。

忠烈廟碑。

編年詩：赴鎮建康過京口呈劉季高。

將至建康將佐出迓。

再至建康。

送模歸卞山并示僧宗義爲余守西巖者三首。

與晁激仲夜話。

次韻答激仲。

次韻再答激仲。

次韻又答激仲。

晁激仲琴硯銘。

建康舊俗貴重九上巳諸曹皆休務祀神登北山參議馬君獨不出攜詩
相過因言石林之勝次其韻。

次韻馬參議同游蔣山。

次韻馬參議蔣山開堂飯素。

次韻馬參議留別。

編年著作：《春秋考》十二卷。

《春秋傳》三十卷。

《春秋讞》三十卷。

紹興九年己未（西元 1139 年）　六十三歲

年初，以病請辭，不果，有〈第一次乞宮觀第一狀〉。

《石林先生兩鎮建康紀年略》：「至官甫半載，以去多肺氣滿喘，寒嗽屢作未

平，恐致曠敗，上章請閒。」

〈第一次乞宮觀第一狀〉云：「……就職今已半年……臣少苦多病眾所共知，久屏山林，心志彫落，昨被命之初，已曾一二屢請；去歲兼以夏秋服涼藥過多，入冬肺氣喘滿，寒嗽屢作……伏望聖慈特賜哀憐，許臣依舊宮觀……。」考夢得去年六月始上任，半年後當即今年初。

正月十四，張暘叔、晁激仲相過。

見《建康集》卷一〈山間每歲正月望後梅花盛開多與客飲花下今年郡廨獨坐十四夜張暘叔晁激仲相過共話宣和間事慨然歸不能寐因以寫懷〉詩。夢得去年六月始上任，蓋今年正月有懷山間歲月，適暘叔、激仲二人過訪，因作此詩。

按：張暘叔，傳歷無考。晁激仲，參本譜紹興八年（西元 1138 年）。

五月十七日，作〈菩薩蠻〉（『經年不踏斜橋路』）贈無住道人。

見《石林詞》，其下注云：「己未五月十七日贈無住道人。」

按：無住道人或夢得門僧，《建康集》卷二〈東山圖贊〉：「龍眠李伯時畫許玄度、王逸少、謝安石、支道林四人像……筆墨簡遠，妙絕一時。無住道人少規模伯時，爲余臨寫，眞贗殆不可辨。」

六月以前，以再任將一年復乞宮祠，不果。有〈第一次乞宮觀第二狀〉。

《建康集》卷六，〈第一次乞宮觀第二狀〉云：「……臣近以疾病上章陳乞宮觀聖恩未賜俞允……今者待罪已將及一年……欲望聖慈察其腹心非有矯飾，特賜矜憐……。」

按：夢得於去年六月到任，此處言「將及一年」，當在六月以前。

六月，以上賜御銘，有〈賜硯銘〉紀恩。

見《建康集》卷二〈賜硯銘〉序云：「紹興己未六月，臣某待罪建康之明年，皇帝以所藏御硯賜臣，某謹再拜稽首而爲之銘。」

重九日，作詩寄徐惇濟、祝子權。

見《建康集》卷一〈去歲以九日期賀子忱徐惇濟祝子權爲松竹臺之會作寒字韻詩唱酬數次今年郡齋獨坐慨然有懷復用前韻寄惇濟子權時皆在湖州〉詩。考夢得去年六月到任，以建康貴重九日，故與賀子忱諸人有松竹臺之約，今年遂作此詩。

按：賀允中，字子忱，蔡州汝陽人，《宋史翼》卷九引韓元吉〈資政殿大學

士左通議大夫致仕賀公墓誌銘〉爲傳。登政和五年進士，曾使金國賀正旦，時金人始通，眾皆憚行；道遠且險，館餽或不時，金之伴著率粗暴鮮禮，子忱嘻笑待之，惟刺其下情而已，終得其實以歸，惜執政不以爲然，乃請退休。南渡後，數召，不拜，紹興八年，始爲江西安撫制置大使司參議官，九年，入爲倉部郎，轉吏部，復請外，除福建路轉運副使，其後歷禮部侍郎等。高宗知之深，眷之厚，凡中外奏封論事者，多付子忱看詳以聞。子忱善書，高宗嘗以所臨王羲之四帖爲賜，批紙尾曰：「卿留心翰墨，深得八法之妙，勿以不工爲笑也。」，數乞致仕，孝宗即位，詔落致仕，復與當路不合致仕，乾道四年卒，年七十九。

徐惇濟，傳歷無考，《建康集》卷一有〈雨夜與模論中原旦起模與徐惇濟游清涼觀形勢嘉其有志因以勉之〉，卷二有〈徐惇濟書報嘗過余石林〉詩。祝子權，傳歷無考，夢得作品僅此見。

十月，病喘。

《建康集》卷六〈第二次乞宮觀第一狀〉云：「……伏念臣犬馬之齒六十有四，衰羸多病每歲有加，自去年十月以來，舊苦肺氣屢作……。」

是年，高居實子紹持遺文詣府，爲作書後。

《建康集》卷三〈書高居實集後〉：「紹興己未，余守建康，居實之子紹持其遺文一編相示，兵火散亡之餘，所存蓋十一，覽之太息，追數往游俯仰如前日事。」
按：高居實事，參見本譜元祐八年（西元 1093 年）。

是年或稍後，《石林詞》一卷成。

《石林詞》中可考年月者以〈菩薩蠻〉『經年不踏斜橋路』作於紹興九年五月爲最晚，是《石林詞》之成當在是年或稍後。

《石林詞》汲古閣刊本卷首關聖功題云：「味其詞，婉麗有溫李之風；晚歲落其華而實之，能於簡淡中時出雄傑，合處不減靖節東坡。」

編年文：第一次乞宮觀第一狀。

與梁仲謨論榷貨務書。

回霍經制啓。

賀天申節表。

賜硯銘。

第一次乞宮觀第二狀。

府學記。

編年詩：山間每歲正月望後梅花盛開多與客飲花下今年郡廨獨坐十四夜張暘
　　　叔晁激仲相過共話宣和間事慨然歸不能寐因以寫懷。

　　　去歲以九月期賀子忱徐惇濟祝子權爲松竹臺之會作寒字韻詩唱酬
　　　數次今年郡齋獨坐然有懷復用前韻寄惇濟子權時皆在湖州。

編年詞：〈菩薩蠻〉『經年不踏斜橋路』。

編年著作：《石林詞》一卷。

紹興十年庚申（西元 1140 年）　六十四歲

〔五月，金人敗盟，分道入寇。〕

去年十月至今年二月，撤舊學宮而新之，並奏乞添置教員。

《建康集》卷四〈府學記〉云：「紹興二年，某始以安撫大使分鎮（建康），
方時自淮以北，裂爲盜區……鼙鼓相聞，蓋欲葺而未暇。後七年……蒙恩復
畀居守。視事之明年，輯寧荒殘，流亡稍復，民益安業，於是喟然曰：『可
以有事於學矣。』，乃命其屬，因舊址盡撤而新之，起己未孟冬，訖庚申仲
春，凡五月。爲屋百二十有五間，闢其南向以面秦淮，增斥講肄……」又《石
林奏議》卷十一〈奏乞府學添差教授狀〉云：「臣近重建本府學舍，畢工，
訪聞西北流寓士子皆欲前來聽讀，舊止有教授一員，竊慮人眾，訓導不能遍
及……欲望聖慈依例更特添差教授一員以幸學者。」

《景定建康志卷》卷十四表十及卷二十八儒學志一：「建康府學在州之東南
隅，自罹兵火，城郭邱墟，獨學宮巋然僅存，頹垣敗壁毀壓相藉，夢得再至……
既又作小學於大門之東，并核其產之歲入若干，各爲圖籍，以時輸之，供廩
給之費……且援西京例，奏增置教官一員。」又清王昶《金石萃編》：「宋嘉
定癸未建康府教授西廳記云，金陵學官舊惟一員，今西廳是也。紹興初留守
尚書石林葉公以行都請增置，故東西對立。」

二月，以病復請宮觀，有乞宮觀三狀，俱未允。

《建康集》卷六〈第二次乞宮觀第一狀〉云：「……伏念臣犬馬之齒六十有
四，衰羸多病，每歲有加，自去年十月以來，舊苦肺氣屢作，至今尚未平

復，……欲望聖慈特賜哀憐，除臣依舊在外一宮觀……。」，其第二狀云：「……伏蒙聖恩未賜俞允……今者待罪已一年零八個月……」，又第三狀云：「右臣……乞宮觀，今月十九日……已降詔旨不允……。」

二月十二日，與何彥發同觀明皇吹簫圖。作書後。

《建康集》卷三〈書明皇吹簫圖後〉：「此周昉畫，家舊有南唐摹本……紹興庚申二月十二日久陰初晴爲山亭與何彥發同觀……。」

按：何彥發，無考。

二月二十三日，獲進一官。

《石林先生兩鎮建康紀年略》：「二月丁卯（二十三日），先生與江西安撫制置大使兼知洪州張守，知應天府兼南京留守路允迪並進一官。」《建炎以來繫年要錄》卷一百三十四略同。

薦李朝正，當在四月初三以前。

《建炎以來繫年要錄》卷一百三十五：「四月丁未（初三），右宣義郎知建康府溧水縣李朝正召赴行在。先是，江東制置大使葉夢得言朝正到官二年招集歸業人戶萬餘，磨出隱漏稅賦四萬貫……有顯效，乞稍加試用，以風能吏。上召對，既而謂秦檜曰：『近時縣令以政績被薦，往往別除差遣，不若與之進秩還任，庶久則民安其政。』乃遷一官，賜五品服遣還。」

按：《景定建康志》卷四十九〈治行傳〉：「皇朝李華字君儀，溧陽人……子朝正，字治表，性剛直不苟於勢利。游太學，登第，歷敕令所刪定官。知溧水縣，民詣府舉留，知府葉參政夢得薦於朝，被召賜對，轉一官，賜銀緋，從民所欲，命還溧水。陛辭，乞易所得章服封母，從之；秩滿，除太府寺簿，母憂，服闋，再除敕令所刪定官；俄除戶部郎，改右司，遂權戶部侍郎奉祠知平江府。紹興二十五年卒，年六十，官至朝奉大夫。」夢得樂意拔擢後進。考夢得所薦引者，有俞栗、王庭秀、辛炳、孫佑、徐度、汪愷、魯察、李朝正等人；除徐度外，其餘皆與夢得無往來之跡可尋，更可見夢得薦人唯才，非欲黨私也。

五月，金人敗盟，分道入寇，夢得〈有聞邊報示諸將〉、〈敵兵復過河王師出討〉、〈遣晁公昂按行瀕江營壘〉、〈聞敵兵將過淮再遣公昂覘師〉等詩。

見《建康集》卷一。〈敵兵復過河王師出討〉「不信平涼有劫盟」句下注「始議講和，余數言其不然」當即指金人敗盟事；又金人分道南侵，遣撒離喝自河中渡河，故夢得有〈聞敵兵將過淮再遣公昂覘師〉詩，同卷〈有聞邊報示諸將〉、〈遣晃公昂按行瀕江營壘〉當亦此時作。

五月十三日，奏請修行宮四殿，上諭止營兩殿。

見《石林奏議》卷十〈奏繳行宮圖并宮室議箚子〉、〈奏營葺行宮制度畫一箚子〉、〈奏論行宮防守箚子〉、〈堂白營葺行宮畫一箚子〉。

《建炎以來繫年要錄》卷一百三十五：「五月丙戌（十三日），江東制置大使兼行宮留守葉夢得奏修行宮欲大慶文德垂拱紫宸四殿，規模稍大，上恐勞民，諭撫臣令從簡儉，止營兩殿足矣。」

按：是年三月，詔復營建康行宮；五月，金人叛盟，兀朮等來攻，諸事罷廢，六月丁未，乃罷行宮營繕。

五月二十六日，金人圍順昌。劉光世拜太保，為三京招撫處置使，以援劉錡，夢得書賀之。

《建康集》卷七〈賀三京招撫劉太保啓〉云：「……總御六師，早席將門之舊，擴清四海，屢扶王室之危……某久幸從游，欣聞布告，莫遂瞻承之志，徒深慶抃之誠。」

按：劉光世字平叔，《宋史》卷三六九有傳。延慶之子，故夢得有「將門之舊」語；光世曾討張迪，靖康元年據杏子堡退金兵，斬山東賊李昱，平鎮江叛兵等，故言「屢扶王室之危」。夢得《建康集》卷一另有〈劉太保招撫淮北劉馬軍屢奏捷〉詩，當亦此時或稍後作。又同卷有〈送馬參議觀國從辟劉太保〉，劉太保即指劉光世，則是詩或作於此時。

六月，諭王德出兵援劉錡以解順昌之圍，德遂行，至順昌。適圍已解，乃復還廬州。

《建炎以來繫年要錄》卷一百三十六：「六月丙寅（二十三日），行營左護軍都統制王德至順昌府。初上命淮西宣撫使張俊遣德以所部授劉錡，俊既不樂錡，而德復懼撥隸劉光世軍，遷延未行。建康留守葉夢得諭德曰：『朝廷頒賞格能立奇功者，使節度使皆即軍中書告舊未聞也，且劉錡名素出君下，今且奮報國，君能救錡，則可謂奇功矣。』德遂行，未至而敵已去，德以數千騎入城與錡相見，俄復還廬州。」

按：王德字子華，《宋史》卷三六八有傳。原隸姚師古，建炎元年，改隸劉
　　光世，屢有建功，欲自致功名，而世忠必欲德爲之使，二人有隙。紹興
　　七年，劉光世罷，德盡其眾，酈瓊與德故等夷，恥屈其下，遂率眾叛從
　　劉豫。十年，取宿州、亳州，進拜興寧軍承宣使、龍神衛四廂都指揮使。

六月，有〈賀張少師奏捷啟〉及〈寄順昌劉節使〉詩。

見《建康集》卷七及卷一。

按：六月甲辰（初一），張俊以退酈瓊兵進少師，封濟國公，夢得書賀之。
　　又同月乙卯（十二日），劉錡有順昌之捷，夢得詩賀之。

閏六月十七日，陞資政殿大學士。夢得有辭箚併貼黃及謝表。

《建炎以來繫年要錄》卷一百三十六：「閏六月己丑（十七日），資政殿學士
江南東路安撫制置大使兼知建康府葉夢得陞資政殿大學士。」

又《建康集》卷六有〈辭免資政殿大學士第一箚子〉及〈第二箚子〉及〈貼
黃〉、卷五有〈謝資政殿大學士表〉。

上書秦檜論張俊、劉錡、王德三軍佈置。

見《建康集》卷八〈又與秦相公書〉，中有「某初八日上狀，當獲呈浼……
敵自前月二十九日順昌敗後……」等語，是知夢得與秦檜書作於閏六月。

書云：「敵自前月二十九日順昌敗後，別未有動息，縱益兵復來，亦未能及
盛……張少師出軍已四日，聞欲以來日就道。將士極銳，有自殘請行者，殊
可喜；嘗與之商榷賊情，似有乘間欲奮者計，已屯壽春，伺敵爲進退。後劉
錡一軍既無虞，令堅守順昌爲得策。但王德既行，甚反側，嘗訴於張累數千
言，盡發劉侯平昔曲折，以謂若隸部曲，即自刎首淮上，張亦稱其人可用
材……抑之恐生事，朝廷果許自爲方略包籠之，其官已高……方畏屬人，宜
可詭以成功。」

書中又及榷貨務事，頗見經畫之勞。

又書云：「惟椎貨務積鏹截日已竭，尚未有張軍後詢之備。而省箚連下，支
太平椿管與劉錡激賞，除銷外皆無有，愈不可緩，已逐急那移兊撥具；申明
若不足數，或當於折帛錢內應付，繼此若更有之降，必不能辦。」

九月初九，高宗合祀天地於明堂，赦天下。有賀表及謝大禮加封食邑
表。祖父追贈，有〈顯祖贈太師惠國公焚黃文〉、〈顯考贈太保焚黃文〉。

見《建康集》卷五〈賀明堂禮畢降赦表〉、〈謝大禮加封食邑表〉。又同書卷一有〈顯祖贈太師惠國公焚黃文〉云：「某待罪建康之二年，上不以爲無能，過錄其勞，進職資政殿大學士，禮得通贈二代。是歲，大享明堂，贈我顯祖爵。」同卷〈顯考贈太保焚黃文〉云：「去歲秋，明堂禮成，以其忝資政殿大學士，于是始開公爵，有太保之命。」則〈顯考贈太保焚黃文〉當作於紹興十一年。

十月，府廨大火。有待罪箚子及謝赦罪等表。

見《建康集》卷六〈奏居民遺火待罪箚子〉及〈再奏居民遺火待罪箚子〉及卷五〈謝軍寨遺火赦罪表〉、〈謝居民遺火待罪令安職表〉。

按：《宋史》卷六十三〈五行志〉二：「紹興十年十月，行都火，燔民居，延及省都。」《景定建康志》卷十四表十：「府城居民遺漏，延燒府治，自外門直至府宅皆焚毀，惟軍資庫及大軍庫無損。」

十二月，有〈賀皇太后冊寶禮成〉。

見《建康集》卷五。冊文有「幸法駕之將還」句，據《宋史》卷二四三〈后妃〉下，時皇太后仍留金，帝乃遙上皇太后冊寶於慈寧殿。《宋史》卷二十九〈高宗本紀〉六：「十二月壬午（十二日），上皇太后冊寶於慈寧殿。」

〈祭韓運使文〉蓋作於本年。

見《建康集》卷四。云：「宣和丁亥（當作「己亥」），從我許下，二十二年，如閱晝夜。」宣和己亥（西元1119年），下推二十二年，即紹興十年。

按：韓運使，傳歷無考。祭文中云：「忠憲之德，博厚溫恭，左右仁祖，既有顯庸，是生康公，至于莊敏，宜其孫曾，百世不泯，侃侃大夫，莊敏之孫，盎然慈和，克紹其門。」忠憲指韓忠憲公，即韓億，莊敏公即指韓縝，此云「莊敏之孫」，當即指韓宗武子，惟韓宗武《宋史》無傳，其子嗣亦無可考矣。又夢得在許昌日，頗與韓宗武游（參見本譜宣和元年己亥），韓氏子當與夢得亦有往來。諸本皆作「宣和丁亥」，而宣和並無「丁亥」年，且宣和「己亥」（西元1119年），夢得正在許昌，與「從我許下」句合，今改之。

本年至紹興十四年間，有〈程致道集序〉。

見《建康集》卷三，序云：「（致道）嘗裒次平生所爲文，欲屬余爲序，會兵

興不果……紹興十年，詔重修哲宗史，復起致道領其事，力辭疾不拜，而以前欲屬余者請之甚堅。……致道名俱，今爲左朝請大夫徽猷閣待制，提舉亳州明道宮。」程俱事見本譜政和三年（西元 1113 年）。又程俱卒於紹興十四年，程俱門人鄭作肅〈北山集後序〉：「紹興甲子歲，先生卒。其子請公（夢得）如約，公從之，僅述誌敍未及銘詩而薨，然其稿今傳於世也。」夢得與致道之約，參見本譜建炎三年。

按：俱卒於紹興十四年。

編年文：府學記。

　　　　奏乞府學添差教授狀。

　　　　賀天申節表。

　　　　第二次乞宮觀第一狀。

　　　　第二次乞宮觀第二狀。

　　　　第二次乞宮觀第三狀。

　　　　奏措置買牛租賃與民耕種利害狀。

　　　　奏繳行宮圖并宮室議箚子。

　　　　奏營葺行宮制度畫一箚子。

　　　　奏論行宮防守箚子。

　　　　堂白營葺行宮畫一箚子。

　　　　賀三京招撫劉太保啓。

　　　　辭免資政殿大學士第一箚子。

　　　　辭免資政殿大學士第二箚子。

　　　　貼黃。

　　　　謝資政殿大學士表。

　　　　顯祖贈太師惠國公焚黃文。

　　　　又與秦相公書。

　　　　賀明堂禮畢降赦表。

　　　　謝大禮加封食邑表。

　　　　奏居民遺火待罪箚子。

　　　　再奏居民遺火待罪箚子。

　　　　謝軍寨遺火赦罪表。

　　　　謝居民遺火待罪令安職表。

賀皇太后冊寶禮成。

祭韓運使文。

程致道集序。

編年詩：有聞邊道報示諸將。

敵兵復過河王師出討。

遣晁公昂按行瀕江營壘。

聞敵兵將過淮再遣晁公昂覘師。

寄順昌劉節使師。

劉太保招撫淮北劉馬軍屢奏捷。

送馬參議觀國從辟劉太保。

賀張少師奏捷啓。

紹興十一年辛酉（西元 1141 年）　六十五歲

二月，金兵入合肥，漸至歷陽，淮西宣撫使張俊猶豫未發兵，夢得見俊，以危語動之，俊遂遣兵渡江，敵退屯昭關；後三日，復敗金人含山、復昭關；又敗之全椒、拓皋，連挫金人，復合肥。有〈書為山亭石上〉記其事，又有〈二月六日敵兵犯歷陽方出師客自吳江來有寄聲道湖山之適趣其歸者慨然寫懷〉、〈淮西軍連日告捷喜成口號二首〉詩。

《建炎以來繫年要錄》卷一百三十九：「二月癸酉（初四）……葉夢得見俊，請速出兵，俊猶遲之曰：『更俟探報。』，夢得曰：『敵已過含山縣，萬一和州為金人所有，長江不得保矣。』俊遂令諸軍進發……敵退屯昭關。」又《宋史》卷三六九〈張俊傳〉：「十一年二月……葉夢得見俊，請速出兵。」

按：二月癸酉（初四），金兵退屯昭關；丙子（初七），王德敗金人於含山東；己卯（初十），關師古、李橫取巢縣；壬午（十三日），張守忠敗金人於全椒，癸未（十四日），劉錡、張俊、楊沂中等會兵取含山縣，復昭關；丙戌（十七日），敗金人於仙宗；丁亥（十八日），又敗之於拓皋；己丑（二十日），又敗之於店步，復合肥。（事見《建炎以來繫年要錄》卷一三九、《宋史》卷二十七〈高宗本紀〉四、《宋史》卷三六六〈劉錡傳〉、《宋史》卷三六八〈王德傳〉。）

又按：《宋史》卷三六九〈張俊傳〉載張俊進軍，賊退屯昭關，下云：「明年，
　　　金復入寇至拓皋。」，以一時一事分屬二年，今據《建炎以來繫年要
　　　錄》改之。

**二月二十日，金人犯淮，夢得團結民兵據江津，遣子模率千人守馬家
渡，金人不得渡而還。**

《建炎以來繫年要錄》卷一百三十九：「己丑（二十日），資政殿大學士江東
安撫制置大使知建康府葉夢得團結沿江居民數萬分據江津，遣其子書寫安撫
司機宜文字模將千人守馬家渡，及是，宗弼、鄒瓊以輕兵來犯，不得渡而還。」
《景定建康志》卷十四表十、宋李攸《宋朝事實》卷十〈宰執拜罷〉同。

按：馬家渡乃建康府要津，《景定建康志》卷十六〈疆域志〉二：「馬家渡在
　　府界上。采石江闊而險，馬家渡江狹而平，兩處相去六十里，皆與和州
　　對岸。昔金人南侵直犯馬家渡，則此渡比采石尤為要害。」

**是月，建康屯重兵，夢得被命兼總四路漕記，致饋餉軍用不乏。二十
七日，以諸將捷書繼至，奏稱賀，上詔獎之。**

見《建康集》卷六〈奏淮西宣撫使殺敗金人箚子〉及卷五〈謝奏陳金師退敗
降詔獎諭表〉。

又《建炎以來繫年要錄》卷一百三十九：「二月丙申（二十七日），江東制置
大使葉夢得上奏稱賀，詔加獎。初建康屯重兵，歲費錢八百萬緡、米八十萬
斛，榷貨務所入不足以贍，至是禁旅與諸道之師皆至，夢得被命兼總四路漕
記以給饋餉軍用不乏，故諸將得悉力以戰，由是朝廷益嘉之。」《景定建康
志》卷十四表十、宋李攸《宋朝事實》卷十〈宰執拜罷〉同。

按：二月二十一日，張俊、楊沂中、劉錡至廬州城外；二十六日，捷書累至，
　　軍聲大張（事見《建炎以來繫年要錄》卷一三九。）

春、夏間病甚，三上奏乞宮祠，不果。有〈第三次乞宮觀〉三狀。

見《建康集》卷七。〈第三次乞宮觀第一狀〉云：「臣去年春以疾病三具奏乞
罷免府事。」又云：「叨冒養痾首尾已及三年。」；同卷第二狀云：「素抱羸
疾，積久有加，筋力衰疲，不可勉強。」又云：「去歲金人敗盟……捍內保
外，寢食皆廢，所苦遂復，暴作喘滿，上乘不可俯仰，兩人扶掖僅能行步，
心氣彫耗通夕不寐，塊然殘骸，幾不勝衣。」

六月十六日，上陞夢得觀文殿學士，令再任；有辭免箚子及謝表。

《建炎以來繫年要錄》卷一百四十：「六月癸未（十六日），資政殿大學士江南東路制置大使兼知建康府葉夢得陞觀文殿學士」《建康集》卷六有〈辭免觀文殿學士箚子〉、卷五有〈謝觀文殿學士表〉、卷七〈除觀文殿學士令再任謝執政啓〉。

按：夢得陞觀文殿學士，當亦與二月間措置府事得宜有關，故有是命；《宋名臣言行錄》別集卷四云：「初，建康屯重兵，歲費錢八百萬緡……（夢得）被命兼總四路漕計以給饋餉，軍用不乏，故諸將得悉力以戰，無匱。未幾，以觀文殿學士寵之。」

又按：除觀文殿學士令再任之事，《景定建康志》卷十四表十繫於十一月初十，考夢得於六月滿秩，不應至十一月方令再任；且其辭免箚子內云：「去秋已進資政殿大學士，於今未及一年」，可知《景定建康志》之誤。

是年，有〈再任後遣模歸視石林四首〉、〈為山亭後有小池叢石間得石螭因以斛汲水導注之〉、〈為山亭移植冬青等近遂成陰〉、〈小飲示幕府〉、〈七夕〉諸詩，〈祈雨諸廟文〉、及〈賀天申節表〉。

《建康集》卷一有〈為山亭後有小池叢石間得石螭因以斛汲水導注之〉詩云：「索寞歸心誰與寄，家山不到已三年。」考夢得紹興八年六月到任，離山三年，當即今年。同卷〈為山亭移植冬青等近遂成陰〉、〈小飲示幕府〉二詩，或亦此時作，暫繫此。同書卷二有〈再任後遣模歸視石林四首〉詩云：「巖石三年別，君恩未許歸。」〈七夕〉詩云：「七夕仍殘暑，三年記此宵。」卷四〈祈雨諸廟文〉云：「某待罪此邦行三年矣」，故入。

是年，建芙蓉堂。

《景定建康志》卷二十一〈城闕志〉二堂館：「芙蓉堂在安撫司僉廳後，紹興十一年葉公夢得建。」

十二月，岳飛（鵬舉）死。

編年文：書為山亭石上。

賀天申節表。

奏淮西宣撫使殺敗金人箚子。

謝奏陳金師退敗降詔獎諭表。

第三次乞宮官第一狀。

第三次乞宮官第二狀。

第三次乞宮官第三狀。

辭免觀文殿學士箚子。

謝觀文殿學士表。

除觀文殿學士再任謝執政啓。

顯考贈太保焚黃文。

祈雨諸廟文。

編年詩：二月六日敵兵犯歷陽方出師客自吳江來有寄聲道湖山之適趣其歸者
　　　　慨然寫懷。

　　　　淮西軍連日告捷喜成口號二首。

　　　　再任後遣模歸按視石林四首。

　　　　七夕。

　　　　爲山亭後有小池叢石間得石螭因以斛汲水導注之。

　　　　爲山亭移植冬青等近遂成陰。

　　　　小飲示幕府。

紹興十二年壬戌（西元 1142 年）　六十六歲

〔三月，宋金和議成。〕

去年冬至今年春間，有〈聞莫尚書周侍郎已自鄂州過江入漢上〉詩。

去年十二月乙亥（十一日）金人趣割陝西餘地，莫將、周聿等遂奉詔往分畫
京西、唐、鄧、陝西地界（見《宋史》卷二十九〈高宗本紀〉及《建炎以來
繫年要錄》卷一四三）；詩中有「傳軍已割淮壖地」句，故繫此。

三月八日，有〈三月八日草堂獨坐〉詩。

見《建康集》卷二，其中有「四年身不到吾廬」句，故繫。同卷〈東園草堂
新成〉二首當之前作，詩中有「官舍如何有草堂，野人熟處是難忘」，「怪翁
歸意何能緩，新築高台見臥龍」句，夢得此時或懷念山居生活。

按：夢得建清心堂亦在是年（詳下），或別是一堂？

春末，徐度過訪，夢得與度及吳德素、章思台游天禧寺、石頭城等處。

見《建康集》卷二〈又明日復同惇立總領吳德素運使章思台過天禧寺登雨花台再用前韻〉詩，詩中「復度白雞年」句下注云：「去歲辛酉」，故繫。又有「殘春掃餘花」句，夢得與度等人遊，當在春、夏之交；同卷〈徐惇立相過〉詩中「暫留客枕聽颯雨」句下注云：「時久旱方得雨」，據《宋史》卷六十六〈五行志〉四：「紹興十二年三月，旱六十餘日」，是詩或三、四月間作；同卷〈同惇立游蔣山謁寶公塔王荊公墓晚過草堂寺周顒故宅也〉、〈又明日復游石頭城清涼寺再用前韻〉、〈與惇立夜話有懷石林復用前韻〉、〈用前韻送惇立〉當皆此時作。又同書卷一〈徐惇立罷吏部郎官出守天台待次卞山舊居因寄〉或此時作，詩中有「肯記舊游聊待我，未須催駕赤城車」句，蓋惇立居卞山，夢得寄詩，故惇立過訪。

按：徐度，參見本譜紹興四年；吳德素、章思台、傳歷無考。《景定建康志》卷二十二臺觀：「雨花臺在城南三里，據岡阜最高處，俯瞰城闉。」同書卷四十六：「天禧寺，即古長干寺，在城南門外」，同卷：「清涼廣惠禪寺，在石頭城，去城一里。」

蓋〈余每歲病肺往往坐達旦去冬以來偶不作遂得安眠〉詩疑亦作於春末。

見《建康集》卷二。考夢得久病哮喘，前年五月金人復入寇，夢得經畫府事，措置防禦，筋力衰疲；去年春夏間病甚，是詩或此時作。

四月十八日，獻三萬緡以助奉迎兩宮之費。

《建炎以來繫年要錄》卷一四五：「四月辛巳（十八日），江南東使王喚等獻本司銀錢十萬緡兩以助奉迎兩宮之費……江東大得獻三萬緡。」

按：本年三月，宋金達成協議，金許歸還徽宗梓宮及韋太后。

四月二十九日，趙子晝卒，有〈哭趙叔問〉詩。

按：趙子晝，字叔問，燕王五世孫，《宋史》卷二四七有傳，程致道《北山集》卷三十三有〈宋故徽猷閣直學士左中奉大夫致仕常山縣開國伯食邑九伯戶贈左通奉大夫趙公墓誌銘〉。叔問少端厚警敏，秀穎特異，工書翰，事父至孝，登大觀元年進士第。歷知憲州、澤州及密州。南渡後，為吏部員外郎，遷尚書左司員外郎，建炎五年，除權禮部侍郎，遷徽猷閣待制樞密都承旨；以公族為侍從、及改官制後、都承旨用文臣，皆自子晝始。紹興十二年四月二十九日卒，年五十四。

五、六月間，以再任又將一年且母年事已高乞宮祠，不果，有〈乞宮觀劄子〉。

見《建康集》卷六。云：「臣待罪留都，去年夏合當終秩，誤蒙聖恩復令再任……至今六月，又將滿歲……臣貪冒苟取首尾實及四年……兼臣母年高別無兼侍。去春，先還閭里，垂白之年關於奉養，朝夕尤不能自安。」

按：此處所指母，當榮國太夫人，夢得生母晁夫人早卒。

六月，作二井於州治前，有〈二井銘〉。

《石林先生兩鎮建康紀年略》：「（十二年）六月州治前新作二井，有銘。」

秋，再乞宮觀，有〈再乞宮觀劄子〉。

見《建康集》卷六。云：「……今茲遷延再任，又已踰年……」考夢得當於六月滿秩，此處既言「已踰年」，則當在六、七月以後。

十月，有〈徽宗皇帝祭文〉三首及〈徽宗皇帝挽歌詞〉五首。

見《建康集》卷四及卷二。

按：建炎元年二月，金人脅徽宗北行；紹興五年四月，帝崩於五國城；七年九月，凶問始至江南，時夢得居湖州；十二年十月丙寅（初七）上權攢徽宗皇帝、顯肅皇后於會稽之永祐陵。祭文中有〈留守司〉一首，乃夢得再鎮建康時官稱，故繫此。

是年，據經武堂舊基建清心堂。

《景定建康志》卷二十一〈城闕志〉二堂館：「清心堂在府治設廳後，即經武堂舊基。紹興十二年葉公夢得建。」

夢得以兩鎮建康，有《建康集》八卷。

《直齋書錄解題》卷十八云：「石林建康集十卷，皆帥建康時詩文；其初以所蒞官各為一集，後其家編次總而合之，此集其一也。」然考清葉廷琯刻本作八卷，四庫全書所收亦八卷本，其末有夢得孫籈題跋云：「右先君（模）……手編建康集八卷，乃大父左丞紹興八年再鎮建康時所作詩文也。」則《直齋書錄解題》十卷之說，或後人傳抄錯誤，或今本殘缺亡其二卷，不得而知。

按：夢得詩詞文章為士林所推崇，宋韓淲《澗泉日記》卷下云：「葉少蘊文字有起伏曲折。」，《建康集》道光重刊本卷首引清王士禎《帶經堂集》云：「葉石林，晁氏之甥，學有師承，筆力雄邁，猶有東京盛時風氣，

非南渡諸人所及。」又引《居易錄》卷一云：「石林晁氏之甥，及與無咎、張文潛游，爲詩文筆力雄厚，猶有蘇門遺風，非南渡以下諸人可望。」，四庫全書《建康集》提要云：「夢得……文章高雅，猶存北宋之遺風，南渡以後與陳與義可以肩隨，尤楊范陸諸人皆莫能及。」

又按：夢得兩鎮建康，政績斐然，備受愛戴。宋周煇《清波雜志》卷三：「建康，六朝故都。葉石林少蘊居留日，嘗命諸邑官能文者搜訪古蹟，製圖經……號上元古跡。後史志道侍郎修建康志，宛轉借去，志成，爲助良多。」同卷又載：「建康創建府治，石林委府僚佀圖……其他政事精明，彼民至今能道之。」清張履〈重刻建康集序〉亦云：「蓋公當高宗南渡兩帥建康經戎馬蹂躪之餘，死傷載道，府寺民廬鞠爲榛莽。公內盡休養之道，外竭備禦之方；兼綜財賦給諸軍饋餉不乏，俾得悉力於戰；而又於其間繕葺講堂，刊購經史，以作興文教，其事功卓卓如此。」

十二月十二日，奉詔移知福州，二十六日自建康起程。

《建炎以來繫年要錄》卷一百四十七：「十二月庚午（十二日），少傅新判福州信安郡王孟忠厚與觀文殿學士江南東路安撫制置大使知建康府葉夢得兩易，時海寇朱明連歲作亂，環閩八郡皆被其毒，乃詔夢得挾御前將士便道之鎮。」

按：《宋史》卷四六五〈孟忠厚傳〉略同。忠厚乃隆祐太后兄，高宗以太后擁佑功，眷忠厚特優；時海盜猖獗，帝憂忠厚不能弭其患，故有是命。

《景定建康志》卷十四表十：「（紹興十二年）十二月二十二日，詔（夢得）知福州。」又《石林奏議》卷十四〈奏將帶高舉官兵取徑路之任狀〉云：「尋於十二月二十六日起離建康府。」

編年文：乞宮觀劄子。

賀天申節表。

再乞宮觀劄子。

徽宗皇帝祭文三首。

奏將帶高舉官兵取徑路之任狀。

編年詩：二井銘。

聞莫尚書周侍郎自鄂州過江入漢上詩。

三月八日草堂獨坐。

余每歲病肺往往坐達且去多以來偶不作遂得安眠。

哭趙叔問。

挽徽宗皇帝詞五首。

徐惇立罷吏部郎官出守天台待次卜山舊居因寄。

徐惇立相過。

同惇立游蔣山謁寶公塔王荊公墓晚過草堂寺周顒故宅也。

明日復游石頭城清涼寺再用前韻。

又明日復同惇立總領吳德素運使章思台過天禧寺登雨花台再用前韻。

與惇立夜話有懷石林復用前韻。

用前韻送惇立。

編年著作：《建康集》八卷。

紹興十三年癸亥（西元 1143 年）　六十七歲

為福建安撫使。

《宋史》本傳：「移知福州，兼福建安撫使。」

二月二十一日，奏措置弭盜事。

見《石林奏議》卷十四〈奏乞遇本路討賊權令江西廣東官吏聽節制箚子〉、〈奏本路討捕盜賊略盡乞下江西廣東帥司提刑司乘時措置箚子〉。

《宋史》本傳：「海寇朱明猖獗，詔夢得挾御前將士便道之鎮，或招，或捕，或誘之相戕，遂平寇五十餘壘。」

《建炎以來繫年要錄》卷一百四十八：「二月己卯（二十一日），宰執奏福建安撫使葉夢得措畫弭盜之事，上曰：『盜之竊發，多緣守令非人掊克所致，宜令帥司條具，令凡有害於民者除之。』自此夢得或招、或捕、或誘之相戕，三策並用……監司謂盜魁林元仲必不可致，既而，夢得遂招致之；又謂俞徹明必再叛，萬少佺必大熾，而夢得處之皆定，異議遂息。」

按：元富大用《古今事文類聚外集》七亦有此條，注轉引〈莫濟撰葉夢得行狀〉，是知當時有夢得行狀，而清葉廷琯輯《石林先生兩鎮建康紀年略》時，並未引用，或有清時已佚。

嘗建萬象亭。韓元吉獲識夢得。

宋韓元吉《南澗甲乙稿》卷一〈萬象亭賦〉序：「紹興十有三年，石林先生自建康留鑰移帥長樂。惟公以文章道學伯天下，推其緒餘，見於政事，時閩人歲饑，餘盜且擾，曾未易歲，既懷且威，倉廩羨贏，野無燧煙，民飽而歌。乃闢府治燕寢後，築臺建亭，盡覽四山之勝，字曰萬象。公時以宴閒臨之，命賓客觴酒賦詩，以記一時之盛，某適以舊契之末，獲拜公於庭，知邦人之德公，而公之能與共樂也。」

按：韓元吉，字無咎，開封雍邱人，《宋史翼》卷十四有傳。《直齋書錄解題》稱元吉為門下侍郎韓維元孫，考其集中有〈高祖宮詩文編序〉，稱紹聖中公謫均州，又稱建中靖國以來追復原官，與維事績相符。元吉頗與夢得倡和，其《南澗甲乙稿》卷一有〈戊辰三月清明後三日見葉丈於石林承命賦詩作古風一首〉、卷六有〈次韻石林見貽絕句〉四首；惟夢得作品中未見與元吉酬唱之作，當已佚。

是年，有〈賀朝會表〉、〈奏措置分捕過盜賊火數官兵各已回軍狀〉、〈奏乞將殘破州縣今年稅賦量行蠲減狀〉、〈奏福興巡檢仍兼統領水軍就辟喬昌祖狀〉、〈申尚書省擬定五縣賞格狀〉。

宋謝伋《四六談塵》：「葉石林少蘊知福州，其賀朝會表云：『繄昔艱難，孰測聖人之勇，迨茲平定，益知天子之尊。』」，又《石林奏議》卷十四有〈奏措置分捕過盜賊火數官兵各已回軍狀〉，編錄於「福建安撫使」下，注「亥六月二十三日」，當指作於癸亥年。同書卷十五又有〈奏乞將殘破州縣今年稅賦量行蠲減狀〉、〈奏福興巡檢仍兼統領水軍就辟喬昌祖狀〉、〈申尚書省擬定五縣賞格狀〉，其下分別注「亥七月八日」、「亥八月二十六日」、「亥十月六日」，當皆是年作。

編年文：賀朝會表。

　　　　奏乞遇本路討賊權令江西廣東官吏聽節制箚子。
　　　　奏本路討捕盜賊略盡乞下江西廣東帥司提刑司乘時措置箚子。
　　　　奏措置分捕過盜賊火數官兵各已回軍狀。
　　　　奏乞將殘破州縣今年稅賦量行蠲減狀。
　　　　奏福興巡檢仍兼統領水軍就辟喬昌祖狀。
　　　　申尚書省擬定五縣賞格狀。

紹興十四年甲子（西元 1144 年）　六十八歲

二月初八，奏請差遣拘留海船與不係籍船戶。

《建炎以來繫年要錄》卷一百五十一：「二月己丑（初八），福建安撫使葉夢得乞將見拘留海船與不係籍船戶輪流差使，上曰：『不惟海船一事，民間積欠亦可放。』秦檜曰：『自來諸州各乞放積欠，為惠不均，欲令戶部取諸路之數條可蠲者以聞。』上曰：『善。』，因言：『朕頃在山東河北備見民間利病，如官司錮吏下鄉催科，此適足資其為姦耳。』乃詔江浙等路紹興八年以前拖欠，並與蠲之。」

五月至年末，有〈申樞密院乞將明溪為鎮置監鎮巡檢狀〉、〈申樞密院乞將明溪巡檢為清溪等三縣巡檢狀〉、〈申樞密院乞下浙西沿海州縣權暫禁止販米以絕朱明糧食狀〉、〈申樞密院乞與葉勝等添差差遣狀〉。

見《石林奏議》卷十五「福建安撫使」。其下分別注云：「子五月十日」、「子五月十九日」、「子九月八日」、「子十二月二十日」蓋指甲子年作。

十二月十一日，提舉臨安府洞霄宮。

《宋史》本傳：「然頗與監司異議，上章請老，特遷一官，提舉臨安府洞霄宮。」

《建炎以來繫年要錄》卷一百五十二：「十二月丁亥（十一日），觀文殿學士左中大夫知福州葉夢得特遷一官，提舉臨安府洞霄宮，從所請也。」

按：《四朝名臣言行錄》別集卷四云：「紹興十四年（夢得）授崇慶軍節度使。」宋岳珂《愧郯錄》及〈建炎以來繫年要錄〉均繫此事於紹興十六年，《四朝名臣言行錄》或誤。

是年，程俱（致道）卒。

編年文：申樞密院乞將明溪為鎮置監鎮巡檢狀。

　　　　申樞密院乞將明溪巡檢為清溪等三縣巡檢狀。

　　　　申樞密院乞下浙西淞海州縣權暫禁止販米以絕朱明糧食狀。

　　　　申樞密院乞與葉勝等添差差遣狀。

紹興十五年乙丑（西元 1145 年）　六十九歲

提舉臨安府洞霄宮

十月望，王顯道欲輯吳郡太守題名錄，求文於夢得，夢得為之記。

宋范成大《吳郡志》卷十一題名云：「吳郡自古皆名人爲守，既略編敘，見牧守門。本朝郡將，則題名石具焉，中更兵燼，石久不存。紹興十五年，王喚始追輯……而石林先生葉夢得爲之記。記曰：『平江吳故都，控帶楚越，形勢風物，自爲一都會，本朝命守，多一時聞人，今寶文閣直學士王公顯道，由工部來鎮……郡舊有太守題名記，先後迭代，序次惟謹，亡於煨燼，顯道訪之久不得，乃更伐石，追修故事，以遺來者，而求文於余，以識其始……紹興十五年十月望，觀文殿學士左通議大夫提舉臨安府洞霄宮葉夢得記并書。』」

又《避暑錄話》卷下亦有「吳下全盛時，衣冠所聚，士風篤厚，尊事耆老。來爲守者多前輩名人，亦能因其習俗以成美意，舊通衢皆能立表揭爲坊名……」條。

紹興十六年丙寅（西元 1146 年）　七十歲

去年十月至今年正月間，秦檜欲令夢得帥蜀，力辭不就，忤檜意。

《宋史》本傳：「尋拜崇信軍節度使致仕。」

《直齋書錄解題》卷十八云：「秦檜秉政，欲令帥蜀，辭不行，忤檜意，以崇慶軍節度使致仕。」

按：本傳作「崇信軍」，《直齋書錄解題》及《建炎以來繫年要錄》、宋岳珂《愧郯錄》皆作「崇慶軍」。據《宋史》卷八十五〈地理志〉一，「崇信軍」節度已於太平興國元年升爲隋州；卷八十九〈地理志〉五，崇慶軍節度隸成都府路。

正月十八日，告老，拜崇慶軍節度使致仕。韓元吉有代賀致仕啟。

《建炎以來繫年要錄》卷一百五十五：「正月戊子（十八日），觀文殿學士左通議大夫提舉臨安府洞霄宮葉夢得告老，特拜崇慶軍節度使致仕，夢得除節鉞不降麻，非舊典也，蓋中書失之（舊例納節不降，葉夢得自文階改除，當降制也）。」

宋岳珂《愧郯錄》卷八〈帶節降麻〉：「祖宗故事，將相文武之臣以旄　得謝，例換環衛班高。若特恩，則文換東宮官，謂之納節不降麻。紹興十六年春正月戊子，觀文殿學士葉夢得拜崇慶軍節度使致仕。夢得方無恙，而不復降麻，殊非舊典。」

按：蓋夢得帶節致仕，而不降麻詞，乃非舊典，或與忤檜意有關。

韓元吉有〈代賀致仕啓〉，見其《南澗甲乙稿》卷十二。

章徽州嘗以古銅酒器為夢得壽。

見《巖下放言》卷中：「余少好藏三代秦漢間遺器，遭錢塘兵亂，盡亡之。後有遺余銅鳩杖頭，色如碧玉，因以天台藤杖為幹植之，每置左右。今年所親章徽州，在平江有鬻銅酒器，其首為牛，制作簡質，其間塗金，隱隱若可見，意古之兕觥。會余生朝，章亟取為余壽，余欣然，戲之曰：『正患吾鳩杖無侶，造物豈以是假之耶？』二物常以自隨。」

按：章徽州，傳歷無考。

本年，作《巖下放言》三卷。或曰剽自鄭景望《蒙齋筆談》，實不然，蓋鄭氏書剽自《巖下放言》也。

見《巖下放言》卷上〈華人發古塚得磚〉條：「升平四年至今紹興十六年，正七百八十七年。」《直齋書錄解題》卷十一亦云：「《巖下放言》一卷，葉夢得撰，休致後所作。」

按：《巖下放言》四庫提要：「夢得學問博洽又多知故事，其所記錄亦頗有可采，宋峽姑存以備一家焉。」宋鄭景望有《蒙齋筆談》，考其中文句全與《巖下放言》同，僅刪去其中二十餘條，錯落其餘以成書。清厲鶚《宋詩記事》以為《巖下放言》乃剽取後者而作，然考書中稱先祖魏公，又曰「余紹聖間春試下第」，曰「大觀初，余適在翰林」，曰「在潁州時初自翰林免官」，曰「余守許昌時，洛中方營西內」，又稱錢塘兵亂，又曰「余鎮福唐」，曰「出入兵間十餘年，所將數十萬」，曰「余頃罷建康」；又稱嘗撰《老子解》、《論語釋言》二書，所言仕履著述皆與夢得相符。則《蒙齋筆談》剽竊此書而作，確有明證，厲鶚書考之未詳。

是年或稍後，有〈祭周大夫文〉。

見《建康集》卷四。其云：「文安手足，同產五人，其四先亡，非君孰親，石林藏山，同一雪濱，百里而近，實相為鄰，我雖老矣，往來莫頻，話言相聞，意則甚真……」察其文意，作是當於夢得歸老之後，故繫此。

編年文：祭周大夫文。

編年著作：《巖下放言》。

紹興十七年丁卯（西元 1147 年）　　七十一歲

居湖州卞山。

是年或稍早，造藏書所，且名之曰樂壽廳與近仁、近智二齋。所藏書逾十萬卷。

《巖下放言》卷中：「自得此山，樂其泉石，欲為藏書之所。且攜數僕夫，荷鋤持畚，平夷澗谷，搜剔巖竇，雖風雨不避，旁觀皆以為甚勞，而余實未嘗倦……新居將成……因榜其廳事東西兩齋曰近仁、曰近智，而廳曰樂壽，非曰能之，蓋雖老猶將學焉，又以戒為子孫者也。」藏書事詳下條。

七月，關注作《石林詞》題辭。

見《石林詞》汲古閣刊本卷首，題云：「右（當作「左」）丞葉公以經術文章為世宗儒，翰墨之餘作為歌調，亦妙天下。元符中，予兄聖功為鎮江掾，公為丹徒尉，得其詞為多，是時妙齡氣象未能忘懷也；味其詞婉麗，綽有溫李之風。晚歲落其華而實之，能於簡淡時出雄傑，合處不減靖節東坡之妙，豈近世樂府之流哉……紹興十七年七月九日東廡關注書。」

是冬，宅與書俱燬於火。

宋王明清《揮麈後錄》卷七：「請康俶擾，中秘所藏與士大夫家者悉為烏有。南渡以來，惟葉少蘊少年貴盛，平生好收書，逾十萬卷，寘之霅川卞山，山居建書樓以貯之，極為華煥。丁卯冬，其宅與書俱蕩一燎。」宋周密《齊東野語》卷十二〈書籍之厄〉亦載：「世間凡物，未有聚而不散者，而書為甚……宋宣和殿太清樓龍圖閣御府所藏，猶盛於前代……然其後靡不厄於兵火者；至若吾鄉故家，如石林葉氏、賀氏，皆號藏書之多至十萬卷……亦皆散失無遺。」

是年前後，有〈祭淨山主文〉。

見《建康集》卷四，其云：「我葬先君于卞之麓，遂將終焉，因以卜築，惟時導師，凜若冰玉，惠然我從，實慰幽獨，兩居既成，左松右竹……俯仰三紀，倏如轉轂……」考夢得丁父憂於政和二年（西元 1112 年），三紀後當紹興十七年。

《石林奏議》十五卷輯成。蓋其先嘗有《志愧集》十卷，模編錄《石林議》十五卷，或即增輯《志愧集》而成。

按：《石林奏議》十五卷，《直齋書錄解題》載之；始於夢得官應天尹，迄於福建安撫使時，當是致仕歸老以後之作，故姑繫此。又宋馬端臨《文獻通考》卷二四七〈石林志愧集自序〉云：「進對以來奏稿，藏於家者若干篇，不忍盡棄，乃序次爲十卷，目之曰《志愧集》。」是夢得在日已有手定本，此十五卷者，爲第三子模所編錄，其各繫奏摺於夢得官歷下，次序井然，或即因《志愧集》增輯而成。

又按：《石林奏議》中，南渡以前僅存應天尹〈奏修城利害〉一狀，其餘如《宋史》本傳所載徽宗朝建言諸疏，概未一見；然自建炎、紹興以後，出入中外二十年間，偉略英謀，已燦然具備於是集，且有足補史料之遺者，乃爲史者不可或缺之書。夢得心繫朝綱，其《志愧集》自序可見：「夫天下豈無大安危，生民豈無大休戚，矧戎狄亂華，中原分裂，上方櫛沐風雨，旰食圖功，而身遭不世之主，橫被非常之知，所言僅如是而已；心非木石，安能不愧。」

編年文：祭淨山主文。

編年著作：《石林奏議》十五卷。

紹興十八年戊辰（西元 1148 年）　七十二歲

二月，居湖州，韓元吉來謁。

韓元吉《南澗甲乙稿》卷一有「戊辰二月清明後三日，見葉丈於石林，承命賦詩作古風一首。」

前年至今年間，韓元吉自夢得處得《許昌唱和集》。

見韓元吉《南澗甲乙稿》卷十六〈書許昌唱和集後〉云：「紹興甲子歲，某見葉公於福唐，首問（元吉先大父）詩集在亡，抵掌慨嘆，且曰：『昔與許昌諸公唱酬甚多，許人類以成編，他日當授子。』其後見公石林，得之以歸。」按：夢得歸石林在紹興十六年正月以後，元吉既云見公於石林，當在其後。

八月初二，薨於湖州，贈檢校少保。

《宋史》本傳：「卒湖州，贈檢校少保。」

《建炎以來繫年要錄》卷一百五十八：「八月丁亥（初二），添差兩浙東路馬部軍副總管崇慶軍節度使致仕葉夢得薨於湖州，贈檢校少保。」

夢得著有《葉石林書目》，《石林過庭錄》二十七卷，《葉少蘊東軒雜錄》一部一冊，《石林遊山方》，《石林總集》一百卷附年譜一卷，《石林審是集》八卷，《葉石林集略》，《石林書傳》十卷，《春秋總要指例》二卷，《石林春秋》八卷，《禮記解》，《論語釋言》十卷，《孟子通義》二卷，《志愧集》十卷，《葉少蘊自序並制誥錄》，《福建盜賊須知》，《淮南措置事宜》，《兩鎮還山書稿》，《維揚過江錄》一卷，《金石類考》五十卷，《許昌唱和集》，《南宮時話》，以上久佚。現存著作有《玉澗雜書》殘卷，《石林詩話》一卷，《石林燕語》十卷，《春秋讞》三十卷，《春秋考》二十卷，《春秋傳》二十卷，《石林家訓》一卷，《石林治生家訓要略》一卷，《避暑錄話》二卷，《石林詞》一卷，《建康集》八卷，《巖下放言》三卷，《石林奏議》十五卷。關於夢得著作之存佚及版本，詳見清葉德輝輯《石林遺事》卷中。

寧宗嘉泰三年癸亥（西元 1203 年）　卒後五十五年

孫籤題跋《建康集》，併以年譜一卷授於官。

見《建康集》卷末，其跋云：「右先君（模）……手編建康集八卷，乃大父左丞紹興八年再鎮建康時所作詩文也。別有總集一百卷，昨已刻於吳興里，舍姪凱任總司酒官，來索此本，欲置諸郡庠，併以年譜一卷授之，庶廣其傳云。嘉泰癸亥重陽日籤謹題。」

寧宗開禧元年乙丑（西元 1205 年）　卒後五十七年

孫筠併刊《春秋讞》、《春秋考》、《春秋傳》三書於南劍郡齋，真德秀跋之。

見《春秋傳》卷末葉筠書曰：「先祖左丞著春秋讞考傳三書……是以併刊三書於南劍郡齋。開禧乙丑歲九月一日孫筠謹書。」又卷末眞德秀跋曰：「又春秋讞考傳三書，石林先生葉公之所作也……公之聞孫來守延平，出是書……開禧乙丑歲九月一日眞德秀謹書。」

葉夢得交遊索引

方勺（仁聲）		見本譜元祐八年（西元 1093 年）
王幼安		見本譜宣和元年（西元 1119 年）
王正字		《建康集》卷七〈回王正字啓〉
王舍人		《建康集》卷七〈回吉州王舍人啓〉
王取道		《石林詞·臨江仙》『自笑天涯無定準』注云：「熙春臺與王取道、賀方回、曾公衮會別」
王相公		《建康集》卷七〈賀宣州王相公啓〉
王陞		《建康集》卷二〈送王陞歸知果州〉
王庭秀		見本譜建炎二年九月（西元 1128 年）
王從一（太初）		見本譜紹興八年（西元 1138 年）
王道濟		《石林詞·滿庭芳》『一曲離歌』題下注云：「次舊韻，答蔡州王道濟大夫見寄」
王質		見其《雪山集》卷十〈石林贊〉并序
王實（仲弓）		見本譜宣和元年（西元 1119 年）
毛并（平仲）		見其《樵隱詞·江城子》『神仙樓觀梵王宮』及『倚牆高樹落驚禽』二首，題下注云：「和德初燈夕詞次葉石林韻」
方參議		《建康集》卷二〈方參議用前韻記嘗過余石林次韻答之〉
尹穡		《建康集》卷八〈答尹穡書〉
石長卿		《避暑錄話》卷上〈石長卿，眉州人，嘗從黃魯直黔中數年，數爲余誦魯直晚年詩句得意未及成者數聯〉條
光上人		《建康集》卷一〈送光上人還湖南。光，丞相吳元忠之母弟，舊名惇，字元常，以進士入官，已而棄家祝髮云〉

仲宣		見本譜元符元年（西元 1098 年）
朱松		見其《韋齋集》卷二〈春社齋禁連雨不止賦呈夢得〉、〈次韻夢得見示長篇〉、〈久雨短句呈夢得〉、〈次韻夢得淺紅芍藥長句〉、〈次韻夢得見示之什〉及卷五〈次韻答夢得送荊公墨刻〉
朱惇濟		見宋朱弁《曲洧舊聞》卷十〈石林公嘗問予兄惇濟〉條
有規		見宋徐度《卻掃編》卷下〈往歲吳中多詩僧〉條
安惇（處厚）		見本譜崇寧二年（西元 1103 年）
守榮		《避暑錄話》卷下〈天下真理日見於前〉條
呂元直		見本譜建炎二年（西元 1128 年）
辛炳		見本譜建炎二年九月（西元 1128 年）
杜堅		《建康集》卷一〈杜堅大夫作南窗求詩爲賦〉
妙湛師		《巖下放言》卷中〈富鄭公少好道〉條
		又卷中〈晁文元公年四十始娶〉條
汪相公		《建康集》卷七〈賀汪相公建節啓〉
汪愷（伯疆）		見本譜紹興四年（西元 1134 年）
沈傳曜		《建康集》卷二〈送沈傳曜〉
李公麟（伯時）		《避暑錄話》卷下〈李伯時初喜畫馬〉條
		《巖下放言》卷中〈惠遠法師白蓮社〉條
李亘（可久）		見本譜宣和元年（西元 1119 年）
李師闌		《建康集》卷二〈李師闌硯銘〉
李朝正（治表）		見本譜紹興十年（西元 1140 年）
李彌遜（似之）		見其《筠谿詞‧虞美人》『方壺小有人誰到』題下注云：「次韻葉少蘊懷隱庵作」，〈浣溪沙〉『試問花枝餘幾許』題下注云：「次韻葉少蘊惜春」，〈清平樂〉『斷橋缺月』、『推愁何計』及『長紅小白』題下注云：「次韻葉少蘊和程進道梅花」
李駒	夢得姐妹之夫	見晁補之《雞肋集》卷六十五〈晁夫人墓誌銘〉
岑穰（彥休）		見本譜宣和元年（西元 1119 年）
何彥亨		見本譜紹興六年（西元 1136 年）
何彥發		見本譜紹興十年二月（西元 1140 年）
林彥振		見本譜宣和五年（西元 1123 年）
邵大受	夢得門生	《避暑錄話》卷上〈晁任道自天台來〉條

邵都運		見《聖宋名賢五百家播芳大全文粹》卷三十六收夢得撰〈賀邵都運啓〉
吳自然	夢得琴師	《避暑錄話》卷下〈吾素不能琴〉條
吳德素		見本譜紹興十二年（西元 1142 年）
林恪		見宋周煇《清波雜志》卷三
林敏若（子邁）		見宋周煇《清波雜志》卷三
周十		《石林詞・臨江仙》『夢裡江南渾不記』題下注云：「雪後寄周十」
周大夫	夢得妻周氏昆弟	《建康集》卷四〈祭周大夫文〉
周子集		《玉澗雜書・今歲中秋》條
周竦		《避暑錄話》卷上〈趙清獻公自錢塘告老〉條
		《石林燕語》卷十〈趙清獻公〉條
周煇	夢得妻族裔	見宋周煇《清波雜志》卷三
宗義		《建康集》卷一〈送模歸卞山并示僧宗義爲余守西巖者三首〉
祝子權		見本譜紹興九年（西元 1139 年）
洪炎		見其《西渡詩集・葉少蘊出示鄭先覺閱駿圖爲作長歌》
洪中孚（思誠）		見本譜宣和元年（西元 1119 年）
范純粹（德孺）		《避暑錄話》卷上〈洛陽伽藍記載河東人劉白墮善釀酒〉條
		又卷上〈沈翰林文通喜吏事〉條
		《巖下放言》卷下〈余守許昌時〉條
		《石林燕語》卷二〈元豐官制行〉條
		又卷七〈范侍郎純粹〉條
		又卷十〈范文正公四子〉條
洛濱		見宋張元幹《蘆川詞・念奴嬌》『吳松初冷』題下注云：「代洛濱次石林韻」
晁公昂		見本譜紹興十年（西元 1140 年）
晁公耄		《建康集》卷二〈送表弟晁公耄沿海師幕〉
		又卷二〈題晁公耄惠崇溪山〉
		又卷二〈再賦〉
晁任道		《避暑錄話》卷上〈晁任道自天台來〉條

晁沖之（叔用）	夢得舅	見本譜宣和元年（西元 1119 年）
晁將之（無斁）	夢得舅	見本譜宣和元年（西元 1119 年）
晁補之（無咎）	夢得舅	見本譜元祐八年（西元 1093 年）
晁說之（以道）		《石林詞・臨江仙》『三月鶯花都過了』題下注云：「晁以道見和答韓文若之句復答之二首」
		《石林詞・臨江仙》『唱徹陽關分別袂』題下注云：「晁以道見和答韓文若之句復答之二首」
		《巖下放言》卷中〈孔子言仁者靜〉條
晁激仲		見本譜紹興八年（西元 1138 年）
席孟惠		《石林詞・千秋歲》『曉煙溪畔』題下注云：「次韻兵曹席孟惠廨中千葉黃梅」
高居實		見本譜元祐八年（西元 1093 年）
徐度 （惇立）（端立）		見本譜紹興四年（西元 1134 年）及五年（西元 1135 年）及十二年（西元 1142 年）
徐惇濟		見本譜紹興九年（西元 1139 年）
馬參謀		《建康集》卷二〈次韻馬參謀新作山亭〉
馬參議		見本譜紹興八年（西元 1138 年）
孫佑		見本譜建炎三年二月（西元 1129 年）
孫覿（仲益）		見本譜建炎二年（西元 1128 年）
梁子美		《避暑錄話》卷下〈吳門下喜論杜子美詩〉
許亢宗（幹譽）		見本譜宣和元年（西元 1119 年）及紹興五年（西元 1135 年）
強少逸		《石林詞・水龍吟》『舵樓橫笛孤吹』題下注云：「八月十三日，與強少逸遊道場山，放舟中流，命工吹笛舟尾迎月歸作」
強浚明		見本譜崇寧元年（西元 1102 年）
強淵明		見本譜崇寧元年（西元 1102 年）
張耒（文潛）		見本譜元祐八年（西元 1093 年）
張仲咨		《避暑錄話》卷下〈張司空齊賢初被遇太宗〉條
張俊（伯英）		見本譜紹興十年六月（西元 1140 年）
張景修（敏叔）		見本譜大觀二年（西元 1108 年）
張暘叔		見本譜紹興九年（西元 1139 年）
張達明		見本譜建炎二年（西元 1128 年）
張舉（子厚）		見本譜大觀元年（西元 1107 年）

陳克（子高）		見本譜紹興七年（西元 1137 年）
莫彥平		見本譜宣和五年（西元 1123 年）
章長卿		《石林詞・臨江仙》『碧瓦新霜侵曉夢』題下注云：「送章長卿還姑蘇兼寄程致道」
章思台		見本譜紹興十二年（西元 1142 年）
章茂	夢得婿	見宋王楙《野客叢書》卷二十八〈禽經〉條
章惇（子厚）		《石林詩話》「子厚嘗以語余（蘇子瞻事）」
		又〈元豐間蘇子瞻繫大理獄〉條
		又〈江干初雪圖眞蹟藏李邦直家〉條
		《避暑錄話》卷上〈滕達道爲范文正公門客〉條
		又卷上〈趙清獻公好焚香〉條
		又卷下〈佛氏論持律〉條
章幾道		《建康集》卷一〈章幾道將歸小飲懷謝城父〉
		《石林詞・採桑子》『山蹊小路歸來晚』題下注云：「冬至日，與許幹譽、章幾道飯績善，晚歸雪作因留小飲作」
章徽州		見本譜紹興十六年（西元 1146 年）
常悟		《避暑錄話》卷上〈王荊公不耐靜坐〉條
崔閞（誠老）		見本譜大觀四年（西元 1110 年）
梵隆	夢得門僧	元陸友《硯北雜志》卷上〈梵隆爲夢得門僧〉條
郭龍圖		見《聖宋名賢五百家播芳大全文粹》卷六十三收夢得撰〈起居入國郭龍圖啓〉
賀允中（子忱）		見本譜紹興九年（西元 1139 年）
賀鑄（方回）		見本譜政和三年（西元 1113 年）及宣和二年（西元 1120 年）
曾天游		《建康集》卷八〈與曾天游書〉
曾在之		見本譜宣和三年（西元 1121 年）
曾侍郎		《建康集》卷七〈回徽州曾侍郎啓〉
曾紆（公袞）		見本譜建炎三年三月（西元 1129 年）
曾誠（存之）		見本譜宣和元年（西元 1119 年）
程伯禹		《建康集》卷二〈次韻程伯禹贈宗室趙朝請〉
		又卷二〈次韻程伯禹用時字韻見寄二首〉
程俱（致道）		見本譜政和三年（西元 1113 年）及建炎三年（西元 1130 年）
無住道人		見本譜紹興九年五月（西元 1139 年）

楊大均		見本譜政和五年（西元 1115 年）
董庠		《石林詞・驀山溪》『一年春事』注云：「百花舟席上次韻司錄董庠」
葛勝仲（魯卿）		見本譜宣和五年（西元 1123 年）
葉源		《避暑錄話》卷下〈葉源余同年生〉條
葉濤（致遠）		見本譜元符元年（西元 1098 年）
路樞密		《建康集》卷七〈回南京留守路樞密啟〉
趙子晝（叔問）		見本譜紹興十二年（西元 1142 年）
趙公泉		《建康集》卷八〈趙夫人慕容氏誌銘〉
趙俊（德進）		見本譜紹興五年（西元 1135 年）
翟汝文（公巽）		見宋龔明之《中吳紀聞》卷五〈公在翰院時〉條
劉一止（行簡）		見宋韓元吉《南澗甲乙稿》卷二十二〈敷文閣直學士左朝奉郎致仕劉公行狀〉
劉光世（平叔）		見本譜紹興十年五月（西元 1140 年）
劉岑（季高）		見本譜紹興八年（西元 1138 年）
劉玨（希范）		見本譜建炎二年十二月（西元 1128 年）及建炎三年（西元 1129 年）
劉錡（信叔）		見本譜紹興十年六月（西元 1140 年）
劉燾（無言）		見本譜宣和五年（西元 1123 年）及六年（西元 1124 年）
蔡仍（子因）		《建康集》卷一〈蔡子因相過留數月〉
		又卷一〈次韻再答子因〉
		又卷一〈蔡子因前韻留別再答二首〉
		又卷一〈題子因雙鳩百葉桃畫〉
		《石林詞・虞美人》『梅花落盡桃花小』題下注云：「贈蔡子因」
蔡京（元長）		見本譜崇寧元年（西元 1102 年）
蔡居厚（寬夫）		見本譜政和五年（西元 1115 年）
蔡肇（天啟）		《避暑錄話》卷上〈王荊公耐靜坐〉條
		《石林詩話・蔡天啟云荊公每稱老杜》條
		又〈王荊公在鐘山有馬甚惡〉條
蔡興		見本譜宣和七年（西元 1125 年）
鄭如幾（維心）		見宋周密《浩然齋雅談》卷中〈鄭如幾維心，亦雪人〉條
樂君	夢得教師	《避暑錄話》卷下〈樂君，達州人〉條

樂君嘉		《避暑錄話》卷下〈祖宗故事進士廷試第一人及制科〉條
魯察（知晦）		見本譜紹興八年（西元 1138 年）
慧覺道人		見本譜宣和五年四月（西元 1123 年）
歐陽棐		見本譜大觀三年（西元 1109 年）
盧倅		《石林詞·浣溪沙》『荷葉荷花水底天』題下注云：「送盧倅」
		又〈江城子〉『芙蓉花開雨初晴』題下注云：「再送盧倅」
霍蠡		《建康集》卷七〈回霍經制啓〉
薛昂（肇明）		見本譜建炎元年八月（西元 1127 年）
謝侍郎		《建康集》卷四〈祭謝侍郎文〉
謝城父		《建康集》卷一〈章幾道將歸小飲懷謝城父〉
		又卷一〈寄潭州謝城父〉
關注		見本譜紹興十七年七月（西元 1147 年）
關聖功		見本譜元符二年（西元 1099 年）
韓元吉（南澗）		見本譜紹興十三年（西元 1143 年）及十六年（西元 1146 年）及十八年（西元 1148 年）
韓宗武（文若）		見本譜宣和元年（西元 1119 年）
韓宗質（彬叔）		見本譜宣和元年（西元 1119 年）
韓運使		見本譜紹興十年（西元 1140 年）
韓璡（公表）		見本譜宣和元年（西元 1119 年）
懷祖		見本譜紹興六年（西元 1136 年）
蘇迨（仲豫）		見本譜宣和元年（西元 1119 年）
蘇過（叔黨）		見本譜宣和元年（西元 1119 年）
蘇頌（子容）		《石林詩話·韓退之雙鳥詩迨不可曉》條
		又〈劉丞相莘老殿試時〉條

參考書目

1. 《玉澗雜書》十卷，葉夢得，明說郛殘本。
2. 《石林詩話》一卷，葉夢得，文淵閣四庫全書。
3. 《石林燕語辨》十卷，葉夢得撰、王應辰辨，商務印書館據儒學警悟本排印本。
4. 《石林家訓》一卷，葉夢得，葉氏觀古堂刊本。
5. 《石林治生家訓要略》一，葉夢得，葉氏觀古堂刊本。
6. 《避暑錄話》二卷，葉夢得，商務印書館據津逮秘書本排印本。
7. 《石林春秋傳》二十卷，葉夢得，通志堂經解。
8. 《石林春秋考》三十卷，葉夢得，四庫全書珍本四集本。
9. 《石林春秋讞》三十卷，葉夢得，四庫全書珍本初集本。
10. 《葉夢得老子解》上下二卷，葉夢得，葉德輝自菢齋藏本，無求備齋據葉德輝輯刊長沙中國古書刊印社刊本影印本。
11. 《石林詞》一卷，葉夢得，全宋詞。
12. 《石林居士建康集》八卷，葉夢得，清道光重刊本。
13. 《巖下放言》一卷，葉夢得，文淵閣四庫全書。
14. 《石林奏議》十五卷，葉夢得，清光緒十一年吳興陸氏皕宋樓刊本。
15. 《建炎以來繫年要錄》，〔宋〕李心傳，中文書局據清廣雅叢書本影印本。
16. 《建炎以來朝野雜記》，〔宋〕李心傳，文海書局據明聚珍版影印本。
17. 《續資治通鑑長編》，〔宋〕李燾，世界書局。
18. 《靖康傳信錄》，〔宋〕李綱，上海中華書局據海山仙館叢書本校刊本。
19. 《宣和遺事》，〔宋〕不著撰，上海中華書局據士禮居刻本校刊本。
20. 《三朝北盟會編》，〔宋〕徐夢莘，文淵閣四庫全書。

21. 《宋名臣言行錄》，〔宋〕李幼武，文海出版社。

22. 《宋名臣奏議》，〔宋〕趙汝愚，四庫全書珍本二集。

23. 《宋朝事實》，〔宋〕李攸，商務印書館據聚珍叢書本排印本。

24. 《宋中興百官題名》，〔宋〕何異，藕香零拾三十九種。

25. 《桯史》，〔宋〕岳珂，商務印書館據津逮本影印。

26. 《愧郯錄》，〔宋〕岳珂，瞿氏鐵琴銅劍樓藏宋本。

27. 《五總志》，〔宋〕吳垌，知不足齋叢書本。

28. 《景定建康志》，〔宋〕周應合，文淵閣四庫全書。

29. 《咸淳臨安志》，〔宋〕潛說友，文淵閣四庫全書。

30. 《乾道臨安志》，〔宋〕周淙彥，商務印書館據式訓本排印本。

31. 《吳郡志》，〔宋〕范成大，商務印書館據守山閣叢書排印。

32. 《太平寰宇記》，〔宋〕樂史，商務印書館據古逸叢書本影印本。

33. 《內簡尺牘》，〔宋〕孫覿，文淵閣四庫全書。

34. 《中吳紀聞》，〔宋〕龔明之，粵雅堂叢書。

35. 《揮塵錄》，〔宋〕王明清，商務印書館據津逮秘書本影印本。

36. 《玉照新志》，〔宋〕王明清，商務印書館據學津討原本排印本。

37. 《清波雜志》，〔宋〕周煇，商務印書館據知不足齋叢書本排印本。

38. 《夷堅志》，〔宋〕洪邁，商務印書館據十萬卷樓叢書本排印本。

39. 《卻掃編》，〔宋〕徐度，商務印書館據津逮本影印本。

40. 《曲洧舊聞》，〔宋〕朱弁，商務印書館據知不足齋叢書本排印本。

41. 《齊東野語》，〔宋〕周密，商務印書館據學津討原本排印本。

42. 《聖宋名賢五百家播芳大全文粹》，〔宋〕魏齊賢、葉棻，學生書局。

43. 《古今合壁事類備要續集》，〔宋〕謝維新，文淵閣四庫全書。

44. 《錦繡萬花谷續集》，〔宋〕佚名撰，文淵閣四庫全書。

45. 《宋文鑑》，〔宋〕呂祖謙，世界書局。

46. 《宋文選》，〔宋〕不著撰，文淵閣四庫全書。

47. 《文獻通考》，〔宋〕馬端臨，商務印書館。

48. 《困學紀聞》，〔宋〕王應麟，傅氏雙鑑樓藏元刊本。

49. 《直齋書錄解題》，〔宋〕陳振孫，廣文書局。

50. 《雞肋集》，〔宋〕晁補之，文淵閣四庫全書。

51. 《柯山集》，〔宋〕張耒，文淵閣四庫全書。

52. 《毘陵文集》，〔宋〕張守，文淵閣四庫全書。

53. 《丹陽集》，〔宋〕葛勝仲，文淵閣四庫全書。

54. 《鴻慶居士集》，〔宋〕孫覿，文淵閣四庫全書。

55. 《北山集》，〔宋〕程俱，文淵閣四庫全書。

56. 《浮溪集》，〔宋〕汪藻，文淵閣四庫全書。

57. 《斜川集》，〔宋〕蘇過，商務印書館據知不足齋叢書本排印本。

58. 《澗泉日記》，〔宋〕韓淲，商務印書館據聚珍版叢書本排印本。

59. 《東窗集》，〔宋〕張擴，文淵閣四庫全書。

60. 《南澗甲乙稿》，〔宋〕韓元吉，商務印書館據聚珍版叢書本排印本。

61. 《石湖居士集》，〔宋〕范成大，四部叢刊初編本。

62. 《韋齋集》，〔宋〕朱松，四部叢刊續編本。

63. 《四六談麈》，〔宋〕謝伋，文淵閣四庫全書。

64. 《畫史》，〔宋〕米芾，商務印書館據津逮秘書本影印本。

65. 《書史》，〔宋〕米芾，商務印書館據百川學海排印本。

66. 《厚德錄》，〔宋〕李元綱，明稗海本。

67. 《墨莊漫錄》，〔宋〕張邦基，明稗海本。

68. 《西渡詩集》，〔宋〕洪炎，商務印書館據小萬卷樓叢書本排印本。

69. 《晁具茨先生詩集》，〔宋〕晁沖之，商務印書館據海山仙館叢書本排印本。

70. 《蘆川詞》，〔宋〕張元幹，全宋詞。

71. 《筠谿詞》，〔宋〕李彌遜，全宋詞。

72. 《丹陽詞》，〔宋〕葛勝仲，文淵閣四庫全書。

73. 《樵隱詞》，〔宋〕毛开，全宋詞。

74. 《坦庵詞》，〔宋〕趙師俠，全宋詞。

75. 《雲谷雜記》，〔宋〕張淏，海山仙館叢書本。

76. 《洞天清錄集》，〔宋〕趙希鵠，海山仙館叢書本。

77. 《癸辛雜識》，〔宋〕周密，明稗海本。

78. 《蘆浦筆記》，〔宋〕劉昌詩，知不足齋叢書本。

79. 《浩然齋雅談》，〔宋〕周密，商務印書館據聚珍叢書本排印本。

80. 《敬齋古今黈》，〔宋〕李冶，藕香零拾三十九種。

81. 《西溪叢語》，〔宋〕姚寬，商務印書館據學津討原本排印本。

82. 《甕牖閒評》，〔宋〕袁文甫，商務印書館據聚珍版叢書本排印本。

83. 《野客叢書》，〔宋〕王楙，商務印書館據稗海本排印本。

84. 《朱子語類》，〔宋〕朱熹著，清張伯行輯訂，商務印書館據正誼堂全書

本排印本。

85. 《古今事文類聚》，〔宋〕富大用，中文書局影印明唐富春精校補遺重刊本。

86. 《宋史》，〔元〕脫脫，鼎文書局二十五史本。

87. 《墨史》，〔元〕陸友，知不足齋叢書本。

88. 《瀛奎律髓》，〔元〕方回，文淵閣四庫全書。

89. 《硯北雜志》，〔元〕陸友，筆記小說大觀。

90. 《吳中舊事》，〔元〕陸友，商務印書館據墨海金壺本排印本。

91. 《宋史紀事本末》，〔明〕陳邦瞻，鼎文書局。

92. 《宋元學案》，〔明〕黃宗羲，商務印書館。

93. 《宋六十名家詞》，〔明〕毛晉，汲古閣刊本。

94. 《吳中人物志》，〔明〕張昶，明慶隆刊本學生書局影印本。

95. 《歷代詩話》，〔清〕何文煥編，藝文印書館。

96. 《宋詩紀事》，〔清〕厲鶚，商務印書館。

97. 《宋元學案補遺》，〔清〕王梓材、馮雲豪，世界書局。

98. 《陔餘叢考》，〔清〕趙翼，新文豐出版公司。

99. 《石林先生兩鎮建康紀年略》一卷，〔清〕葉廷琯編，清道光二十四年重刊建康集卷末。

100. 《吹網錄》，〔清〕葉廷琯，筆記小說大觀。

101. 《疑年錄》，〔清〕錢大昕，粵雅堂叢書。

102. 《吳中葉氏族譜》，〔清〕葉德輝輯。

103. 《石林遺事》，〔清〕葉德輝輯，郋園先生全書。

104. 《南宋文範》，〔清〕莊仲方編，清光緒江蘇書局刊本。

105. 《南宋文錄》，〔清〕董兆熊編，清光緒蘇州書局刊本。

106. 《宋詩鈔補》，〔清〕呂留良、吳之振、吳爾堯編，世界書局。

107. 《讀史方輿紀要》，〔清〕顧祖禹，中華書局。

108. 《金石萃編》，〔清〕王昶，新文豐出版公司。

109. 《兩浙金石志》，〔清〕阮元，新文豐出版公司。

110. 《全宋詞》，唐圭璋編，宏業書局，74 年 10 月。

111. 《宋人軼事彙編》，丁傳靖，商務印書館。

112. 《葉夢得之文學研究》，高靜文，70 年高師國文研究所碩士論文。

113. 《葉石林的詩論》，金英淑，67 年臺大中文研究所碩士論文。

114. 《唐宋詞人年譜》，夏承燾輯，上海古典文學出版社出版，1956 年 8 月。

115. 《宋史研究論集》，王德毅，鼎文書局。

116. 《中國歷史地圖集》，譚其驤主編，中國地圖出版社出版，1989 年 6 月。

117. 《二十二史朔閏表》，董作賓，藝文印書館。

118. 《兩千年中西曆對照表》，薛仲三、歐陽頤編，華世出版社。